SEMINOLE INDIANS OF FLORIDA: 1850-1874

Raymond C. Lantz

HERITAGE BOOKS
2008

HERITAGE BOOKS
AN IMPRINT OF HERITAGE BOOKS, INC.

Books, CDs, and more—Worldwide

For our listing of thousands of titles see our website at
www.HeritageBooks.com

Published 2008 by
HERITAGE BOOKS, INC.
Publishing Division
100 Railroad Ave. #104
Westminster, Maryland 21157

Copyright © 1994 Raymond C. Lant

Other books by the author:
Ottawa and Chippewa Indians of Michigan, 1870-1909
Ottawa and Chippewa Indians of Michigan, 1855-1868
Potawatomi Indians of Michigan, 1843-1904, Including some Ottawa and Chippewa, 1843-1866, and Potawatomi of Indiana, 1869 and 1885
Seminole Indians of Florida: 1875-1879
Lantz-Crossley: An Experience in Genealogy

All rights reserved. No part of this book may be reproduced or transmitted in any form or by any means, electronic or mechanical, including photocopying, recording or by any information storage and retrieval system without written permission from the author, except for the inclusion of brief quotations in a review.

International Standard Book Numbers
Paperbound: 978-0-7884-0034-6
Clothbound: 978-0-7884-7609-9

Table of Contents

	Page
Foreword	v
1850 Seminole Subsistence Roll & Provision Returns	1 - 6
1858 Seminole Annuity Roll for Year	7 - 9
1860 Seminole Annuity Roll, Voucher 1, 4th Quarter	10 - 23
1867 Seminole Annuity Roll, Voucher 3, 1st Quarter	24 - 77
1867 Seminole Annuity Roll, Voucher 9, 4th Quarter	78 - 130
1868 Seminole Annuity Roll, Voucher 2, 4th Quarter	131 - 178
1868 Seminole Annuity Roll, Voucher 3, 4th Quarter	179 - 187
1869 Seminole Annuity Roll, Voucher 2, 2nd Quarter	188 - 238
1871 Seminole Annuity Roll, 3rd & 4th Quarters	239 - 295
1872 Seminole Annuity Roll, 3rd & 4th Quarters	296 - 353
1874 Seminole Annuity Roll, Voucher 1	354 - 415

Foreword

All the information contained in this book has been transcribed from the records of the Department of Interior, Bureau of Indian Affairs Records which are a part of the holdings of the National Archives in Washington D.C. These annuity & per capita rolls were taken to determine the eligibility of persons of Indian descent to receive payment of monies as the result of U.S. Congressional Legislation and Treaties signed between the Indian tribes and the government of the United States.

1850 Subsistence Roll for the Seminole Indians of Florida was taken sometime prior to the 12th of April 1850. This roll was taken for the purpose of determining eligibility for receiving monthly provisions for the period of April 12th, 1850 through the April 11th, 1851. This section contains various lists of males, females and children. Each list contains name and enumeration number for that list. Immediately following the Subsistence Roll are monthly Provision Returns for the months of July, August, September, October, November, & December 1850. These returns give the name of head of household, number of males/number of females/total in household and remarks if applicable.

1858 Annuity Roll for the Seminole Indians of Florida was taken on May 4th and 5th 1858. It's purpose was for the payment of monies as the result of a treaty signed August 7th 1856. This section contains name of recipient and amount paid.

1860 Annuity Roll, Voucher 1, 4th Quarter, for the Seminole Indians of Florida was taken on November 28th, 1860. It's purpose was for payment of per capita amount of $11.00 as the result of a treaty signed August 7th, 1856. This section contains name of head of household, total in household/ amount of annuity/current roll number, followed by the names of all others living in the household.

1867 Annuity Roll, Voucher 3, 1st Quarter, for the Seminole Indians of Florida was taken on March 5th, 1867. It's purpose was for payment of per capita amount of $19.00 as the result of a treaty signed March 21st, 1866. This section contains name of head of household, total in household/ amount of annuity/current roll number, followed by the names of all others living in the household.

1867 Annuity Roll, Voucher 9, 4th Quarter, for the Seminole Indians of Florida was taken on December 14th, 1867. It's purpose was for payment of per capita amount of $11.20 as the result of a treaty, date unknown. This section contains name of head of household, total in household/ amount of annuity/current roll number, followed by the names of all others living in the household.

1868 Annuity Roll, Voucher 2, 4th Quarter, for the Seminole Indians of Florida was taken on November 12th, 1868. It's purpose was for payment of per capita amount of $6.39 as the result of a treaty signed August 7th, 1856. This section contains name of head of household, total in household/ amount of annuity/current roll number, followed by the names of all others living in the household.

1868 Annuity Roll, Voucher 3, 4th Quarter, for the Seminole Indians of Florida was taken on November 12th, 1868. It's purpose was for payment monies as the result of a treaty, date unknown, "for losses sustained by certain members of the said Seminole Nation by reason of their loyalty to the government of the United States during the late rebellion". This section contains name of recipient, amount received and roll number.

1869 Annuity Roll, Voucher 2, 2nd Quarter, for the Seminole Indians of Florida was taken on June 9th, 1869. It's purpose was for payment of per capita amount of $5.90 as the result of a treaty, date unknown. This section contains name of head of household, total in household/ amount of annuity/current roll number, followed by the names of all others living in the household.

1871 Annuity Roll, 3rd & 4th Quarters, for the Seminole Indians of Florida was taken on November 9th, 1871. It's purpose was for payment of per capita amount of $5.35 as the result of a treaty signed August 7th, 1856. This section contains name of head of household, total in household/ amount of annuity, followed by the names of all others living in the household. This list in some cases indicates those who have died since the last roll was taken.

1872 Annuity Roll, 3rd & 4th Quarters, for the Seminole Indians of Florida was taken on September 24th and 25th, 1872. It's purpose was for payment of per capita amount of $5.20 as the result of a treaty signed August 7th, 1856. This section contains name of head of household, total in household/ amount of annuity/current roll number, followed by the names of all others living in the household. This list in some cases indicates those who have died since the last roll was taken. William Noble's Band has many incorrectly numbered families and other errors which were kept as is in the transcription contained in this book. Additionally, those who originally created this roll did not conform to the previous standards regarding spelling of the Indian names, which at times you must really use your imagination to match with previous spellings.

1874 Annuity Roll, 3rd & 4th Quarters, Voucher 1, for the Seminole Indians of Florida was taken on December 5th and 6th, 1874. It's purpose was for payment of per capita amount of $4.85 as the result of a treaty signed August 7th, 1856. This section contains name of head of household, total in household/ amount of annuity/current roll number, followed by the names of all others living in the household. William Noble's Band again has incorrectly numbered families and other errors which were kept as is in the transcription contained in this book.

Raymond C. Lantz

1850 SUBSISTENCE ROLL
SEMINOLE INDIANS
OF
FLORIDA

Oct 29/50

Fort Gibson CN
Sept 30th 1850

Sir
  I have the honour to enclose herewith my account current and return of provisions received and issued together with the proper vouchers. There has been ten more indians sent out from Florida during the present month the issues to whome does not appear on the papers for this Quarter. but will be accounted for on those of the next quarter. Your letter directing me to issue but half rations to the children did not reach me in time to make a change. I had been making issues of full rations to them, they have had six months full rations. I shall therefore drop them from the rolls. in this matter there will be some dificulty for already the Indians complain that they do not get enough, and they say that General Twiggs promised them as much as they wanted. of course I give them what my instructions allow and no more.

I am very respectfully
your obdt servt

Major Gen Geo Gibson
Commissary General
Washington
DC

F T Dent
Brt Capt 5th Inf
ACS

State of Emigrant Seminole Indians from Florida entitled to subsistance from the United States for one year commencing on the 12th day of April 1850 and ending on the 11th day of April 1851.

Number	Males
1	KAR PIT CHOO CHEE
2	CAR SA FIX I CO CHOP CO

Number	Males
3	FUS MIC COO CHEE
4	CHO CO TE E MARTH LA
5	HO TUE CO CHEE
6	YO HO LO CHEE
7	IS TA LA NEE
8	FO NIS HAR JO
9	ISH AI AH TAI KEE
10	ASA NA FIX I CO
11	CHO CO TEE A CHOO LEE
12	ENE HE THLOC CO HAR JO
13	NUL CUP PA TUS TE NAY GEE
14	HO LAT LA HAR JO CHOP CO
15	HO LAT LA E MARTH LA CHEE
16	MAJ IH KEE
17	POW HAS HAR JO
18	CAR SA ELEE HAR JO
19	YO HO LO HAR JO

Number	Females
1	STOCK HO LI GEE
2	YE LO KEE
3	FAI GA TEE
4	PONK AI GEE
5	TE WONK EE
6	NAN NEE
7	TAI COO CHEE
8	FUS CAR CHEE
9	TE MUT SKEE
10	TA POK STEE
11	TA TAI GEE
12	MAH AI GEE
13	ISTE HEOK TEE
14	AMEE
15	SIM LE WAH
16	SAH KAI KEE
17	KA A LI KEE
18	PA LOH TEE
19	IOF FEE
20	EKAN NA MA NET SEE
21	NA PI GEE
22	PAH HAH LEE
23	MATH TEE

Number	Children
1	CHO CO WIKEE
2	ASA FA KEE
3	KAI SEE
4	PAH HA IL LEE
5	KAH A I KEE
6	IAH NA AH LAS HO KE
7	TAK LAH IN NO CHEE
8	TAI COO CHEE
9	WAI GEE E
10	OHO NE KAI THLOC CO
11	CHOP PEE KAI KEE
12	SIT LEE ISH HAR JO
13	ASA I PO KEE
14	HO YAN HO ZEE
15	OK HAT A PAI TEE
16	HAS O THO O KEE
17	SIM MA PO HEE CHEE
18	SUN NA FU LI KEE
19	A SA PAI KEE
20	KITH LO ZEE
21	PA LATS KEE
22	MAT AT HAR JO
23	SAH LEE
24	SAH PEE
25	PIN KAH LI KEE
26	CHE PAN NEE
27	CHOP FA LAT KEE
28	AH LAH TI KEE
29	THLO PA IL LEE
30	THLOS MA LI GEE
31	SEE LITS HAR JO
32	WILLIAM
33	CHILD (NO NAME)

YO HO LO's family the names of which was given after their arrival in the Seminole Country.

Number	Males
1	HAS SA I KEY
2	KAR SEE LEE HAR JO
3	FOL YO HE YA
4	TE CHAR

Number	Males
5	HAS KAH

Number	Females
1	LOE E LOE
2	LAH NEE
3	COL CHAR
4	CHAR CAR
5	STE WAN ZEE
6	FAN HO KEE

Provision return for the month of July 1850

KAR PIT CHOO CHEE 4/3/7 rem: Lives in Mick-a-such-y-town
HAS SE IA KEE 7/6/13 rem: Lives near the Seminole Agency (Son receipts)
POW HAS HAR JO 2/2/4 rem: Lives on the deep fork of Canadian River
YO HO LO CHEE 3/2/5 rem: Lives on the North fork of Canadian River
FUS MIC CO CHEE 2/5/7 rem: Lives on the North fork of Canadian River
CHO CO TE A CHOO LEE 2/5/7 rem: Lives near Seminole Agency
ENE HE THLOC CO HAR JO 1/1/2 rem: Lives near Seminole Agency
HO TUL CO CHEE 6/3/9 rem: Lives in Mick-a-soo-key-town
OSAW A FIX I CO 3/2/5 rem: Lives in Mick-a-soo-key-town
HOW IS HAR JO 3/7/10 rem: Lives in Mick-a-soo-key-town
CHO CO TE E MAR THLA 4/5/9 rem: Lives in Mick-a-soo-key-town
COCHER FIX I CO CHOP CO 6/2/8 rem: Lives in Mick-a-soo-key-town

Provision return for the month of August 1850

KAR PIT CHOO CHEE 4/3/7 rem: Lives in Mic-co-soo-ky-town
YO HO LO 7/6/13 rem: Lives near Seminole Agency
PAW HAS HAR JO 2/2/4 rem: Lives on the deep fork of Canadian River
YO HO LO CHEE 3/2/5 rem: Lives on the North fork of Canadian River
FUS MIC CO CHEE 2/5/7 rem: Lives on the North fork of Canadian River
CHO CO TE A CHOO LEE 2/5/7 rem: Lives near Seminole Agency
ENE HAR THLOC CO HAR JO 1/1/2 rem: Lives near Seminole Agency
HO TUL COO CHEE 6/3/9 rem: Lives in Mic-co-soo-ky-town
OSAW A FIX I CO 3/2/5 rem: Lives in Mic-co-soo-ky-town
FONIS HAR JO 3/7/10 rem: Lives in Mick-a-soo-key-town
CHO CO TE EMAR THLA 4/5/9 rem: Lives in Mick-a-soo-key-town
COCHER FIX I CO CHOP CO 6/2/8 rem: Lives in Mick-a-soo-key-town

Provision return for the month of September 1850

KAR PIT CHOO CHEE 4/3/7 rem: Lives in Mick-a-sucky-town
YO HO LO 7/6/13 rem: Lives near the Seminole Agency
POW HAS HAR JO 2/2/4 rem: Lives on deep fork of Canadian River
YO HO LO CHEE 3/2/5 rem: Lives on North fork of Canadian River
FUS MIC CO CHEE 2/5/7 rem: Lives on North fork of Canadian River
CHO CO TE A CHOO LEE 2/5/7 rem: Lives near Seminole Agency
ENE HAR THLOC O HAR JO 1/1/2 rem: Lives near Seminole Agency
HO TUL CO CHEE 6/3/9 rem: Lives in Mick-a-sucky-town
OSAW A FIX I CO 3/2/5 rem: Lives in Mick-a-sucky-town
FONIS HAR JO 3/7/10 rem: Lives in Mick-a-sucky-town
CHO CO TE E MAR THLA 4/5/9 rem: Lives in Mick-a-sucky-town
COCHER FIX I CO CHOP CO 6/2/8 rem: Lives in Mick-a-sucky-town

Provision return for the month of October 1850

KAR PIT CHOO CHEE 4/3/7 rem: Lives in Mick-a-sucky-town
YO HO LO 7/6/13 rem: Lives near the Seminole Agency
POW HAS HAR JO 2/2/4 rem: Lives on deep fork of Canadian River
YO HO LO CHEE 3/2/5 rem: Lives on North fork of Canadian River
FUS MIC CO CHEE 2/5/7 rem: Lives on North fork of Canadian River
CHO CO TE A CHOO LEE 2/5/7 rem: Lives near Seminole Agency
ENE HAR THLOC O HAR JO 1/1/2 rem: Lives near Seminole Agency
HO TUL CO CHEE 6/3/9 rem: Lives in Mick-a-sucky-town
OSAW I FIXICO 3/2/5 rem: Lives in Mick-a-sucky-town
FON IS HAR JO 3/7/10 rem: Lives in Mick-a-sucky-town
CHO COTE EMARTHLA 4/5/9 rem: Lives in Mick-a-sucky-town
COCHER FIXICO CHOP CO 6/2/8 rem: Lives in Mick-a-sucky-town

Provision return for the month of November 1850

KAR PIT CHOO CHEE 4/3/7 rem: Emigrant from Florida to the Seminole Nation West
YO HO LO 7/6/13 rem: Emigrant from Florida to the Seminole Nation West
POW HAS HAR JO 2/2/4 rem: Emigrant from Florida to the Seminole Nation West
YO HO LO CHEE 3/2/5 rem: Emigrant from Florida to the Seminole Nation West
FUS MIC COO CHEE 2/5/7 rem: Emigrant from Florida to the Seminole Nation West
CHO CO TE A CHEE LEE 2/5/7 rem: Emigrant from Florida to the Seminole Nation West

ENE HAR THLOC O HAR JO 1/1/2 rem: Emigrant from Florida to the Seminole Nation West
HO TUL CO CHEE 6/3/9 rem: Emigrant from Florida to the Seminole Nation West
OSAW I FIXICO 3/2/5 rem: Emigrant from Florida to the Seminole Nation West
FONIS HARJO 3/7/10 rem: Emigrant from Florida to the Seminole Nation West
CHO CO TE EMARTH LA 4/5/9 rem: Emigrant from Florida to the Seminole Nation West
CO CHER FIXICO CHOP CO 6/2/8 rem: Emigrant from Florida to the Seminole Nation West

Provision return for the month of December 1850

KAR PIT CHOO CHEE 4/3/7 rem: Emigrant from Florida to the Seminole Nation West
YO HO LO 7/6/13 rem: Emigrant from Florida to the Seminole Nation West
POW HAS HAR JO 2/2/4 rem: Emigrant from Florida to the Seminole Nation West
YO HO LO CHEE 3/2/5 rem: Emigrant from Florida to the Seminole Nation West
FUS MIC COO CHEE 2/5/7 rem: Emigrant from Florida to the Seminole Nation West
CHO CO TE A CHEE LEE 2/5/7 rem: Emigrant from Florida to the Seminole Nation West
ENE HAR THLOCK O HARJO 1/1/2 rem: Emigrant from Florida to the Seminole Nation West
HO TUL CO CHEE 6/3/9 rem: Emigrant from Florida to the Seminole Nation West
OSAW I FIXICO 3/2/5 rem: Emigrant from Florida to the Seminole Nation West
FONIS HARJO 3/7/10 rem: Emigrant from Florida to the Seminole Nation West
CHO CO TE EMARTHLA 4/5/9 rem: Emigrant from Florida to the Seminole Nation West
CO CHER FIXICO CHOP CO 6/2/8 rem: Emigrant from Florida to the Seminole Nation West

1858 ANNUITY ROLL
SEMINOLE INDIANS
OF
FLORIDA

WAXA HARJO $500.00
AH HAH LOCH E MATH LAH $500.00
NAH PO CHE AH HO LAH $500.00
TUS TE MICK KO CHU KAH ME $500.00
O KAH LATH HARJO $500.00
COTS SAH FIXICO $500.00
NUTH CUP HARJO $500.00
O SHU CHE AH HO LAH $500.00
COP PE CHI AH HO LAH $500.00
AH HAH LOCK EE $500.00
HO TLE MATTEE $500.00
TUS TO MOCK HARJO $500.00
NO KE FAH HADJO $500.00
TLE WAH LE TUS TE NUG GEE $500.00
OK TI AH CHEE $500.00
KUP IK SAH HAH CHU CHEE $500.00
TUS E KI AH HARJO $500.00
OCHEE HARJO $500.00
SHO NUCK HARJO $500.00
AH CHU LE HARJO $500.00
KUN TUL E MATH LAH $500.00
IN NE AH HARJO $500.00
CHO IS TI E MATH LAH $500.00
NO HOSE E MATH LAH $1000.00
AH SOON WAH $1000.00
FOOS HARJO $1000.00
NO HUS HARJO $1000.00
WILLIAM BOWLEGS $7500.00
SATTOTE HO GEE $100.00
KLOTH SA GEE $100.00
MAH TAH THLOKA $100.00
POLAH HOKEE $100.00
JESSEE $100.00
AH FAH MI O GEE $100.00
TE HAH NEE $100.00
YAIYAH CHEE $100.00
NU CHI HA $100.00
E CHA KEE $100.00

PATTY $100.00
BETTY $100.00
FANCY $100.00
BEECY $100.00
SALLY $100.00
JULIANNE $100.00
PATTY $100.00
SAK KO EE $100.00
YOUNG BILLY BOWLEGS $100.00
KO HIP HAH CHU CHEE $100.00
HO PO YEE $100.00
KAH TREE $100.00
M PAH HAH HEE $100.00
KOWEE HARJO $100.00
ASSOON HAH CHU CHEE $100.00
SAH KOON KAH TEE $100.00
TUS COON NE HAH CHU CHEE $100.00
E HUN KUH $100.00
CHE AH HE NAH $100.00
ME O CHEE $100.00
SO WAH LEE $100.00
MAH HEE $100.00
KIN NAH NEE $100.00
KILTH HO YEE $100.00
MARY $100.00
SAH NAH HO CHEE $100.00
SA KE NEE $100.00
U NO SEE $100.00
THOMAS $100.00
MOSES $100.00
JACK $100.00
AH FEE $100.00
SAH LOUT KEE $100.00
SAH LOUT KEE $100.00
LEE HOW WA HEE $100.00
LOW A KEE $100.00
TIN CHOW AH WEE $100.00
SHUCK OM HEE $100.00
SOLICE HEE $100.00
SE TE NAH KEE $100.00
TO LOUT HO KEE $100.00
HO NO KEE $100.00
SAH TEETH LEE $100.00

MATH O YEE $100.00
E CHIP HO YEE $100.00
MAH KO YA GEE $100.00
ME O SAH KEE $100.00
KIN NI KEE $100.00
WE LOCH KEE $100.00
MOCK SE DIL $100.00
LUCY $100.00
SAH PUCKILE $100.00
HAT U PEE CHEE $100.00
CHIT AH TEE $100.00
POLLY $100.00
ANN/HAH/$100.00
HO/PITH/LEE/$100.00
LOUISA $100.00
TLAH WE AH NEE $100.00
TE CHA CHEE $100.00
SHAH FAH NAH KEE $100.00
CHIN HO YAH $100.00
MAH TE LO EE $100.00
YAH FO LA KEE $100.00
CLAH BO CHEE $100.00
TE HAH LATTEE $100.00
FE YO KEE $100.00
HO KE TREE $100.00
MOW HOO SA GEE $100.00
NO CHAH $100.00
HO PITH LEE $100.00
E POCH AH LUCK TI GEE $100.00
PEE CHA CHEE $100.00
E PITTH HO EE $100.00
SA SUM KEE $100.00
SAH TOW HEE $100.00
TI A KEE $100.00
FAH LIG NUT $100.00
SUB BE CHE CHE $100.00
E THLE KO $100.00
FOOS HAT CHEE E MATH LAH $500.00
KAH NAH TEE $100.00
THOMAS $100.00

1860 ANNUITY ROLL
SEMINOLE INDIANS
OF
FLORIDA

John Jumper's Band

JUMPER, John 4/$44.00
JUMPER, Mary 3/$33.00
LU WI NA 4/$44.00
JUMPER, Jane 3/$33.00
CHO FIXICO 6/$66.00
MICCO HARJO 5/$55.00
E SIS E KEE CHEE 6/$66.00
TA KO SA 2/$22.00
KOT CHEE LEE 3/$33.00
WOK SEE MATHLE 4/$44.00
HO LOTU CHEE 3/$33.00
CHIT TO HARJO 3/$33.00
DEER, John 7/$77.00
NO KO SEE MASHLE 3/$33.00
HANNAH 4/$44.00
TOOS HATCHE NE AH THLOCCO 7/$77.00
LONG SIZA 3/$33.00
SUSY 4/$44.00
CHIT TO FIXICO 4/$44.00
BEMO, John D. 1/$11.00
TUS TAN NUC CO CHEE 3/$33.00
SUNDAY 3/$33.00
TES E KI AH HARJO 3/$33.00
HEPSEY 3/$33.00
YE KIN KAR 2/$22.00
ME HETS KAR 3/$33.00
MAR SE LE NA 2/$22.00
LAR KO SAR 3/$33.00
KOT CHAN NE COF TEE 5/$55.00
TOL HEE HEE 1/$11.00
SUME CHACHEE 3/$33.00
KOT CHAR YAR HO LO 6/$66.00
NE HAR THLOC CO CHOP KO 1/$11.00
CHOP KEE 1/$11.00
CLAM, Billy 6/$66.00
CHILTO YUS TAN NUG GA 5/$55.00

HEC TOP KAR 3/$33.00
NO COSE HARJO 6/$66.00
MUL KEE SEE 2/$22.00

Toos Hatchee Co Cho Nee's Band

TOOS HATCHEE CO CHO NEE 5/$55.00
WOS SO KEE 6/$66.00
OCH CHUN HO LAR TEE 8/$88.00
SIN LET KAR 6/$66.00
CHO YE YO HOLO 5/$55.00
MICCO HARJO 5/$55.00
JOHN 4/$44.00
WOK SEE HARJO 6/$66.00
U HU LUK YI OHO LO 7/$77.00
JACK 3/$33.00
OCTI AR CHEE 8/$88.00
SAMY 8/$88.00
AS SOON WAH 5/$55.00

Echo Emarthla's Band

ECHO EMARTHLA 10/$110.00

Kon Tal Harjo's Band

KON TAL HARJO 8/$88.00
IN THEM E SEE EMARTHLA 5/$55.00
KEEP E CHEE MARTHLA 3/$33.00
CHARS FIXICO 9/$99.00
ALEC 4/$44.00
ES PAR NEE 4/$44.00
SIN TI KAR 5/$55.00

Ho Tul Ke's Band

HO TUL KE 5/$55.00
KNONIP HARJO 5/$55.00
SUGAR FOOT 4/$44.00
CHEE PAM CHOPKO 1/$11.00
HAR THLONY 2/$22.00
TE HO SAR 1/$11.00
TECK SAR 1/$11.00

CHAR KAR 1/$11.00
COWIN, John 4/$44.00
TOM CHOP CO 1/$11.00
PHILLIP 1/$11.00
SARNTO 4/$44.00
SARTHLEY 4/$44.00
LOO WAR LOO 5/$55.00
CHOPPA MICCO 3/$33.00
CH BARNOCKY 1/$11.00
FOOT, Annie 2/$22.00
TOM MARSEAR 1/$11.00
NIT TAR YE 3/$33.00
SALLY 1/$11.00
MARIAH 2/$22.00
KO YE CHAR 1/$11.00
LAW SAL LEAH 1/$11.00
TIM MA HE CHEE 1/$11.00
KAR PE TAR 1/$11.00
HOY AR NEY 1/$11.00
NANCY 1/$11.00
EMILY 4/$44.00
SAISH LEY 1/$11.00
SEELEY 2/$22.00
MARLEY 3/$33.00
UCHEE, John 2/$22.00
JENNY 1/$11.00
HOK TUL LEE 1/$11.00
KOC TEE CHEE 1/$11.00
MARY 2/$22.00

Charley Walker's Band

WALKER, Charley 5/$55.00
NUL KEEP HARJO 5/$55.00
TOOK BY 6/$66.00
YAH HAR FIXICO 6/$66.00
PAR NOOS KAR 4/$44.00
WILLIAM 5/$55.00
CAR LOCKY EMARTHLA 6/$66.00
KO CHEE, Jack 3/$33.00
LIDDY 4/$44.00
WALKER, Jimy 5/$55.00
MOSEY 3/$33.00

THLATHLO FIXICO 5/$55.00
PAR HOSE HARJO 5/$55.00
ESAR PER 7/$77.00
MARY 3/$33.00
NANCY 8/$88.00
EMARTHLOO CHEE 7/$77.00
SAMUEL 6/$66.00
BILLY 3/$33.00

See Nuc Kee's Band

SEE NUC KEE 5/$55.00
NO KOS HARJO 7/$77.00
WAKS SEE HARJO 7/$77.00
TOS HATCHEE EMARTHLA 10/$110.00
OK A LAR TEE 8/$88.00
A HAR LUCK EE 7/$77.00
TES EKI AH HARJO 8/$88.00
NUL KUP HARJO 6/$66.00
HLO E MAR TEE 4/$44.00
ARK TI HI TEHEE LE 2/$22.00
SUR TAR CHI KEE 5/$55.00
IS TUP I CHE CHEE 4/$44.00
HOC TEE 2/$22.00
CO WO CHEE 8/$88.00
KIN NE HI NEE 3/$33.00
ECHO WAS TA HEE 8/$88.00
THLE HARJO 11/$121.00
SEM AH HEE 6/$66.00
HOK TAR LEE 10/$110.00
TUS TE NUG KO CHOK NEE 5/$55.00
YAR HAR FIXICO 7/$77.00
OCTI ARCHEE HARJO 6/$66.00
TAR KO SA EMARTHLA 7/$77.00
SUP AR KI LEE 3/$33.00
TUS E KI AH 7/$77.00
TUS TE NUK HARJO 12/$132.00
PAR HO SEE 9/$99.00
U NUS SEE 7/$77.00
KUP ICK SI HAR CHEE CHEE 7/$77.00
CHO KOT EMARTHLA 4/$44.00

Tos Hatchee Harjo's Band

TOS HATCHEE HARJO 8/$88.00
UP I UCK HARJO 7/$77.00
KOTS U HULWE 8/$88.00
KO A KUCHEE EMARTHLA 6/$66.00
I N MAR MEE 4/$44.00
HO TAL KEE HARJO 2/$22.00
TAR KO SEE HAR CHEE CHEE 7/$77.00
OCHEE (Big Tom) 5/$55.00
CHITTO HARJO 6/$66.00
TO CHE KAR 5/$55.00

Hallock Yus Tannug Gee's Band

HALLOCK YUS TANNUG GEE 6/$66.00
COC THER IN S TAN MICCO CHEE 4/$44.00
ARHARJO 7/$77.00
OCHE CO CHO KONE 6/$66.00
TALLIS SEE 4/$44.00
CHE WAS TI HARJO 4/$44.00
TO CY 6/$66.00
LOLTAH HARJO 4/$44.00
MIL HO YE 4/$44.00
HOLLOT HO YE 4/$44.00
IT CHAS WAH 1/$11.00
TUS TAN NUG GO CHEE 5/$55.00
PAR HO SE 6/$66.00
ALBULTA HARJO 7/$77.00
CHO BY 5/$55.00
SOC HAR CHEE 7/$77.00
CHE WAS TI YI 6/$66.00
OCHE HARJO 5/$55.00
HOTHLE MARTA 4/$44.00
ME CHI BY 7/$77.00
HOTHLE BOYAR 5/$55.00
PARLY 5/$55.00
YA HAR HARJO 4/$44.00
CHE WAS TI LOCCO 6/$66.00
KER THLOCCO EMARTHLA 5/$55.00
CHARBO CIGAY 4/$44.00
MASSE HO KY 3/$33.00
TOS HARJO 4/$44.00

KE CAR FY 3/$33.00
SAL LE LE 3/$33.00
SUMME CHEE 5/$55.00
WOX SE HARJO 6/$66.00
BEAUTY 2/$22.00
JOHNNY 4/$44.00
ARLOC FIXICO 3/$33.00
ARSTILLE GAY 5/$55.00
HALLATHAH FIXICO 3/$33.00
MARY 4/$44.00

Tallobee's Band

TALLOBEE 5/$55.00
NO KOS HARJO 8/$88.00
YAH HAH FIXICO 4/$44.00
SANDY 5/$55.00
AR SOON WAR 4/$44.00
NA KOSE EMARTHLA 5/$55.00
TONY 4/$44.00
IS NEEJER 1/$11.00
IS PO KO KE 2/$22.00
LONIE 4/$44.00
MOTY 4/$44.00
ENF AR LAH 4/$44.00
EMARTHLA YO HO LO 3/$33.00
PE LOO CHEE 2/$22.00
AR LO HI CHEE 2/$22.00
OCHESSE MICCO 1/$11.00
NEAH LOCCOO CHEE 2/$22.00

Tul War Harjo's Band

TUL WAR HARJO 8/$88.00
YAR HAH HARJO 4/$44.00
IN YAR FIXICO 5/$55.00
PHLAH THLO FIXICO 7/$77.00
EMARTH THLA CHEE 8/$88.00

Pars Ko Far's Band

PARS KO FAR 9/$99.00
WE CUS HARJO 5/$55.00

KEEP E CHI TUSTE NUKEE CHEE 5/$55.00
PUSSUE HARJO 8/$88.00
UK TAIS CHEE HAR CHEE CHEE 7/$77.00
TOT KAR HUS SEE 3/$33.00
KOT SO HAR CHEE CHEE 9/$99.00
OCK FUS KEE 9/$99.00
FIXICO THLOCCO 6/$66.00
JOHNNY 5/$55.00
TAYLOR, Jim 7/$77.00
HUTCHEE CHOPCO 3/$33.00
E PE LAR NEE 2/$22.00
BROWN, John 7/$77.00
CRAZY FISH 2/$22.00
MILLEY 3/$33.00

Con Charty Micco's Band, deceased

THLOCCO, Johnnny 8/$88.00
SAMOTHE 2/$22.00
CHAR KKEY 3/$33.00
COWOCCO CHEE 3/$33.00
YAR DARWA HARJO 7/$77.00
JIMMY 4/$44.00
LOUISA 2/$22.00
COTCHA HARJO 3/$33.00
NO COSE YOHOLO 3/$33.00
HOLHO KEE 5/$55.00
LO SEE 5/$55.00
ROSANNAH 4/$44.00
HO KE TOO CHEE 2/$22.00
TOMY 2/$22.00
EMARTHLA 1/$11.00
WILLIAM 4/$44.00

Alligator's Band

ALLIGATOR 4/$44.00
AH HARLUC EMARTHLA 5/$55.00
KEE FAR YAH 5/$55.00
KOTS CHEE EMARTHLA 6/$66.00
PAR HO SE EMARTHLA 6/$66.00
AH HAR LOK UCHEE 5/$55.00
KUP ICK CHI FIXICO 5/$55.00

ME KN SAR TAR HEE 3/$33.00
YUMPAR 10/$110.00
KO NIP PEE 10/$110.00
UP EE SUCK CHO 4/$44.00
I HI IS CEE 6/$66.00
CHARLEY 8/$88.00
JOCAR 7/$77.00

Osooche's Band

OSOOCHE 8/$88.00
CHU HARJO 4/$44.00
COWE HARJO 7/$77.00
NE HAR FIXICO 3/$33.00
CHUTTLE 5/$55.00
AH PI YUCK HARJO 5/$55.00
SE TER WE 4/$44.00
TAL MAISE 8/$88.00
OAK CHUM WAH 2/$22.00
PAR CHE CO 4/$44.00
NO CO SE 2/$22.00
SIN NI TY 2/$22.00
PAR HO SO 2/$22.00
NO WE 1/$11.00
CHEE FE KE 7/$77.00
MAR LAR ZAR 3/$33.00
JOHNNY 6/$66.00
POLLY 3/$33.00
SOUTHLER PE 2/$22.00
CHO FIXICO 9/$99.00
TARS KAH 6/$66.00
CHOW WE POOCHEE 5/$55.00
KAR SUP HO YE 1/$11.00

George Cloud's Band

CLOUD, George 9/$99.00
KO AH KOTS HARJO 8/$88.00
SO NAH HEE 6/$66.00
JOE 3/$33.00
NE AIH HARJO 4/$44.00
CO SAH 5/$55.00
THLAR THLO HARJO 3/$33.00

KOT CHIL LEE 5/$55.00
AR HAR LUC TUS TANNUG GEE 10/$110.00
PAR SUCEE 5/$55.00
KANKEY 4/$44.00

Tus Tan Nuc Co Cho Nee's Band

TUS TAN NUC CO CHO NEE 7/$77.00
TOS TUS TANNUG GEE 7/$77.00
PUS SUC EE 6/$66.00
TOS CHAR PAR KO 4/$44.00
AHAR LUCK HARJO 5/$55.00
KOTS SO HARJO 6/$66.00
TOS HARJO 5/$55.00
PAR HOS EMARTHLA CHEE 2/$22.00
AHAR LUCK EHOLO 4/$44.00
AHAR LUCK FIXICO 4/$44.00
PAR LAR NEE 5/$55.00
TUS TAN NUK HARJO 8/$88.00
YAH HAR HARJO 6/$66.00
HOL E YAR HOLO 5/$55.00
IOLY 3/$33.00

Tommy Harjo's Band

HARJO, Tommy 5/$55.00
PAH HO SEE FUS TANNUG GEE 2/$22.00
TOL LEE CHEE 3/$33.00
AUSTIN 6/$66.00
MUSLEY 8/$88.00
ESTE MEE CHEE 2/$22.00
E SEE HO KEE 4/$44.00
NOCK FAR HEE 4/$44.00
CHO CO LUCKEE 5/$55.00
DICKEY 4/$44.00
HAM ATTEE, John 3/$33.00
CHARLES 7/$77.00
THLOS LEETI KEE 2/$22.00
TEE NUS SEE 4/$44.00
KIS SIE 1/$11.00
MOLLEAH 2/$22.00
POTSE 4/$44.00
TE KEE 4/$44.00

SO FAH 1/$11.00
HUL THLE 2/$22.00
HOC TU CHEE 2/$22.00
KODJO 1/$11.00
KO NIP HARJO 5/$55.00
PAR NAH 6/$66.00
MUT UL HO KEE 5/$55.00
E MO CHEE 4/$44.00
MOSES 4/$44.00
KO WI KEE 1/$11.00
PAH LEE 3/$33.00
NEAH HARJO 7/$77.00
HO TUL KEE EMARTHLA 3/$33.00
SO HAR YEE 3/$33.00
LOBEE 2/$22.00
SEN KAR NI HEE 4/$44.00
HIN CHI EMARTHLA 6/$66.00
SIM SEE 4/$44.00
SUE YE HO YE 2/$22.00
HO TUL KEE HARJO 1/$11.00
KO SAR HARJO 2/$22.00
WAR HEE CHEE 2/$22.00
AH WEE LEE 2/$22.00
TUS TANNUE MICCO 2/$22.00
TOMMY 2/$22.00
IO CAH 6/$66.00
PAR SUCEE 1/$11.00
NO KOS KO CHOK NEE 4/$44.00
KO NEY 1/$11.00

Emarthla's Band

EMARTHLA 4/$44.00
CHE BAR NEE 4/$44.00
SI YAR DOCKY 5/$55.00
PAR SUCKO CHEE 5/$55.00
PARS KO FAR 1/$11.00
EDUN HARJO 6/$66.00
MUTTY 4/$44.00
SE HE CHEE PEE 3/$33.00
WOC HAR CHEE 6/$66.00
CHO KOTE YO HOLO 10/$110.00
CO WE HARJO 8/$88.00

TUSTANNUE HARJO 5/$55.00
SAMY 5/$55.00
COT CHEE MICCO 6/$66.00
SO WAR NUCK HARJO 5/$55.00
OSUN WAH HARJO 6/$66.00
SI YAR HI GAY 3/$33.00
CHITTEE HARJO 3/$33.00
CHITTEE YO HOLO 8/$88.00
ECHO HARJO 7/$77.00
TUS MICCO 5/$55.00
PAR SUK KY 5/$55.00
TOOS HENEHAR 4/$44.00
TOOS YO HOLO 4/$44.00
ALBUT TOCHEE 2/$22.00
MICCO CHEE 8/$88.00
MOSES 7/$77.00
CHO KOTS TUS TANNUG GEE 2/$22.00
BLOCK HARJO 5/$55.00
SAR BO LECHEE 2/$22.00
IS SNEEZER 3/$33.00
JINNY 3/$33.00

Hola Tah Fixico's Band

HOLA TAH FIXICO 6/$66.00
YAR HARJO 6/$66.00
NO COSE EMARTHLA 2/$22.00
EHARS WE CHEE 4/$44.00
HOC TEE CHEE 5/$55.00
TES E KIAH HARJO 4/$44.00
NO COSE PER CHOP KO 2/$22.00
SIB BIN CHEE 4/$44.00
SON O LEE KEE 5/$55.00

Cho Fo Lop Harjo's Band

CHO FO LOP HARJO 8/$88.00
TUS TE NUG HUTKI 8/$88.00
NOK FAR HARJO 5/$55.00
HO TOL KEE FIXICO 6/$66.00
CHEE YEE OHO LO 5/$55.00
YAR FI KEE 3/$33.00
JOE 3/$33.00

NOCOSEE FIXICO 2/$22.00
NO KOS ILLEE 4/$44.00
THLA MATCHEE 4/$44.00
BETSEY 4/$44.00
ECHO FIXICO 5/$55.00
JINNY 4/$44.00
MICCO YOHOLO 3/$33.00
KOT CHER 9/$99.00
OCK CHAN WAR 6/$66.00
TOM 9/$99.00
SO NE KE YO HO LO 10/$110.00
TUS TE NUK HAR CHEE CHEE 5/$55.00
KEE BICH YO HO LO 7/$77.00
CHO KOT HARJO 6/$66.00
TAR KO SO HARJO 10/$110.00

Tar Ko Sar's Band

TAR KO SAR 4/$44.00
ECHO FIXICO 6/$66.00
AHAR LUK HARJO 6/$66.00
HILLABEE EMARTHLA 4/$44.00
KO WA KOTS HARJO 6/$66.00
KOTS OCHEE 6/$66.00
WOXE HAR CHEE CHEE 5/$55.00
ESARPER 3/$33.00
TOM E YOHO LO 10/$110.00
TUS TAN NUK OCHER 11/$131.00
US SON HARJO 8/$88.00
BILLY 4/$44.00
HO LOT OCHPCO 3/$33.00
THLOLO HARJO 3/$33.00
CHARTO HARJO 7/$77.00
NOCOS FEE KEE 6/$66.00
SEE WAR NUKEE 7/$77.00
HOLAR TEE EMARTHLA 6/$66.00
OCHEE CHOP KO 4/$44.00
NO COSE HARJO 7/$77.00
HA KEE 4/$44.00

Nul Cup Buck Tustannuggee's Band

NUL CUP BUCK TUSTANNUGGEE 7/$77.00

TOMMY 3/$33.00
CHO KOT HARJO 6/$66.00
TUSTANNUK HARJO 6/$66.00
NOK FAR YO HO LO 5/$55.00
NO KOS HARJO 5/$55.00
ELIZA 4/$44.00
MUT E SEE 7/$77.00
TAR SEE 2/$22.00
BEN 5/$55.00
SIM E WE KEE 3/$33.00
KOT SO HARJO 2/$22.00
SUT I KEE 3/$33.00
NE HI YO HO LO 2/$22.00
TUS TENNUK MARTHLA CHEE 2/$22.00
HONEY 3/$33.00
THOMAS 3/$33.00
HATS KIS HARJO 5/$55.00
LEWIS 3/$33.00
HLTUM HARJO 3/$33.00
POLLY 7/$77.00
TAR CO SAR FIXICO 3/$33.00
CHE THLEE 2/$22.00
TAR HO WEE 1/$11.00
PAR HE HARJO 9/$99.00
PUS AH HARJO 2/$22.00
MAL LO HEE 2/$22.00
ECHO EMARTHLA 5/$55.00
ECHO HARJO 3/$33.00
CHITTO LAR NEE 4/$44.00

Echo Ful Wa's Band

ECHO FUL WA 5/$55.00
CHESE HARJO 8/$88.00
ELIZA 9/$99.00
WAT KO YO HO LO 7/$77.00
THLAR THLO HARJO 10/$110.00
SAM 7/$77.00
YAR HAR 6/$66.00
TOS HARJO 9/$99.00
LENAR 6/$66.00
CHARLEY 6/$66.00
MCKEAN, James 11/$121.00

WATTEE 5/$55.00
ECHO HARCHEE CHEE 6/$66.00
HULBUTTA HARJO 12/$132.00
BILLLY 4/$44.00
AH HA LOCKEE 5/$55.00

1867 ANNUITY ROLL
VOUCHER 3 - 1ST QUARTER
SEMINOLE INDIANS
OF
FLORIDA

John Chup Co Town

CHIP CO, John 3/$57.00/1
    Jenny
    Lina
THLA HO E YA NEE 1/$19.00/2
OAK LA THLE 8/$152.00/3
    William
    SICK CHE
    CAW AR
    Eliza
    Sarah
    FON NOCK EE
    SE MOCK SO MY KEE
CHIT TO HARJO 6/$114.00/4
    TIM PO E CHE
    TE G E CHA CHE
    TUCK EE
    Samy
    PAS CO FAR GEE
OC SAN HARJO 15/$285.00/5
    NIP KA
    SA CHE KIT LY
    SE MA HO HE
    SO HA THLE
    WY NA HE YE
    THLA SUT LEE
    SE ME HO KEE
    TOM MO GEE
    OC TI OC TO GEE
    SIM MON DA HO LA
    WA BY
    MO SY
    YE HA FIXICO
    NA SEE
CHIT TO FIXICO 9/$171.00/6
    CHIS SOP KA

MOCK KY YE
SUNDAY
TA SE KE A HARJO
IL Y
SEP HO KA
Eliza GEE
MY MEE
NOKE FI HARJO 12/$228.00/7
SA HOM GA TEE
CHO LA
AS SON WA
NA HO E CHEE
AS SON HARJO
KA PA HO SEE
KA TY EE
TO KEE MO SEE
E HON KA
IS FU LAR GEE
PIN KA LEE
SA HO SA HE KEE 5/$95.00/8
E TO CHE
IS TA HE E YE
TA TUCK A SEE
SA LE TA KEE
AH HA LO KO CHE 3/$57.00/9
PA SOCK KEE
SAL LOCK KEE
AH TUS SEE 5/$95.00/10
PO HI E KEE
FICK LA MY HE KEE
WI SEE
SUNDAY
PE E CHA CHE 8/$152.00/11
MA KO YE KEE
WE LA KEE
Nancy
WE LA
MA HO SOCK KEE
MA LEE
NIL LY
AH LA LOCK KEE 6/$114.00/12
KLEE HARJO
SO NOCK HARJO KEE

      ZA FO LA GEE
      TI HO KA
      SAM O GEE
NUTCH CUP HARJO 6/$114.00/13
      KITH HO HE YE
      NO CHA CHE
      KIN NA HE NEE
      NE HI HE HO LA
      STOM KO MA HE
SY YOW MA CHE 3/$57.00/14
      BEE CHEE
      MA LEE
PAN HOS HARJO 4/$76.00/15
      Sally
      Mary
      Nelly
TUS TON NUCK HARJO 3/$57.00/16
      Nelly
      Samy
KONE HE 5/$95.00/17
      SE MA HE YE
      JO NA SEE
      FOT CHA HA KEE
      DOS HO KEE
TA HI E KEE 3/$57.00/18
      LO SON EE
      TA YE CHE
AH HA LA MA THLA 8/$152.00/19
      KO E HARJO
      SEE TE NOCK KEE
      SA KO NOCK KEE
      SO TA YE CHE
      TO KO THLE E KEE
      WA SA SEE
      WAS KO
KA FRICK CO GEE 4/$76.00/20
      DY SEE
      Louise
      Fanny
THLE HE HO THLA KEE 10/$190.00/21
      MA TUCH HO KEE
      PA LOT KA
      KA FRO NY

    Anna
    AH THLE
    PIN O SA KEE
    THLA SE HE KEE
    LA MOS KEE
    CHE WAS TY E
YO NA SEE 6/$114.00/22
    TOM MA SEE
    CHA KEE
    SON NA KEE
    THLOCK PON A KEE
    TA DON A LEE
BEE MO 2/$38.00/23
    Billy

Fos Harjo Town

FOS HARJO 6/$114.00/1
    AH HA LACK HARJO
    SIN HA KEE
    Hannah
    TE MA HO HE
    MOT TEE
WAK SIN E A HO LA 3/$57.00/2
    MO SEE
    Anna
AH HA LOCK E MATHLO GEE 2/$38.00/3
    CHA LIN NEE
HOKE TE THLOCK KO GEE 1/$19.00/4
PA HO SEE 6/$114.00/5
    MA KA HO KEE
    PAN NEE
    PA HE KEE
    Louise
    NO KO SE MA THLO
PA HO SEE MA THLO 7/$133.00/6
    Peter
    ZA HO CHEE
    IS TUI LIT KA
    OAK TE LA NEE
    MO YE A
    HOKE TO GEE
CHE SOCK KA 5/$95.00/7

Sally
SEE TO CE
IS TE E COM EE
CHE PAN NE
HOL PA DA 1/$19.00/8
SA FO LA GEE 4/$76.00/9
HOKE TO LUS TEE
CHA ME PO E CHE
NO SUH TEE
IS TO KO KEE 2/$38.00/10
SE MA HE E
YON FOL O GEE 2/$38.00/11
Lucy
FOS SE A HO LA 1/$19.00/12
OX SUN WA 2/$38.00/13
HOKE TO GEE
KOT CHA LA NEE 1/$19.00/14
WACK SE GEE 2/$38.00/15
THLA HO MAY HE
SEE LEE CHE 1/$19.00/16
NO KOS KO JO KO NE 5/$95.00/17
NIL SI A
Lucy
Louise
MO TEE
POW KEE LEE 2/$38.00/18
JO KA
LEW EE 3/$57.00/19
LO MOL LE CHE
AH SIG LA
LEE MA SEE 4/$76.00/20
SO HA HE YE
MA SEE
Lucy
MOSE KA 2/$38.00/21
KA SEE
JE KEE 3/$57.00/22
CHOCK FUL LE KA
TO BY
MO SO GEE 3/$57.00/23
CHE PAN O GEE
GO GEE
ELIZA 1/$19.00/24

YA ME 3/$57.00/25
    CHE NY
    SAM ME
THLOCK KO 5/$95.00/26
    LY ZA KA PU
    PON O GEE
    E WAN WOR
    E CHE SEE
SEE ME TO 1/$19.00/27
IS HO E ZA CHE 1/$19.00/28
KO E YE CHA 4/$76.00/29
    SAM E LUS TE
    FOS TUS TUN NUG GEE
    Nancy
LUCY LA NEE 2/$38.00/30
    SO HA HI YE
CHE POR NA 2/$38.00/31
    E SEE MA KA
IS TE MIN THLE CHA PEE 5/$95.00/32
    Nancy
    TO TO KEE CHEE
    LA LIN NEE
    HOKE TO GEE
PA SUCK HARJO 5/$95.00/33
    HO FIE E KA
    HOPE TI MA KO
    LE TO KEE
    ME KA KAE

Cho Fixico Town

CHO FIXICO 5/$95.00/1
    Nancy
    Peter GEE
    IS COT EE
    John SEE
NO KOS FI GEE 8/$152.00/2
    TOP PE CHE
    MEE LY
    WI SEE
    FE NA
    LO WE NEE
    MA CHEE

    Eliza
AH LOCK HARJO GEE 5/$95.00/3
    Milly
    CHE E A HE LO
    Tony
    Lizzie
CHO HARJO GEE 6/$114.00/4
    Dally
    Fanny
    HE LA PEE
    MA SEE HE KEE
    PA NO GEE
AH LA LOCK E A HO LA 5/$95.00/5
    KO OCK KO GEE
    HOKE TI WA LEE
    Molly
    Sitty
WACK SEE HARJO GEE 5/$95.00/6
    Sally
    THLOF KEE
    TOM MA SEE
    Dicky
SIM MON DA E LY 5/$95.00/7
    HOKE TE LOCK THLO GEE
    HOT KA
    Louise
    MY SEE
WILLIAM A 5/$95.00/8
    CHE PAN EE
    WE LO SEE
    MON A
    PO HI E KEE
HO LA TE MA THLE 3/$57.00/9
    DUITH HO KA
    CON HI JO
MY LU 4/$76.00/10
    FOT SEE
    ME HOKE TEE
    HOKE TO GEE
POL LO KA 4/$76.00/11
    CHA LA NEE
    TE KY CHEE
    CHE PON O GEE

DY SEE 3/$57.00/12
    TOW EE
    CHE PON EE
E TONE EE 4/$76.00/13
    AH WE LOCK KEE
    KA LA NEE
    MY SEE
SUNDAY 5/$95.00/14
    SA POCK LE CHE
    Polly
    SO TOCK EE
    GEE GEE
LE COF FEE 4/$76.00/15
    THLA HE KA
    LO LY
    GEE GEE
BILLY 1/$19.00/16
PA HO HO PA E O GEE 1/$19.00/17

Manwell Town

MANWELL 6/$114.00/1
    Susy
    WO LE TO
    KIL BUT
    Moses
    Rose
WOLF 5/$95.00/2
    CHE PEN NOT SO LY
    IS EHA HO WAY
    HOKE TEE
    Jenny
LEAP KA 4/$76.00/3
    Lizzie
    John
    LO NEE
JOSEPH 4/$76.00/4
    Ellen
    Alexander
    SEE SEE
WOTE KE E A HO LA 5/$95.00/5
    MA PE HO KEE
    HOKE TO JEE

    Hannah
    CHE PON NEE
DOL WA FIXICO 5/$95.00/6
    JOHN PO LO KEE
    CHO TEE
    OS LOT KA
    SO PON NEE
SAM O GEE 8/$152.00/7
    THLE PO TSEE
    YA YA
    IS TA CHOCK PO LI KEE
    SAMP SEE
    POTE GEE
    OAK TO GEE
    SP SEE
JAMES 5/$95.00/8
    Elsy
    Lydia
    Peter
    CON PE GEE
CHIS E HARJO 8/$152.00/9
    PON NE AH
    George
    Eli
    TE WO LEE
    LUP TEE
    O TA LE
    LOP KA
YA HA FIXICO 8/$152.00/10
    John PORTO
    WE SIN TEE
    NE NI HI CHU
    SO MY E
    SON O CHU
    Lizzie
    WIL SY
HOLLY 2/$38.00/11
    PO SEE
LEE NA 5/$95.00/12
    Robert
    Holly
    Mary
    FUCH LY KEE

TOMY 2/$38.00/13
    SU KEE
FO LOT KA 3/$57.00/14
    MO LIN DA
    Baby
PON NY 6/$114.00/15
    SA WA LE TA
    HA LOT HA GE
    Louisa
    WIL SY
    Eliza
NO CHA YE 8/$152.00/16
    FOL LIN NY
    SA HO O EG EE
    MA LY
    Mary
    Martha
    Willy
    Pheby
BERRYHILL, John 6/$114.00/17
    SAY EE
    WI SEE
    MIN TEE
    IS TO GEE
    Winny
FEL O HARJO 5/$95.00/18
    GAS HO KEE
    MAL LE A
    CHE PON EE
    Peter

Pon Hos Fixico Town

PON HOS FIXICO 3/$57.00/1
    WIL SEE
    LAM SEE
CHO HARJO GEE 6/$114.00/2
    CHE PON EE
    HOKE TO GEE
    SA TO TE KEE
    E MY
    Billy
HO TIL KAY FIXICO 6/$114.00/3

        HAL HO KEE
        KA CHA LOCK KO
        FO EE
        JIM KA
        PI E CHEE
NO KO SEE LEE 5/$95.00/4
        KA CHA FIXICO
        FULL HO KEE
        Samy
        SA YA FI GEE
TOS E KA 6/$114.00/5
        SIM LE A
        HOKE TE CHIL LICK E NY
        HITH HO E YA
        Lizzie
        KEE BY A
SUCK KA KEE 3/$57.00/6
        LO SA
        HO CHA KEE
KOT CHE LEE 4/$76.00/7
        HE KEE
        NOT TA YE
        LIN TEE
CON CHAT HARJO 3/$57.00/8
        Milly
        KA TY
CHO FIXICO 3/$57.00/9
        YAM KA
        CHE PON NOS KA
TOCK KOS A FIXICO 8/$152.00/10
        MY MIN
        KO WE A
        CHE PON O KEE
        SIMP SEE
        SIM FA LIN NEE
        NO KOTE SKA
        KIN A HI NE
SI SEE 6/$114.00/11
        SEE NY
        CHE WY CHEE
        OAK LA SKA
        PON NY
        MO A CHA E KY

CHU LY 5/$95.00/12
    SOKE TO
    MIX EE
    KA NY
    Tony
NO KO SE MARTHLA GEE 8/$152.00/13
    MA CHA KEE
    SA HI CHU
    PAW NO SEE
    Jenny
    Lucy
    Johny
    JO KA
POLLY 4/$76.00/14
    SA NEE
    CHIP E KA
    CHOP O WAY
O GEE, John 6/$114.00/15
    CHEAT KA
    KO CHO
    KY OCK O LEE
    MI SEE
    POT TEE
NO KOS FIXICO 2/$38.00/16
    IN CHA WEE
KA FRICK CHI A HOLA 1/$19.00/17
CHE PON EE 3/$57.00/18
    SEE LY
    SY YA
THLO MY 4/$76.00/19
    SA PO KEE
    WIL SEE
    TOM MUS KEE
WAHE CHEE 3/$57.00/20
    JOKA
    TOMPSEY

Pas Ko Fa Town

PAS KO FA 5/$95.00/1
    SO HO A CHEE
    Jenny
    SO HO YE

CO NA HE
SUCT LO HARPO 5/$95.00/2
    Sally
    SU SY
    SAL HI KO CHE TEE
    Fanny
PON NO CHO CHEE 5/$95.00/3
    ME THO LI KEE
    HENNI
    HO EE TO GEE
    MA HITH THA
COW FIST SA HO FIXICO 5/$95.00/4
    POL HUM I KA
    ME LUCK E
    Peter
    CHE PON NEE
SON NEE 4/$76.00/5
    WAN HEE
    Milly
    KO HA HI KOO
FANNY 4/$76.00/6
    CHE TI KA
    William KA
    JEIN O GEE
OAK TUS HO E TA 3/$57.00/7
    Sally
    HA HA E ATE
MUS SE LA NE 3/$57.00/8
    YI HO E
    HAK TO TEE KEE
IN KE SA 1/$19.00/9
OKE TI AC SI HARJO 4/$76.00/10
    Thomas KEE
    ME HI KE TE
    IS TO CHU
OKE FUS KEE 6/$114.00/11
    CHE PIN EE
    Fanny
    YA NA
    SE TU WE
    HOKE TO GEE
CHO LA FIXICO 2/$38.00/12
    FICK LA MU

BROWN, DN. 8/$152.00/13
    Jackson
    LATCH TI CHA
    SU KEY
    Jenny
    Alice
    Robert
    Stanton
KO NOTS HARPA 8/$152.00/14
    HOKE TO KO CHUCK E NY
    BAR KE CHEE
    SEM MA HE
    CHE PAR NO CHE
    AH HI CHA
    HA LA TEE
    SEE SEE
LO WA LO 4/$76.00/15
    Jenny
    Nancy
    SI AH HI KEE
SO SA LI AH 3/$57.00/16
    HE LUTH CHEE
    SA WEE
HO PE KLLE 3/$57.00/17
    AH KO E YE
    AH TO TA
SU KEE 3/$57.00/18
    Betsey
    HOKE TO LA CHE
SEE NA NY CHE 3/$57.00/19
    HE LE
    CHA LY
COT SI AH HO LA 5/$95.00/20
    Jenny
    HE LIT CHE
    FIP HO HE
    NO CHA
COT SI OH HO LA 1/$19.00/21
WILD CAT 2/$38.00/22
    NITCH HE LA

Fos Hotchie Town

FOS HOTSHE 3/$57.00/1
    Sallet
    Sammy
AH BICH HARJO 6/$114.00/2
    CHO FO LUP FIXICO
    PA NUS KO CHE
    SIL LIN TEE
    NO CHA
    Tommy
E NE HA FIXICO 4/$76.00/3
    O TO KA
    NI SA
    CHA KEE
CHIT TO HARJO 5/$95.00/4
    SAH THLE
    Polly
    SOCK TO KOCH KO
    TA FEE
HE MA ME 6/$114.00/5
    POW HOS HARJO
    TE MO E OTH LA GEE
    SOFA
    MILLA
    TO SEE
KO NISS HARJO 7/$133.00/6
    O HA HE
    PA NO SEE
    CHA LE SEE
    TE SEE
    PO TO KEE
    NO SEE
TOMY 6/$114.00/7
    AH LE KA
    KIN TEE
    CHE NE
    TE TE
    FOTS SKE
FOS HARJO GEE 2/$38.00/8
    HITH LA TEE GEE
SO KEE 4/$76.00/9
    CHE PON EE

  Milly
  SON TO CHE

Ko A Harjo Town

KO A HARJO 5/$95.00/1
  HIKE TO GEE
  LE LA NEE
  Lucy
  John SEE
TELIMASSEE 1/$19.00/2
BILLY 3/$57.00/3
  Jenny
  Eliza
NE A FIXICO 5/$95.00/4
  TUCH HO HE YE
  Nancy
  HIP SEE
  CHE PON NEE
IS TE LA NEE 5/$95.00/5
  MOS HO HE
  Molly
  CHO TO KEE
SAMP SEY 3/$57.00/6
  Lucy LA NE
  MON AH
CHUT TA KEE 3/$57.00/7
  SO FU CHI E GEE
  GEE GY
AH THLA HE E GEE 6/$114.00/8
  I LO GEE
  TE THLA KEE
  TUP HO GEE
  JOCK SEE
  JUM PIS CON AH
OS SIN WA 1/$19.00/9
LA PE GEE 4/$76.00/10
  SOF FICK LE MY E GEE
  HOKE TO THLOCK TO GEE
  COL LA NU
CHO HARJO 3/$57.00/11
  HOL HE KEE
  PIE PEE

TITH THLO HO KA 1/$19.00/12
COT SO HARJO 4/$76.00/13
    FITZ A HOCK KEE
    LUM NEE
    HOKE TA LON
ME LE A 4/$76.00/14
    SE TA WE
    OKE LE SEE
    CHE PEN NEE
NILLY 6/$114.00/15
    CHE PEN NEE
    ME CHI LEE
    AH MIS TA
    IS MA LET
    YA TA NO HARJO
SIM E A KEE 4/$76.00/16
    JO NA SEE
    SEE SEE
    Milly
PA HE CHA 6/$114.00/17
    UN CLA HE MY
    TE WE THLOCK KO
    IS TIP KEE
    SIMP SEE
    PAN NOS KA
SIM NY KEE 2/$38.00/18
    Hannah
LAT KO JA 1/$19.00/19
MUP PE HE 3/$57.00/20
    WIS SU NY
    CHIS NY
YA FIXICO 4/$76.00/21
    SUCK KOS SEE
    Sally
    CHE PON NEE
KA KEE 4/$76.00/22
    HOL KO KEE
    E PIS EE
    YA KO PI GEE
SAMY 2/$38.00/23
    JO KA
KIN KE HI 4/$76.00/24
    ITS KEE

THLA ITCH HO HE
MITCH E LY

Ah Ha Lock Fixico Town

AH HA LA FIXICO 4/$76.00/1
    KE SA GEE HARJO
    Polly
    Nonny
GEORGY 3/$57.00/2
    SA NA NEE
    AH HO SA E KEE
O GE KO CHO KO NY 6/$114.00/3
    LE KA FEE
    JUM PE GEE
    Sunday
    Sally
    FIS SI E KEE
GE KOP PEE 10/$190.00/4
    KE SA CHEE
    TE NO GEE
    ME LO A KEE
    LUT TEE
    CHU TO TE KEE
    LA ME
    CHIL LY
    LO SEE
    CHE SE LY
AH HA LOCK KO GEE 3/$57.00/5
    SE MO CHEE
    SO SEE
AH HA LOCK KEE 5/$95.00/6
    TON ITCH HO HE
    TIN HE LEE PEE
    Lizzie
    NOKE SUCK HARJO
TOL WA TUS TON NUG E 4/$76.00/7
    KA TE HE
    AH FOS A NE HA
    AH FOKE LO KA
O TIEL KO GEE 7/$133.00/8
    AH SUP PO KA
    LY LY

       E O MUTS KEE
       HO EVE UN HO E YE
       Lydia
       CHEE NEE
SO NOCK YO HO LA 4/$76.00/9
       PU CHEE
       AH THLE BY
       HOKE TO GEE
KOT CHA HA GO GEE 5/$95.00/10
       E KUS HARJO
       SA WOT O KEE
       AH SEE E GA
       YOKE LA HE NE
CHIT TA E YA HE 8/$152.00/11
       IN THLE TOCK PE
       TO SEE CHEE
       Samy
       WA TEE
       WIL SEE
       LIN TEE
       Judy
HUL PUT A HARJO 8/$152.00/12
       WA SOT KEE
       LY LEE
       WA SA
       SAMP SEE
       SEE LA
       LIN TO CHE
       SEE PA
IS CHA OWA 5/$95.00/13
       IN LIT KA
       TA KO GEE
       MA LEE
       Holly
CHIT TO HAARJO 6/$114.00/14
       O SON A FIXICO
       CHE KA E YA
       SA KA THLA KE
       MA KEE
       WE NEE
YA HA FIXICO 4/$76.00/15
       SA TY E YA HO LA
       NO CHA KEE

　　　　SO KA E YE
LO SO GEE 2/$38.00/16
　　　　TE NA SO GEE
LOW EE 6/$114.00/17
　　　　YOCK FO LA
　　　　CHO SEE
　　　　Hannah
　　　　Fanny
　　　　MO SIT
TUL SEE HARJO 4/$76.00/18
　　　　HO CHIF KEE
　　　　LO SON TEE
　　　　TE E JA CHEE
IS FON E HARJO 7/$133.00/19
　　　　FOS HARJO GEE
　　　　SA FI YA TE
　　　　IO KA
　　　　PO NOCK HY TEE
　　　　MIL SIT
　　　　KIN NY
WACH SEE HARJO 4/$76.00/20
　　　　CHE PEN NEE
　　　　FOS HO KEE
　　　　POL LE E
HOL PED A FIXICO 6/$114.00/21
　　　　THLA SE MA TEE
　　　　SA CHE KEE
　　　　SLY
　　　　OKE SEM HARJO
　　　　JO KA
YA HO CHEE 4/$76.00/22
　　　　CHE WAS TA E HARJO
　　　　SA THLE
　　　　JO KA
JOHNNY 3/$57.00/23
　　　　HEN NY
　　　　NA TA HO HE
AH HARJO 5/$95.00/24
　　　　TE KA CHE
　　　　SO PU CHE
　　　　MA SLY
　　　　LE SON NOT
CA CHA CHUPCO 4/$76.00/25

    NOL HE GEE
    SEE HE TO SEE
    Eliza
HO LA TA HARJO 6/$114.00/26
    SEE HE KA
    POL PA KEE
    SOF FIG LUM GA
    JO KA
    SO SU
JO KA 4/$76.00/27
    TE NO HE
    MA TI DOCK EE
    SO SEE
CHO WAS TA E CHUPCO 4/$76.00/28
    JO KA
    SEE SEE
    SE MON TI LA GEE
JO HARJO 3/$57.00/29
    PIN KA BE GEE
    E MUN SEE
KO SA HARJO 4/$76.00/30
    PIN KU HE LY
    KIP SEE
    SIN NOT

Nuth Ko Buck Ee Town

NUTH KO BUCK EE 4/$76.00/1
    HA SO TI E KEE
    Kissy
    LUTEE
HA THLAU HARJO 7/$133.00/2
    Mily
    MA TIS U
    Fanny
    Illinois
    ME CHI LY
    CHO SI AH
DAVY 7/$133.00/3
    HO LA TO CHUPCO
    Sally
    SOO SY
    Fanny

PON NO CHEE
PAR LO CHEE
NOKE FI E A HO LA 4/$76.00/4
   BITCHIE
   BAY NE
   MINTEE
COT CHEE HARJO 4/$76.00/5
   POL E YA NEE
   CHO KO LY
   Lydia
NO KOS HARJO 6/$114.00/6
   SA HO TAY GEE
   LO SA NY
   ME KO HARJO
   LOO SY
   JU DY
HOTE THLE PO E YA 5/$95.00/7
   Hannah
   CHE PON NEE
   ED MY
   CHO COTS HARJO
JAY KO BY 4/$76.00/8
   SU LY
   DY SEE
   Sally
LEWY 4/$76.00/9
   HA LY
   LY LY
   FUS TEE
FAS HARJO 4/$76.00/10
   MA GEE
   Lucy
   LA TAY GEE
SILLY 4/$76.00/11
   TO KA LA GEE
   Polly
   Lizzie
CHE MA SEE 5/$95.00/12
   SI U LUS KEE
   ME LO SEE
   ME LO GEE
   CHO SIF KY
CHO WE A HO LA 8/$152.00/13

        MON NAY CHEE
        MA THLE
        HIP SEE
        E LA
        WI SEE
        WILL UMP KA
        SI HI CHA
FOS HARJO 4/$76.00/14
        YA TEE
        CHA LY
        IS HO YA HEE
JIMY 3/$57.00/15
        MAT HO HE
        PAY GY
SO ME CHEE 3/$57.00/16
        MIL HE
        CHEE NY
WILY 4/$76.00/17
        LATTIE
        CHO KY
        CHO FIXICO
TON NOCK EE 3/$57.00/18
        SUP ING GA HE LY
        MAT CHE HE
PI E HARJO 7/$133.00/19
        TE NOS HE
        IN LA TAY GEE
        SIN E CHAY CHE
        CHU HY LY
        SIN KA KEE
        PE TAY GEE
FUS TUN MICK HARJO 4/$76.00/20
        BE BO GEE
        UMP STY
        POL TY
CHO HARJO 5/$95.00/21
        LAY LA SEE
        MY TEE
        Fanny
        MY KEE
MA HE CHEE 4/$76.00/22
        TY HE CHEE
        CON CHA DAY

        HITCH HE HE GE
NO KOS E MARTHLA 4/$76.00/23
        PAY GEE
        SIS SEE
        HA MO CHEE
LA PY 5/$95.00/24
        Eliza
        KAY NY
        PEN TY
        MUL KA SEE
NUCK KO NY 8/$152.00/25
        YON POCK E LA TA GEE
        SETTY
        SUF FUE HO E YE
        MO SEE
        PITTY
        SOR WY
        SUN SEE
NO KOS KO CHUCK E NY 3/$57.00/26
        FOS HOKE TEE
        Molly

John Jumper's Band

JUMPER, John 8/$152.00/1
        Mrs.
        Walter
        Peter
        Rebecca
        James
        Lucinda
        Sally
CHO FIXICO 6/$114.00/2
        Mrs. CHO FIXICO
        SARNE KO
        Louisa
        Martha
        Hapsey
TUS E KIA HARJO 5/$95.00/3
        Annie CHAR EH
        Polly
        Billy
        CHE PON NEE

FOCK E LUSTY HARJO 4/$76.00/4
    Mrs. FOCK E LUSTY HARJO
    SO NI NO CHEE
    CHE PANN CHEE
LUCY 2/$38.00/5
    LOWINO CHEE
JUMPER, Mary 5/$95.00/6
    Molly
    Lizzie OCHEE
    Sisy
    SEE TAH
CHANIE 3/$57.00/7
    Davidson
    Margrett
BOWLEGS, Major 4/$76.00/8
    Susan
    Lydia
    Nicie
LIZA 3/$57.00/9
    SIM SEY
    KOKE TE HUS KA
NO KOS HARJO 5/$95.00/10
    Mary
    COHO KEE
    Lucy
    Johnson
PIN HARJO 3/$57.00/11
    YE TAS HO GEE
    Anne THOCCO CHEE
COT CHE ILLE 3/$57.00/12
    HOKE TO CHEE
    Hannah THOCCO
WARSIE MARTHLA 5/$95.00/13
    Mary BEN
    MUS TEE
    Lucy BEN
    Hettie
ESSE SE KO CHEE 6/$114.00/14
    PUNK KA
    SEE HETS HO YA
    PARMO SE
    FU NA NA KEE
    MICCO CHEE

HO LATO CHEE 6/$114.00/15
    SUT HO YEE
    Morisey
    Milly
    SO SOT KA
    CHA PE CHA CHEO
PAR HOSE EMARTHLA 3/$57.00/16
    Annie CHUPCO
    CHONA
MICCO ME CHA SA 4/$76.00/17
    ME HA KEE
    John O CHEE
    MICCO HARJO
CHITTO HARJO 5/$95.00/18
    THUP KEE
    Chalsey
    PUL MAS KAH
    FED KA
WAKEY, John 7/$133.00/19
    ETH SAT HE YA
    Lucy BEN
    WAL IN DA
    KIS AH
    MOFSEY
    Elsey
SULKA 7/$133.00/20
    SU FOK LE TE KA
    TO CHEE
    CHE PON NEE
    THOMASEY
    FONIO CHEE
    Little Girl
CHO SA 5/$95.00/21
    Hannah
    Jim NO CHET
    CAT CHO CHET
    MOLSEY
FALSEY 8/$152.00/22
    SEMMAHO YA
    TUPA
    SINN HON NA YA
    FUS E KIAH
    WILAH

CHA YEE
Ramsey

Passah Yat Ho La's Band

PASSAH YAT HO LA 6/$114.00/1
    NA PO CHEE
    Davie
    MA YEE
    Polly
    MO NA GEE
HAL PA TO CHEE 5/$95.00/2
    Georgie
    ME LE SI KEE
    FINAH
    Jereimah
OS SUM A HARJO 5/$95.00/3
    COL YAH
    SUN NAH
    SOL MAN
    Colbert
HO PA GEE 3/$57.00/4
    Sarah
    Ollie
WISE, Thomas 4/$76.00/5
    Willie MUS
    Sarah
    Susey
BENNIE 6/$114.00/6
    CHO KAH
    TILDY
    HANNIE
    CHE PA NEE
    Marthia
ARBUCKLEY 5/$95.00/7
    Wilson
    MANNA TO KEE
    Liza
    Polly
FOOS YAR HO LA 2/$38.00/8
    THUSE MA LA HO KEE
PETER 4/$76.00/9
    FOOS MICCO

    Pegie
    Lucy
YAR KIN HA 7/$133.00/10
    FOOS HOT CHIE
    FOOS HOT CHIE EMARTHLA
    Major
    Lucy
    FE ANNIE
    LOWINA
COT CHE MICCO 6/$114.00/11
    CHE PA NEE
    SEE CHA YE CHEE
    Lucy
    Judy
    Lizzie
PAR HOSE HARJO 4/$76.00/12
    HAR KAH
    Lilly
    SUKEY
ETAN HARJO 4/$76.00/13
    ARCHS LEE
    TEHUL AH HO YE
    SE LEE LEE
OS SUN WA 5/$95.00/14
    CHO ILLE
    SEMA WE
    WINSLEY
    SAMBO
FOOSUA ARCHO BE 4/$76.00/15
    MO GA YOT KA
    Betsey
    MOL O CHEE
WILLIAM 7/$133.00/16
    Nancy
    Louisa
    GEORGE O CHEE
    POLLO CHEE
    CHA HA KEE
    CHE PON O CHEE
AR LE CHA CHEE 1/$19.00/17
CHARLIE 4/$76.00/18
    BUTCHER, John
    Hothie

    Lucy

George Cloud's Band

CLOUD, George 5/$95.00/1
    Thomas
    ME LE HA
    Henry
    MA KO YA K__
MICCO HARJO 3/$57.00/2
    TUL LA KEE
    KIS SEE
MOS KAH 7/$133.00/3
    SU CHA YEO
    TO LOM KAH
    KAW SAH
    ESTA
CHO KAH 2/$38.00/4
    Polly
SO NA GEE 7/$133.00/5
    Mary
    Melisa
    Judia
    TENAH
    SENIE
    HOKE TO CHEE
LIZ O 3/$57.00/6
    Mary
    DICEY
HARJO, Tommy 2/$38.00/7
    CHIN KAH
AUSTIN 1/$19.00/8

E Cho Emarthla's Band

CHO EMARTHLA 6/$114.00/1
    HUL AT HA YA
    YAR FIE KEE
    NAR CHO MACHEE
    ESTE LE CHEE
    CHIK NA CHA KEE
CAN CHAT EMARTHLA 8/$152.00/2
    ESTA LE HO KA

SUTS CHA CHEE
HO KE TE
AOS EE
SEE ME SEE
SOKTO KEE
SUM TE TA KEE
CHAR BIC CHE EMARTHLA 3/$57.00/3
WOL HO CHEE
Liza
CO LO ME 6/$114.00/4
EN THAN ESS MARTHA
SEMM THA NA KEE
SUSA HO KEE
YEK CHEE
SUL A HO KA
ETS CHAS FIXICO 7/$133.00/5
ME HA YE
HONE CHA CHEE
MA YON KA
ES KIN IE HA
FOL LI KA
ENTAS KA
CAL SAR 3/$57.00/6
SUNA TA YE
WAL LES KAH
CAR CHEE HOM A TEE 2/$38.00/7
Babie

Cohn Thocco Band

COHN THOCCO 4/$76.00/1
SIHO KAH
SAWN LAH KEE
EWA KEE
ARCHO LY HARJO 7/$133.00/2
CO NA HE
MULE CHIE
WATTIE
MOS KO CHEE
TEK HETH KAH
HOK TE CHOT KA
TAL MAS FIXICO 7/$133.00/3
KINTA

    Hettie
    Peggie
    Martie
    Davie
    SUKEY
FUS E KIAH HARJO 6/$114.00/4(a)
    Liza
    Sammey
    Linda
    CHO COT TE A HO LE
    OSSA YAR HO LA
PEGAH 4/$76.00/4(b)
    Hannie
    Bennie
    Polly
COT CHA FIXICO 5/$95.00/5
    OSA FIXICO
    Hannah
    Lizzie
    CHO KAH
CHAR BY MARTHA 7/$133.00/6
    ARTUS HARJO
    ESSE CHEE
    KIN HAR
    Mary
    FUGA KEI
    SEHA NEE
HOTHE MATER 8/$152.00/7
    KENNECUA
    Bettie
    MA KAR HO KA
    SUAL HE KEE
    FEME SEPEE
    THO FEE
    OSA TU ARCH FIXICO
SANKO 5/$95.00/8
    SO SAN YU
    TUNE CHIT
    SO HE CHAT
    PUE HO KEE
CON AK O CHEE 4/$76.00/9
    Alix
    HOKTE FREE LEE KEE

    SATE LOKEE
SPAMEY HARJO 3/$57.00/10
    FOOS HARJO
    WAYIE YAR HO LA
OKE LAR BESSA 6/$114.00/11
    FUL LE CHEE
    SU POK HO TEE
    THE WA LE HARJO
    SU LE TE KA
    HOK TO CHEE
THLA HARJO 6/$114.00/12
    SE HAN KAH
    CHU LA
    PE FAT HOE CHEE
    Lucy
    LETE CHA CHEE

Sana Nock Yar Ho La Band

SANA NOCK YAR HO LA 7/$133.00/1
    HAL PA TA
    Fanny
    Lewis
    Wisey
    Lucy
    Katie
THA THO FIXICO 5/$95.00/2
    HOP OI ELLIE
    Tonny
    T. WO LI KER
    SARLEY
CHO COTE HARJO 6/$114.00/3
    Mattie
    YON GEE
    TEC KEE
    SAR KA NA
    UNTHLA WE CHER
ARTUS YAR HO LA 4/$76.00/4
    HAL HO KEE
    Donie
    Sammie
HOTUL KE HARJO 4/$76.00/5
    EMO CHA SA

　　　　SU HO YEE
　　　　CHE PON NEE
CAT CHU HAL WA 6/$114.00/6
　　　　CHOTTOE YAR HOLA
　　　　YU NA SA
　　　　Lizzie
　　　　SET NA KEE
　　　　Nonnie
ENU THO CHEE 6/$114.00/7
　　　　CAT CHA THOCCO
　　　　PEFOT I KA
　　　　Johney
　　　　Dicey
　　　　LETIF HARJO
TECK KO ME 3/$57.00/8
　　　　NOOS IE
　　　　Sallie
ARBE KA 5/$95.00/9
　　　　Winnie
　　　　TEETHLE KEE
　　　　HOKTE LASTA
　　　　Dixie
FAM O CHOE 7/$133.00/10
　　　　HES A HO KA
　　　　Wilsey
　　　　KAF AK AH
　　　　ROE KA
　　　　POL LUS TO CHEE
　　　　Blly

Foos Hotch Ko Chek Nee's Band

FOOS HOTCH KO CHEK NEE 5/$95.00/11
　　　　Losley
　　　　SU PA HO YEE
　　　　Sarah
　　　　Wattie
SE MA THLA 3/$57.00/2
　　　　PE FAT KAH
　　　　TENNE KE YA
AR HAR LOE E CHEE 6/$114.00/3
　　　　Polly
　　　　LIZA LARNEY

  FU MO KER
  MAR GEE
  NAR CHEE
AR HAR LOCK FIXICO 5/$95.00/4
  OH FUS KEE
  MA CHA NA
  TESHEF KA
  Lucy
NO KOS YAR HO LA 6/$114/5
  THA FUS HO KEE
  SUPETA
  FUTCHA HA CHEE
  Johnson
  Joe James
OK CHAU HOTALA 6/$114.00/6
  PAR NOOS KAH
  SU HUL LEE CHEE
  FIMMIE
  SAR TEE HO YEE
  Polly
NO KOS LUS TEE 3/$57.00/7
  TAR PEE
  FU YE CHU CHEE
YAR LA HA, John 3/$57.00/8
  EMARTHLA
  SAR HO YEE
HO THE POY A 9/$171.00/9
  Sampson
  PAR HO SE YAR HOLA
  Mr. CAMNY
  SEEWA KE CHEE
  SENA
  JKEE OR LKEE
  OTHER CHEE
  Sophia
THA THO HARJO 8/$152.00/10
  PAR MOSY
  MA PA KEY
  Judy
  FEK AH
  ~~FEK AH~~
  FEK HAR NEE YEE
  Rhoda

   Little Girl
CHO KAH 2/$38.00/11
   SO HO KAH
LI LAH 2/$38.00/12
   Peter
AL LUM MEE 6/$114.00/13
   Georgia
   MAT HO YE
   SAM E NO SEE
   PAR TIE
   SONSIA
CASA MICCO 7/$133.00/14
   HELIS HARJO
   OH HA YE
   CONA HA
   AR HO YA
   THAFE CHEE
   Mary
TE MA YE PA 2/$38.00/15
   HETS HO YA
FULAS KO 4/$76.00/16
   TU HIN OH
   MOLE YA
   ESTO CHEE
CABIC CHA FIXICO 9/$171.00/17
   TUL SE NE HA THOCCO
   MAXIE HOLATA
   Wiley
   Lucy
   CHE SA PEE
   MA HO YEE
   Polly
   CHUCKEE HO YEE
TUS E KIAH MICCO 8/$152.00/18
   MI TEE
   SE NA
   Mattie
   SAR HO KER
   Nancy
   Mary
   Wisey
TAS TA NAK O CHEE 3/$57.00/19
   WUS OK KEE

ES HA LA TEE
SEN SO NU KEE 3/$57.00/20
   CHE PAN O CHEE
   TE MA YER

Chittoe's Band

CHITTOE 10/$190.00/1
   Lizzie
   Jennie
   Lollie
   Betsey
   SUTAH
   Charley
   BROWN, John F.
   Armstrong
   Nancy
FOOS HARJO 5/$95.00/2
   Jennie
   SUSA
   OSSAMA
   CHAR LO CHEE
PASSAK HARJO 7/$133.00/3
   SUTHA KI KEE
   GIMMIE
   Louisa
   HUL PATA FIXICO
   Susey
   CENIA
TEE THA LE HARJO 10/$190.00/4
   FOOL HO CHEE
   TO CHEE
   GIMMIE THOCCO
   KU CHE KEE
   NA PO CHEE
   TI HO CHEE
   SIM AH
   Polly
   SO SEE YEE
HO PI YEE 4/$76.00/5
   CHE PA NEE
   AR CHE WA CHEE
   Susanah

FACTOR, James 2/$38.00/6
    Sophia
FACTOR, Thomas 6/$114.00/7
    Fanny
    LITEY
    CHO KAH
    Samey
    Liza
EU FULA HARJO 4/$76.00/8
    OH TEE KEE
    Winey
    Pamey
YUMPA 4/$76.00/9
    Liza
    Hannah
    SUKEY
NOKOS EKAH 5/$95.00/10
    MUNA CHO ME
    PU SU TEE
    SU THO CHEE
    SU YA HO KER
ME FRETTA 3/$57.00/11
    Liza
    Nancy
JACKIE 3/$57.00/12
    HOKE TO LAMEY
    CHULL MA
COSA 6/$114.00/13
    Mariah
    Sarah
    SUKEY
    Bettey
    MCIE
O CHEE, John 6/$114.00/14
    Mary
    Fanny
    Susey
    Lewie
    CHE PA NEE
NETTA COS CHEE 3/$57.00/15
    TO NU SE YE
    Jennie
HUCPI CHUP CO 2/$38.00/16

    HIM KAH
HONITS HO YA 12/$228.00/17
    HILEY
    Johney
    CAR BIE CHA YAR HOLA
    CHE PA NEE
    Jimmie
    FE KER PA KEE
    SI YAH
    Lewis
    CHE LLE
    Louisa
    Milley
COT CHU YAR HO LA 5/$95.00/18
    CAR BIC CHU YAR HO LA
    HOKTE CHUPCO
    TO TAH ECHEE
    PE FAT KAH
TOMMIE CHEE 3/$57.00/19
    Susanah
    Alix
FIXICO 7/$133.00/20
    NARO
    William
    Sally
    Anna
    KOAKS KAH
    COT CHA FIXICO
CEASAR 1/$19.00/21

No Kos E Marthla's Band

NO KOS E MARTHLA 4/$76.00/1
    TA KOS OH HARJO
    SU PEN UMKA
    Molly
ETCHAS WO CHEE 5/$95.00/2
    SU HA THLA
    Sally
    PAR DEY
    TECUMSA
TUS E KIAH CHUPCO 3/$57.00/3
    SE PO CHEE

  Ramsey
HO LA TU FIXICO 4/$76.00/4
  TO KO THLAY KEE
  FE KOH
  AM E PA
CAR WAH HO GEE 6/$114.00/5
  Pamey
  MELE CHU
  SAMO CHEE
  Lucy Annie
  PORFFUM
HOKTE THOCCO 3/$57.00/6
  Gibsey
  Gimpsey
TOS HOT CHE HE HA THOCCO 4/$76.00/7
  NA THOCCO CHUPCO
  Louisa
  E PIS KEE
HAL PUTA MICCO 5/$95.00/8
  Sarah
  KULO WA KEE
  Billy
  Leah
WAXIE HARJO 4/$76.00/9
  MUHASSER
  Betsey
  MULE AR KOS
NEAH HARJO 5/$95.00/10
  HOKE TO LAME
  Dick
  Nelly
  BAYLEY, Charley

Eufula Tus Ton Nug Gee's Band

EUFULA TUS TON NUG GEE 6/$114.00/1
  HOKE TO CHEE
  Nancy
  TOK TO TE KA
  SILLER
  SARSEN
AR BU AR KER 4/$76.00/2
  PIN KAH

TIKS O MI KER
THOPOTE GER
CHUCK HO KEE 2/$38.00/3
TO KO THA KEE
COT CHO CHEE 5/$95.00/4
COL AR TEE
GINN KAH
CHE PA NO CHEE
ETS KE MA HE
PIHI HARJO 5/$95.00/5
TULA YEE
LOLE
FO LE CHEE
TENA
SUSEY 2/$38.00/6
ESFO LI KER
LISA 1/$19.00/7
NO KOS HARJO 3/$57.00/8
HOKTE THOCCO
ETHE SA LA KEE
CONEH 5/$95.00/9
SEM A SEE
Charley
MULKA
CHE PA NEE
OK LAR THE 3/$57.00/10
AR YO CHEE
NAR LO TEE
OCHER 4/$76.00/11
SEAR KA LEE
HOKE TO GEE
TENAH
CAR BIC CHER 3/$57.00/12
CHOC SE HO GEE
SUNTER
CONIPPEE 7/$133.00/13
KANS ATER
PAN NOS KAH
PUTH AM KAH
TOK HA KER
ME LEE
PAR NO SEE
HI SCKOR 5/$95.00/14

    Hannah
    HO KO TEE
    SIM AH
    Sampson
OSSUNNA 3/$57.00/15
    CHOK A LE SA
    AR KAY YA CHU
AL BAMMA 2/$38.00/16
    MON A HO YEE
LEET KA 3/$57.00/17
    TA YA KEE
    LOMMA GEE
TONEY TUS TON NUG EE 5/$95.00/18
    CHOFFEE
    MON HO YEE
    CHALLE CHEE
    NO CHA CHUM
AH HA MICCO 2/$38.00/19
    THE CHE PA KER
FOS HARJO 2/$38.00/20
    TA KOTS KA
CASA HARJO 2/$38.00/21
    TA KOTS KA
HOTH KAS KAS 2/$38.00/22
    POSTA

Nuth Cah Harjo's Band

NUTH CAH HARJO 6/$114.00/1
    Tomy
    Albert
    Hesta
    Jannatta
    Lewisa
AR TUS FIXICO 7/$133.00/2
    Maney
    Samey
    MU HA LEY
    Dinah
    James
    MA LE AH
WISEY 4/$76.00/3
    CHO FUK NO CHEE

    Mary
    Silla
PIHES NARJO 9/$171.00/4
    FANNY YAR HOLA
    Sampson
    Sambo
    LOO LOO
    COOT NEY
    WIS AH
    WELLSON
    JUDA
HAL PUTA HARJO 6/$133.00/5
    Tony
    Jimmie
    Lizzie
    WAMEY
    KOOSE
MARTIN, Wile 4/$76.00/6
    NICKSEY
    WALISEY
    PARNEY
SUSY 2/$38.00/7
    Mollie
SAMY 4/$76.00/8
    Lewis
    PE NOK KA
    TO _____ TO CHEE
THU THO FIXICO 4/$76.00/9
    Nancie
    Lewis
    Georgie
WALKER, Charlie 5/$95.00/10
    Robert
    Rhoda
    Betty
    Sissie
NANCY 3/$57.00/11
    Samey
    Dickey
SALLY 2/$38.00/12
    SIMMINS, William
EM A THO CHEE 7/$133.00/13
    HE HA FIXICO

WILLIAM KEE
  Milley
  Georgia
  Samey
  Lewie

Philip's Band

PHILIP 3/$57.00/1
  Dinah
  PHILIPS, Joseph
COSA HARJO 1/$19.00/2
HOMATEE, John 5/$95.00/3
  SUTH HO YEE
  Lucy
  Susan
  Betsey
SUMPKIN, Ginney 7/$133.00/4
  Moses
  Taylor
  Eliza
  Liley
  Charley
  SIK AH
NOKOS ELLE 2/$38.00/5
  METE WOLEE
RHEUBEN 1/$19.00/6
PARDA 2/$38.00/7
  MILKASE
JUDSON, Henry 4/$76.00/8
  SO KEE
  Susan
  Bennie
HARDRIDGE, Joseph 3/$57.00/9
  George
  PUN CHEE
CHO NAN SARAH 2/$38.00/10
  CHE PA NEE
TENAH 5/$95.00/11
  Monday
  Matty
  Nancy
  CAR KEE

SALLY 2/$38.00/12
    Nancy
NOR KO SA, Sampson 1/$19.00/13
SAR YAR KA PEE 5/$95.00/14
    PAR NO CHEE
    HIP SEY
    Judy
    TO CHEE
POWELL, Jessie 1/$19.00/15
HOCHIFUKEE 1/$19.00/16
SAR CHIN HE KER 5/$95.00/17
    KENN AR NEY
    CHAR HO YEE
    CHAR KEE
    WAR SAR SO CHEE
NAU CHER 1/$19.00/18
KIZZIE 1/$19.00/19
SUSANAH 2/$38.00/20
    Milie
TOLY 1/$19.00/21
LARNEY, Lucy 2/$38.00/22
    Sally
BETSEY 1/$19.00/23
TAYLOR 3/$57.00/24
    Jackson
    Joanah
HARJO, Tommy 2/$38.00/25
    MINKEE
THLA LETE KEE 1/$19.00/26
PAR HOS TUS TON NUG GEE 1/$19.00/27
NANCY 2/$38.00/28
    Millie
ALBERT 3/$57.00/29
    George
    WINCHISTO
SUSAN 1/$19.00/30
MARY 1/$19.00/31
SINTE 1/$19.00/32
HUTNEY 1/$19.00/33
FRANK, William 9/$171.00/34
    David
    Thomas
    E MARTHLA HARJO

KANNARD, Major
Hannah
Annie
BEAVER, Thomas
Serah
LOUISA, Walter 2/$38.00/35
AR YO CHEE
SCOTT, William 1/$19.00/36

Cow Ok Ots Harjo's Band

COW OK OTS HARJO 4/$76.00/1
Annie
HARKIE
Fannie
CO SO FIXICO 3/$57.00/2
AS SUN A HARJO
PAR KEE CHA
PAS SAK TUS TON NUG GEE 9/$171.00/3
THU THLE HARJO
Linney
Lydia
Lusa
Louisa
MA HE YEE
SA YA
PHIN CHO
AR HA LOC TUS TON NUG GEE 10/$190.00/4
CHE A TO GEE
AR HA LA KEE
ETEHA HARJO
COT CHA HARJO
PAR LAR KEE
Silvia
CHUT A KEE
ME KE LIS IA
MICCO CHEE

Jno. Chupco's Band

CHUPCO, Jno. 6/$114.00/1
YAR HA LA MICCO
Lucy

Milley
　　　KISEY
　　　CENTA
CHO KO CHEE 3/$57.00/2
　　　Malinda
　　　Fannie
CULLY 5/$95.00/3
　　　Miley THOCCO
　　　Jennie
　　　DICEY
　　　TELO
COT CHA HARJO 3/$57.00/4
　　　CHON NE HOYE
　　　Nancy
COW AK O CHEE 3/$57.00/5
　　　Annie
　　　Ellis
MICCO 3/$57.00/6
　　　Rosanna
　　　Lindah
CAR ESSE LARNEY 3/$57.00/7
　　　Fenney
　　　HOKE TO CHEE
SOME CHEE CHEE 3/$57.00/8
　　　Dicksen
　　　Sampson
CHE PA CHUPCO 4/$76.00/9
　　　FIM FA YA KER
　　　AR HA LA KER
　　　Stephen
CONE CHUPCO 4/$76.00/10
　　　HE CHEE KEE
　　　NECIE
　　　CHU KEE
MICKSEY 2/$38.00/11
　　　Nancy
CHO KAH 4/$76.00/12
　　　Gimmy
　　　Lewice
　　　Lizzie

Jim Lane's Band

BUMMER, Ben 12/$228.00/1
    Rachel
    Jno.
    PACO
    Doran
    George
    Eliza
    DILSA
    Betsey
    Elizabeth
    Richard
    Robert
BUMMER, Ceaset 7/$133.00/2
    Nancy
    PUSS
    Benj. E.
    Washington
    Somersett
    Reuben
PAYNE, Abram 6/$114.00/3
    PASA
    Peter
    Tena
    Charlotte
    Moris
CULLY, Fay 5/$95.00/4
    Fanny
    Sandy
    PENTY
    Hendry
ABRAHAM, Washington 5/$95.00/5
    Rachel
    Katy
    Edward
    Eliza
BUMMER, Jno. 10/$190.00/6
    Grace
    Ellen
    Ben
    Davis
    Joseph

Manwell
　　　Thomas
　　　Annie
　　　Jack
BUMMER, William 3/$57.00/7
　　　AFFY
　　　Rachel
BUMMER, Sanco 5/$95.00/8
　　　DARKEES
　　　SCELLA
　　　Sanco
　　　Aron
BILLY, Dinah 4/$76.00/9
　　　Pheby
　　　Lucinda
　　　Phebe
TECUNSEH, Mary 10/$190.00/10
　　　CULLY
　　　Jimmy
　　　Edward
　　　Robert
　　　MINNA
　　　MINTY
　　　Annie
　　　Rawson
　　　Harriet
SUE, Catherine 7/$133.00/11
　　　FIE
　　　Sally
　　　Annie
　　　Eliza
　　　Susan
　　　Robert
SANDY, Lottie 11/$209.00/12
　　　Peggy
　　　Clapten
　　　Tony
　　　Lewis
　　　Susan
　　　Stepney
　　　AFFIE
　　　Phebe
　　　PUSSY

    Rosy
SANDY, Dolly 3/$57.00/13
    Robert
    AFFIE
LOTTY, Dindy 3/$57.00/14
    Molly
    Nancy
BARKERS, Joseph 11/$209.00/15
    Nancy
    WAN
    Polly
    Peter
    DOSA
    Sanco
    Monday
    Thomas
    Mary
    Tena
FOSTER, Thomas 6/$13.00/16
    Maria
    Dinah
    Louisa
    William
    Robert
DINDY, Monday 4/$76.00/17
    Susan
    Sam
    Ceaser
MUNGO, Scilla 5/$95.00/18
    Jane
    Scilla
    Rosa
    Polly
CUDJO, Jno. 8/$152.00/19
    Rose
    Bettie
    RUNNER
    PIECES
    Gardner
    Charlotte
    MISA
PAYNE, Pompey 11/$209.00/20
    Hester

　　　　CIBA
　　　　Tena
　　　　Fanny
　　　　Johnny
　　　　Hannah
　　　　Bella
　　　　Elsie
　　　　Katy
　　　　Richard
PAYNE, Thomas 18/$342.00/21
　　　　Clara
　　　　Eliza
　　　　Sarah
　　　　Tenny
　　　　Grayson
　　　　Ceaser
　　　　Abraham
　　　　CUFFY
　　　　Jackson
　　　　Samuel
　　　　Warren
　　　　Calina
　　　　Ned
　　　　Margaret
　　　　Charles
　　　　Samuel
　　　　Richard
PAYNE, Samuel 6/$114.00/22
　　　　Rebecca
　　　　Jackson
　　　　Eliza
　　　　Scella
　　　　Ceaser
PAYNE, Disa 2/$38.00/23
　　　　Warrior
DAVIS, Scipia 11/$209.00/24
　　　　Flora
　　　　Tira
　　　　Joseph
　　　　MART
　　　　Monday
　　　　Richard
　　　　Freeborn

    Charles
    Hagar
    Sally
JOHNSON, Robert 3/$57.00/25
    Lizzie
    COODY
SIMON, Ceaser 1/$19.00/26
PRIMIS, Dennis 9/$171.00/27
    Harriet
    Dana
    Madlena
    Henry
    Katy
    Flora
    Mary Ann
    Davis
CUFFY, Fred 1/$19.00/28

Jno. Brown's Band

POMPY 7/$133.00/1
    Hagar
    Mary Ann
    Nancy
    PUSS
    DILSY
    Sage
NOBLE, William 2/$38.00/2
    Judy
STEPNEY, Jno. 8/$152.00/3
    RINA
    FED
    George
    Fanny
    Sancho
    Sally
    PUSSY
BOWLEGS, Tony 5/$95.00/4
    Mally
    Thomas
    Betsey
    AFFY
BOWLEGS, Cyrus 11/$209.00/5

        Betsey
        July
        Ben
        Flora
        Crazy
        Denis
        Rhoda
        Rose
        SYLBA
        CUDJO
DILY, Davy 4/$76.00/6
        CHUNDA
        AFFY
        Hagar
NOBLE, Tom 10/$190.00/7
        Jane
        Lucy
        Dinah
        Benne
        Sam
        Bob
        Katy
        March
        Tony
BOWLEGS, William 8/$152.00/8
        Betsey
        Pickens
        Betts
        Margret
        Bob
        John
        Jim
BOWLEGS, Dick 3/$57.00/9
        Jenny
        Lucey
DAVIS, Bob 7/$133.00/10
        Rhoda
        Tom
        George
        Katie
        Bett
        Jim
SAYER, Polly 7/$133.00/11

    Philip
    Thompson
    Beckie
    Sisie
    Gracie
    Noble
SHORTMAN, Jack 6/$114.00/12
    Elsy
    Tytus
    Peter
    Eliza
    CLORY
BOWLEGS, George 3/$57.00/13
    Dolly
    Robert
BOWLEGS, Lydia 8/$152.00/14
    Sarah
    Dee
    Gus
    Gracie
    Mack
    Jake
    CINE
BOWLEGS, Nancy 3/$57.00/15
    Grace
    Bettie
BOWLEGS, Mariah 9/$171.00/16
    Johnson
    Ester
    Flora
    Ben
    Cyrus
    Bob
    Beck
    Flora
BOWL, John 2/$38.00/17
    Lynda
POLDE, Nnacy 2/$38.00/18
    Dick
CORDY, Adocd 3/$57.00/19
    Nellie
    Bess
DAVIS, Duly 5/$95.00/20

    Peggy
    Tony
    Isaac
    Clary
DAVIS, Jacob 3/$57.00/21
    MARKER
    Robert
CEASER, Johny 1/$19.00/22
BOWLEGS, Jacob 2/$38.00/23
    Eliza
CHARLES, Hattie 1/$19.00/24
BOWLEGS, Jessie 4/$76.00/25
    Nancy
    Peggie
    Warren
BOWLEGS, Peggie 3/$57.00/26
    Noah
    Abram
NOBLE, Scipio 1/$19.00/27
POLDE, Cyrus 1/$19.00/28
TIMES, Hard 5/$95.00/29
    Bess
    Bett
    Jo
    COALY
BOWLEGS, Adoca 1/$19.00/30
BOWLEGS, Mat 1/$19.00/31
BOWLEGS, Bettie 1/$19.00/32
BOWLEGS, William 1/$19.00/33
PAYNE, Jane 3/$57.00/34
    Grey
    GENT
CUDJO, Ned 9/$171.00/35
    Tenny
    Winnie
    Wittie
    Emma
    Flora
    Eliza
    Bettie
    Sam
BOWLEGS, James 1/$19.00/36

1867 ANNUITY ROLL
VOUCHER 9 - 4TH QUARTER
SEMINOLE INDIANS
OF
FLORIDA

John Chupco's Band

CHUPCO, Jno 4/$44.88/1
    Jenny
    Lina
    THLA HO YA NE
OK LA THLE 5/$56.00/2
    William
    Ceasar
    Eliza
    Sarah
BUNO 2/$22.40/3
    Billy
CHIT TO HARJO 5/$56.00/4
    TIM PO E CHE
    TE Y E CHA CHE
    TUCK E
    Sammy
NIP KA 11/$123.20/5
    SA CHE KIL LE
    SE MA HO HE
    SO HA THLE
    WE NA HE YE
    THLA SUT TE
    SE ME HO KE
    TOM MO GE
    MO SE
    YE A FIXICO
    NA SE
SUNDAY 3/$33.60/6
    MI ME
    SEP HO KA
NAK FI HARJO 6/$67.20/7
    SO HOM GA TO
    CHO LA
    NA PO E CHE
    KA PA HA KE

EHON KA
SA HO SA KE 5/$56.00/8
    E TO GE
    IS TA HO E YE
    TA TUCK O SE
    SA LE TA KE
AH HA LO CO CHE 3/$33.60/9
    PA SOCK E
    SOL LOCK KE
AH TUS SE 5/$56.00/10
    PO HI E KE
    FICK LA MI KE
    WI SE
    Sunday
PE E CHA CHE 8/$89.60/11
    MA CO YI KE
    WE LA KE
    Nancy
    WE LE
    MA CHO SOCK E
    MA LE
    Nellie
AH CHA LOCK E 6/$67.20/12
    KLE HARJO
    SO NOCK HARJO GE
    YA FO LA GE
    FI HO KA
    SAM O GE
NUTH CUP HARJO 6/$67.20/13
    KETH HO YE
    NO CHA CHE
    KIN NA NE
    NE HI E HO LA
    STOM KO MA KE
POW HOS HARJO 4/$44.80/14
    Sally
    Mary
    Nellie
TUS TON NUCK HARJO 3/$33.60/15
    Nellie
    Sammy
KONE E 5/$56.00/16
    SE MA HE YE

　　　　CHO NA SE
　　　　FOS CHA HA KE
　　　　DOS HO KE
TA HI E KE 3/$33.60/17
　　　　TA YE CHE
　　　　LE SON E
CHIS SOP KA 1/$11.20/18
AH HA LE MA THLA 9/$100.80/19
　　　　KO E HARJO
　　　　SE TE NOCK E
　　　　SA CO NOCK E
　　　　TO CO THLI KE
　　　　WA SA SE
　　　　WAS KO
　　　　Jimmy
　　　　SO TA YE CHE
KA PICK CHE GE 4/$44.80/20
　　　　DI SE
　　　　Louise
　　　　Fanny
THLY HE HO THLA KE 10/$112.00/21
　　　　MA TUTH HO KE
　　　　PA LOT KA
　　　　KA PO NE
　　　　Anna
　　　　AH THLE
　　　　PON O SA KE
　　　　THLA SE HE KE
　　　　TOM US KE
　　　　CHO WAS TI E
YO NA SE 6/$67.20/22
　　　　TOM MA SE
　　　　CHA KE
　　　　SON NA KA
　　　　THLOC POL A KE
　　　　TA DON A LE
OC SAN HARJO 4/$44.80/23
　　　　FON NOCK E
　　　　SICK CHE
　　　　SO NOCK SO MI KE
OC TI OC TO GE 4/$44.80/24
　　　　SIM MON DA HO LY
　　　　WE LA

         Mary
AS SAR WA 6/$67.20/25
         KA TI E
         PIN KA LY
         AS SON HARJO
         TO KE MO SE
         IS FUL LA GE

                    Fos Harjo's Band

FOS HARJO 2/$22.40/1
         THLA ITCH HO HE
LEWY 3/#33.60/2
         SO MOL LE CHE
         AH SIG LA
CHIT TO FIXICO 4/$44.80/3
         BED/OR/NIGHTS CHUPCO, John
         MOCK KI YE
         SLY
         LI SE GE
AH HA LOCK HARJO 5/$56.00/4
         SIN KA KE
         Hannah
         TE MA HO HE
         MOT TE
WAK SIN E A HO LA 3/$33.60/5
         MO SE
         Anna
AH HA LOCK E MA THLO GE 1/$11.20/6
HOK TE THLOCCO GE 1/$11.20/7
PA HO SE 6/$67.20/8
         MA KA HO KE
         PON NE
         PA KE
         Louisa
         NO KOS E MA THLE
LA NE, Lucy 2/$--.--/9 (Creek)
         SO HA HE YE   "
POW HO SE MA THLA 6/$67.20/10
         Peter
         YA HO CHE
         IS TIN LIT KA
         OK TE LA NE

      HOK TO GE
SO YA KA PE 5/$--.--/11 (Creek)
      PAW NO GE   "
      E WAN WA   "
      ECHO EE   "
      THLOCCO   "
SE ME TO 1/$11.20/12
IS HO E YA CHE 1/$11.20/13
KO E YE CHA 4/$44.80/14
      SAM E LAS LE
      FOS TUS TON NUG E
      Nancy
OS HO YE CHE 1/$11.20/15
LA NE, Lucy 4/$44.80/16
      SO HA HE YE
      CHA PA NE
      IS TE ME THLA
IS TE MIN THLE CHA PE 5/$56.00/17
      Nancy
      TOL LIN E
      LA LIN E
      HOK TO GE
PA SUCK HARJO 5/$56.00/18
      HO PI KE
      HOK TE MICCO
      SE TO KE
      ME HA KE
CHE SOCK KA 5/$56.00/19
      Sally
      SE TO E
      IS TE COM E
      CHE PON KA
FOS SE A HO LA 2/$22.40/20
      HO PITH ER
SA FO LE GE 4/$44.80/21
      HOK TE LUS TE
      CHA ME PO GE
      NO SUT E
U FOL O GE 2/$22.40/22
      Lucy
OK SAN WA 2/$22.40/23
      HOK TO GE
KAT CHA LA NE 1/$11.20/24

WAK SO GE 2/$22.40/25
  THLA HO MI HE
SE LE CHA 1/$11.20/26
NO KOS KO JO KO NE 5/$56.00/27
  MEL LE A
  Lucy
  Louise
  MO TE
PON KEL LE 2/$22.40/28
  JO KA
HOL PA DA 2/$22.40/29
  SO HA HE YE
SE ME SE 4/$44.80/30
  MA SE
  Lucy
  JOHN GEE
MOS KA 2/$22.40/31
  KA SE
JE KE 3/$33.60/32
  CHOCK FUL LE KA
  TOBY
WA SO GE 3/$33.60/33
  CHI PA NO GE
  GO GE
ELIZA 1/$11.20/34
YA ME 3/$33.60/35
  CHO NE
  SON NA

Pas Cofa's Band

PAS COFA 2/$22.40/1
  Jennie
THLA THLO HARJO 2/$22.40/2
  Sallie
CA PUCK SA FIXICO 4/$44.80/3
  POL HA MI KE
  MAY LA GE
  Peter
PON NOCK CO GE 3/$33.60/4
  ME FO LI GE
  HEN NE
OC TI OC TSE HARJO 2/$22.40/5

TOM US KE
OC FUS KE 3/$33.60/6
CHE PA NE
Tommy
MUS SUL LE NA 3/$33.60/7
YI HO YE
Peter
TUS E KI A HARJO 2/$22.40/8
SU KE
MILLIE 2/$22.40/9
CO NO HI KE
FANNY 2/$22.40/10
WIL UM KE
JU LA FIXICO 3/$33.60/11
FICK LUM E
HOK TO CHUCK E
OC TOS WHE JA 1/$11.20/12
LUK KE SA 3/$33.60/13
ME GAY LE
SO ME CHA KE
PAS COFA GE 1/$11.20/14
SE MON I CHE 3/$33.60/15
HE LE
Johny
BROWN, Dr. 8/$89.60/16
Mrs.
SUKEY
Jennie
Alice
Jackson
Robert
Stanton
JENNIE 2/$22.40/17
Hilly
LO SA NE A 3/$33.60/18
Nancy
CHOW HO GE
WILD CAT, Widow 2/$22.40/19
ME KE LEG

Fos Hotsche's Band

FOS HOTSCHE 2/$22.40/1

    Sallie
AH PI UC KE 4/$44.80/2
    CHO FU LA FIXICO
    PON NOCK CO GE
    SIL E MI TE
NE A FIXICO 3/$33.60/3
    PO TO KA
    NI SE
CHIT TO HARJO 4/$44.80/4
    SA THLE
    SA TO KOTH KA
    LI SO GE
I O MA ME 3/$33.60/5
    TIM O U LI KE
    Millie
POW HOS HARJO 3/$33.60/6
    Sophie
    CHE PA NO GE
TOMY 5/$56.00/7
    EL E KA
    Jennie
    KIN TA
    Mary
SO KE 3/$33.60/8
    CHE PA NE
    Mollie
POLLET 1/$11.20/9
CO NIP HARJO 6/$67.20/10
    Lizzie
    CHA LIS SE
    PA NO SE
    LO GE
    O CHA EYE
FOS HARJO GE 2/$22.40/11
    NO CHA
LOUISE 1/$11.20/12

Ko A Harjo's Band

KO A HARJO 6/$67.20/1
    HOK TO GE
    LE LA NE
    SAL O GE

      Lucy
      Johnson
TELEMANEE 1/$11.20/2
BILLY 1/$11.20/3
TUTZ HO HE 5/$56.00/4
      NE A FIXICO
      Nancy
      HIP SE
      CHE PA NE
IS TE LA NE 5/$56.00/5
      MOS HO HE
      TOO CHE
      Mollie
      CHOT KE
SIMP SE 3/$33.60/6
      LUCY LA NE
      MON A
CHUT TO KE 3/$33.60/7
      SO FA CHI GE
      Georgy
AH THLA HI GE 6/$67.20/8
      IS LO GE
      TE THLE KA
      TUP HO GE
      JOCK SE
      JIM PIS CON NA
OX SAN WA 1/$11.20/9
LA PITCH E 4/$44.80/10
      SA FICK LA MI GE
      HOK TE THLOCCO GE
      CAL LA NE
CHO HARJO 3/$33.60/11
      HOL HO KE
      PE PE
TITH THLE HO KA 1/$11.20/12
COT SA HARJO 4/$44.80/13
      FITZ A HA KE
      LUN NE
      HOK TA LA NE
ME LE A 4/$44.80/14
      SE TA WE
      OK LO SE
      CHI PA NE

NILLIE 4/$44.80/15
    CHI PA NE
    ME CHI LE
    AH MIS TE
IS NAY LIT 2/$22.40/16
    YA TA NO HARJO
SIM E A KE 4/$44.80/17
    CHO NA SE
    SE SE
    Millie
PA HE CHA 6/$67.20/18
    UN CHA HO WE
    TE WE THLOCCO
    IS TEP KE
    SUMP SE
    PON NOS KE
SIM WE KE 2/$22.40/19
    Hannah
LEAH CO JA 1/$11.20/20
MUP PE HE 4/$44.80/21
    WIS SE NA
    Sallie
    CHOS WE
YA HA FIXICO 4/$44.80/22
    SUCK KO SE
    Sallie
    CHE PA NE
KA KE 4/$44.80/23
    HOL HO YET CHE
    EPUS E
    YA CO PE GE
SAMMY 2/$22.40/24
    JO KA
KIN KE HE 3/$33.60/25
    ITS KE
    MITCH I LE

Ah Ha Lock Fixico's Band

AH HA LOCK FIXICO 4/$44.80/1
    KE SA GE HARJO
    Polly
    NON E

GEORGE 3/$33.60/2
    SA NA NE
    AH HO SA KE
O GE CO CHO CO NE 5/$56.00/3
    LE KA FE
    SUNDAY
    Sallie
    TIS SI E KE
GE KOP PE 10/$112.00/4
    KE SA CHE
    TE NO GE
    ME LO A KE
    CHA TOT KA
    LUT TE
    LA NE
    CHIL LE
    LO SE
    CHIS E LE
AH HA LOCK KO GE 3/$33.60/5
    SE NO CHE
    SO SE
AH HA LOCK E 5/$56.00/6
    TON ITCH HO CHE
    TIN CHE LE PE
    Lizzie
    NOK SUCK HARJO
TOL WA TUS TON MY E 4/$44.80/7
    KA TE HE
    AH FOS A NE A
    AH FOTE LOTE KA
HO TUL CO GE 7/$78.40/8
    AH SUP PO KE
    LY LE
    E O UMS KE
    HO WE UN HO YE
    Lydia
    CHE NE
SO NOCK YA CHO LA 4/$44.80/9
    PE CHE
    AH THLE BE
    HOK TO GE
KOT CHA HA GO GE 5/$56.00/10
    E KUS HARJO

  SA WAS KE
  AH SI YE
  YOK LA HE NE
CHIT TA YA HO LA 4/$44.80/11
  IN THLE TOCK PE
  TO SE GE
  Sammy
WA TE 4/$44.80/12
  WIL SE
  LIN TE
  Judy
HUL PUT E HARJO 8/$89.60/13
  WA SOT KE
  LY LE
  WA SE
  SUMP SE
  SE LA
  LIN TO CHE
  SE PA
IT CHAS WA 5/$56.00/14
  IN LIT KA
  TA CO GE
  Mollie
  Hollie
CHIT TO HARJO 4/$44.80/15
  CHO KA YE
  SA KE THLA KE
  MA KE
YA HA FIXICO 2/$22.40/16
  LA TI EYA HO LA
LO SO GE 3/$33.60/17
  TE NA SO GE
  LO WE
YOCK FO LA 3/$33.60/18
  CHO SE
  MOSET
HO CHIF KA 4/$44.80/19
  TUL SE HARJO
  LO SON TE
  TE E JA CHE
IS FON E HARJO 7/$78.40/20
  TOS HARJO GE
  SA FI YA TE

   JO KA
   PO NOCK HI IT
   MIL SIT
   KIN NY
WAK SE HARJO 4/$44.80/21
   CHE PA NE
   TOS HO KE
   PO LI E
HOL POD A FIXICO 6/$67.20/22
   THLA SE MA TE
   SE CHE KE
   I LY
   OK SAN HARJO
   JO KA
YA HO CHE 4/$44.80/23
   CHO WAS TI HARJO
   LA THLE
   JE KA
JOHNY 2/$22.40/24
   HIN NE
AH HARJO 5/$56.00/25
   TE KA CHE
   SO PA CHE
   MOS SLE
   LO SON NET
CA CHA CHUPCO 4/$44.80/26
   NOL LE GE
   SE HO TO SE
   Eliza
HO LA TA HARJO 6/$67.20/27
   SE HO KE
   POL PA KE
   SOF FIG LUM E
   JO KA
   SO SE
JO KA 4/$44.80/28
   FE NO HE
   MA TE DOCK E
   SO SE
CHO WAS TE CHUPCO 4/$44.80/29
   JO KA
   SE SE
   SE MON TI LA GE

PIN KA LE CHE 3/$33.60/30
    EMA SE
    JO HARJO
KO SA HARJO 2/$22.40/31
    SON NET
OX SON A FIXICO 4/$44.80/32
    LA TE
    KIN NI KE
    John
SPO GO GE 3/$33.60/33
    SIM MA HE
    CHE PA NE

Pow Hos Harjo's Band

POW HOS HARJO 3/$33.60/1
    WIL SE
    LAM SE
CHO HARJO GE 6/$67.20/2
    CHE PA NE
    HOK TO GE
    SA TO TI KE
    E MO
    Billy
HO TOL KAY FIXICO 6/$67.20/3
    HAL HO KE
    KA CHA LOCCO
    YO E
    JIM KA
    PI E CHE
NO KO SE LE 5/$56.00/4
    KA CHA FIXICO
    FUL HO KE
    SAM E
    SA YA FI GE
FOS E KA 5/$56.00/5
    SIN LO A
    HOK TE CHIL LICK ENY
    HITH HO YE
    Lizzie
KE BI A 1/$11.20/6
SUCK KA KE 3/$33.60/7
    LO SA

　　　　HO CHA KE
KOT CHE LE 5/$56.00/8
　　　　HE KE
　　　　NOT TA YE
　　　　LIN TE
　　　　Sallie
CON JOT HARJO 3/$33.60/9
　　　　MILLIE
　　　　KE TE
CHO FIXICO 3/$33.60/10
　　　　YUM KA
　　　　CHE PA NOS KA
POLLY 4/$44.80/11
　　　　SA NE
　　　　CHIS KA
　　　　CHES O WAY
TOCK KOS A FIXICO 8/$89.60/12
　　　　MI NE
　　　　KO WE A
　　　　CHE PA MECK E
　　　　SUMP SE
　　　　SIN FO LIN E
　　　　NO KEETS SKA
　　　　KIN A HI NE
SO SE 6/$67.20/13
　　　　SE NE
　　　　CHE WI CHE
　　　　OK LOS KA
　　　　PON NY
　　　　MON NA CHI KE
CHA LE 5/$56.00/14
　　　　SOK TO
　　　　MIL SE
　　　　KA NE
　　　　Tomy
NO KOS E MARTHLO GE 8/$89.60/15
　　　　MA CHA KE
　　　　SA HE CHE
　　　　PA NO SE
　　　　Jennie
　　　　Lucy
　　　　Johny
　　　　JO KA

JOHN O GE 6/$67.20/16
    CHEAT KA
    KO CHO
    KI OC KO LE
    MO EE
    PAT TO
NO KOS FIXICO 2/$22.40/17
    IN CHA WE
KA PITCH CHI A HOLA 1/$11.20/18
CHE PA NE 3/$33.60/19
    SE LE
    SI YA
THLO ME 4/$44.80/20
    SA HO KE
    WIL EE
    TOM US KE
WI CHE CHE 3/$33.60/21
    CHO KA
    Thompson
SI CHO ME CHE 3/$33.60/22
    PE CHE
    Mollie

Manwell's Band

MANWELL 6/$67.20/1
    Susy
    WO LE TO
    Moses
    Rose
    CHA LY
WOLF 8/$89.60/2
    IS CHOS HO WAY
    HOK TO
    Jenny
    YOS HE KA
    MOL LE A
    CHE PA NE
    Peter
LEAP KA 5/$56.00/3
    Lizzie
    John
    LOWY

TEL A HARJO
BUCK, Joseph 4/$44.80/4
   Ellen
   Alexander
   SE SE
WAT KE A HO LA 6/$67.20/5
   Moses
   MA PE HO HE
   HOK TO GE
   Hannah
   CHE PA NE
DOL WA FIXICO 5/$56.00/6
   POL LO KE, John
   CHO TE
   OS LOT KA
   SO PA NE
SAW O GE 5/$56.00/7
   THLE PO TSE
   YA YA
   IS TO CHOCK PO LI KE
   SAMP SE
MCKANE, James 5/$56.00/8
   Edlsy
   Lydia
   Peter
   COM PE GE
CHIS SE HARJO 8/$89.60/9
   PON NE A
   George
   Ely
   TE WOLE
   LEEP TE
   O TO LE
   LOP KA
YA HA FIXICO 8/$89.60/10
   PORTO, John
   WE SIN TE
   NE NE HE CHE
   SO MI E
   SON O GE
   Lizzie
   WIL SE
HOL LY 2/$22.40/11

　　　　PO SE
LE NA 5/$56.00/12
　　　　Robert
　　　　HOL LY
　　　　Mary
　　　　TUTH LI KE
TOMY 2/$22.40/13
　　　　SU KE
PON NE 6/$67.20/14
　　　　SA WA LE TA
　　　　HO LOT HA YE
　　　　Louise
　　　　WIL SE
　　　　Eliza
BERRYHILL, John 6/$67.20/15
　　　　SI YE
　　　　WI SE
　　　　MIN TE
　　　　IS TO GE
　　　　Winnie

Nuth Ko Buck E's Band

NUTH KO BUCK E 4/$44.80/1
　　　　HA SO TI KE
　　　　KISSY
　　　　LINTIE
NO KES HARJO 3/$33.60/2
　　　　LO SA NY
　　　　LOV EE
DAVY 7/$78.40/3
　　　　HO LA TO CHUPCO
　　　　Sally
　　　　SOO SE
　　　　PON NE
　　　　PON NO CHE
　　　　PA LO CHE
HA THLON HARJO 6/$67.20/4
　　　　MI LE
　　　　MA TIS E
　　　　Fanny
　　　　ME CHI LE
　　　　CHO SI A

NOK FI HO LA 4/$44.80/5
    BITCH E
    BAY NE
    MIN TE
COT CHA HARJO 4/$44.80/6
    POL E YA NE
    CHO KO LE
    Lydia
HATH THLE PO YA 6/$67.20/7
    Hannah
    CHE PA NE
    AY ME
    Peter
    CHO COTE HARJO
JAY KOB BE 4/$44.80/8
    SE LE
    DYSE
    Sally
LEWY 4/$44.80/9
    HA LE
    LY LE
    FUS TE
FOS HARJO 4/$44.80/10
    MA GY
    Lucy
    LA TO GE
SILLY 4/$44.80/11
    TO KA LI GE
    Polly
    Lizzie
CHE WE A HO LA 7/$78.40/12
    MON NI CHE
    MA THLE
    HEF SE
    E LA
    WI SE
    SI HE CHE
CHO NA SE 5/$56.00/13
    SI U LAS KE
    ME LO SE
    ME LO GE
    CHO SIF KE
JIMMY 3/$33.60/14

SO ME CHE 3/$33.60/15
    MIL HE
    CHE NE
TON NOCK E 3/$33.60/16
    SUP NY GA LE
    MOT CHE HE
PI E HARJO 7/$78.40/17
    FE NO HE
    IN LA TE GE
    SIN E CHI CHE
    CHA HI LE
    SIN KA KE
    PE TA GE
TUS TON NUCK HARJO 4/$44.80/18
    BE BO GE
    UMP STE
    POT TO
MA HI CHE 4/$44.80/19
    TI E CHE
    CON CHA LY
    HITCH HO HI YE
CHO HARJO 5/$56.00/20
    LAY LA SE
    NI TE
    Fanny
    MI KE
NO KOS E MARTHLA 4/$44.80/21
    PAY GE
    SIS SE
    HA MO CHE
LO PE 3/$33.60/22
    PIN TE
    MUL KA SE
NUCK KO NE 7/$78.40/23
    U POCK E LA TI GE
    MO SE
    SUMP SE
    PITTIE
    SA NE
    Illinois
NO KOS KO JO KO NE 3/$33.60/24
    FOS HAKE TO
    Molly

MICCO HARJO 3/$33.60/25
    SA HO TI GE
    CHO TAY
FOS HARJO 5/$56.00/26
    Eliza
    KAY NE
    IS HO YA HE
    CHA LE
CHO FIXICO 3/$33.60/27
    SITTIE
    SUF FUL HO HE

Cho Fixico's Band

CHO FIXICO 5/$56.00/1
    Nancy
    Peter GE
    IS COT E
    John EE
NO KOS FE GE 8/$89.60/2
    TOP PE CHE
    ME LE
    WI EE
    TE NA
    LO WI NE
    MA CHE
    Eliza
AH LOCK HARJO GE 5/$56.00/3
    MEL LY
    CHO E A HO LA
    Tomy
    Lizzie
CHO HARJO GE 6/$67.20/4
    Dolly
    Fanny
    HE LA PE
    MA SE HO KE
    PA NO GE
AH HA LOCK E A HOLA 5/$56.00/5
    KO OCK KO GE
    HOK TE WA LE
    Molly
    SITTY

HO LA TE MARTHLA 3/$33.60/6
    DUTH HO KA
    CON HE JA
WAK SE HARJO GE 5/$56.00/7
    Sally
    THLOF KE
    TOM A SE
    Dickey
SIM MON DA E LY 5/$56.00/8
    HAK TE THLOCCO GE
    HOT KA
    Louisa
    WI SE
WILLIAM E 5/$56.00/9
    CHE PA NE
    WE LO SE
    MON A
    PO HI E KA
MY LE 4/$44.80/10
    FOT SE
    ME HOK TE
    HOK TO GE
POL LO KA 4/$44.80/11
    CHA LA NE
    YE KY CHE
    CHE PA NO GE
DY SE 3/$33.60/12
    TON NY
    CHE PA NE
E TOM E 4/$44.80/13
    AH WE LOCK E
    CA LA NE
    MI SE
SUNDAY 5/$56.00/14
    SA POCK LE CHE
    Polly
    SO TOCK E
    GEO GE
LE COF FE 4/$44.80/15
    THLA HE KA
    LO LY
    GEOR GY
BILLY 1/$11.20/16

PON HOS HE PA E O GE 1/$11.20/17

Jim Lane's Band

BRUNER, Benjamin 13/$145.60/1
    Rachel
    John
    Piero
    Doran
    George
    Eliza
    Dilsa
    Betsy
    Elizabeth
    Richard
    Robert
    Charles
BRUNER, Ceasar 7/$78.40/2
    Nancy
    Puss
    Benjamin E.
    Washington
    Summer
    Reubin
PAYNE, Abram 6/$67.20/3
    Pasa
    Peter
    Tena
    Charlotte
    Morris
CULLY, Fay 5/$56.00/4
    Fanny
    Sandy
    Plenty
    Hindsy
ABRAHAM, Washington 5/$56.00/5
    Rachel
    Katy
    Edward
    Eliza
BILLY, Dinah 4/$44.80/6
    Phebe
    Lucinda

    Phebe
BRUNER, John 10/$112.00/7
    Grace
    Ellen
    Benjamin
    Davis
    Joseph
    Manwell
    Thomas
    Annie
    Jack
BRUNER, William 3/$33.60/8
    Affy
    Rachel
BRUNER, Sanco 9/$100.80/9
    Bettie
    Darkus
    Kittie
    Scilla
    Betsy
    Sarah
    Aaron
    Sanco
TECUNSCH, Mary 10/$112.00/10
    Cully
    Jimmy
    Edward
    Robert
    Minna
    Munty
    Anna
    Ramsay
    Harriet
SUE, Catherine 7/$78.40/11
    Fie
    Sally
    Annie
    Eliza
    Susan
    Robert
SANDY, Lotty 11/$123.20/12
    Peggy
    Closter

       Tony
       Lewis
       Susan
       Stepney
       Affy
       Pussy
       Rosey
SANDY, Dolly 3/$33.60/13
       Robert
       Affy
LOTTY, Dindy 3/$33.60/14
       Molly
       Nancy
BARKUS, Joseph 11/$123.20/15
       Nancy
       Wan
       Polly
       Peter
       Dora
       Sanco
       Munday
       Thomas
       Mary
       Tena
       Bob
FOSTER, Thomas 7/$78.40/16
       Nancy
       Maria
       Dinah
       Louisa
       William
       Robert
MUNGO, Scilla 5/$56.00/17
       Jane
       Scilla
       Rose
       Polly
DINDY, Munday 4/$44.80/18
       Susan
       Sam
       Ceasar
PAYNE, Calina 6/$67.20/19
       Ned

    Margret
    Charles
    Samuel
    Richmond
CUDJO, John 10/$112.00/20
    Rose
    Betty
    Runner
    Pieces
    Gardner
    Charlotte
    Misa
    Clara
    Rose
PAYNE, Pampy 10/$112.00/21
    Hester
    Ciba
    Tena
    Fanny
    Johny
    Hannah
    Bella
    Elsie
    Katy
JOHNSON, Robert 3/$33.60/22
    Lizzie
    Coody
PAYNE, Thomas 13/$145.60/23
    Clara
    Eliza
    Sarah
    Tenny
    Grayson
    Ceasar
    Abraham
    Cuffy
    Tytus
    Samuel
    Thomas
    Jimmy
PAYNE, Samuel 6/$67.20/24
    Rebecca
    Jackson

    Eliza
    Scilla
    Ceasar
HERROD, Disa 3/$33.60/25
    Warrior
    Dian
DAVIS, Scipio 10/$112.00/26
    Flora
    Tina
    Joseph
    Mart
    Munday
    Richard
    Freeborn
    Charles
    Sally
PRIMUS, Dennis 10/$112.00/27
    Harriet
    Dana
    Davis
    Madalena
    Henry
    Katy
    Flora
    Mary Ann
    Elsy
CUFFY, Fred 1/$11.20/28
PAYNE, Richard 1/$11.20/29

Pompy's Band

JONES, Pompy 6/$67.20/1
    Hagar
    Mary Ann
    Nancy
    Dilsy
    Sage
NOBLE, William 2/$22.40/2
    Judy
BOWLEGS, Tony 5/$56.00/3
    Molly
    Thomas
    Betsey

    Affy
STEPNEY, John 8/$89.60/4
    Rinah
    Ted
    George
    Fanny
    Saucy
    Pussy
    Sally
BOWLEGS, Cyrus 10/$112.00/5
    Betsy
    July
    Ben
    Flora
    Crusy
    Dennis
    Rhoda
    Rose
    Sylba
DAVIS, David 4/$44.80/6
    Clauda
    Affy
    Hagar
NOBLE, Thomas 10/$112.00/7
    Jane
    Lucy
    Dinah
    Bennus
    Sam
    Bob
    Katy
    March
    Tony
BOWLEGS, William 8/$89.60/8
    Betsy
    August
    Margret
    Louisa
    Bob
    John
    Jim
BOWLEGS, Dick 4/$44.80/9
    Jenny

    Lucy
    Pussy
DAVIS, Robert 7/$78.40/10
    Rhoda
    Thomas
    George
    Katie
    Bettie
    James
SAYERS, Polly 6/$67.20/11
    Philip
    Thompson
    Beckie
    Sissie
    Grace
SHORTMAN, Jack 6/$67.20/12
    Elsy
    Tytus
    Peter
    Eliza
    Cloie
BOWLEGS, George 4/$44.80/13
    Dolly
    Robert
    Billy
BOWLEGS, Lydia 9/$100.80/14
    Sarah
    Dee
    Gus
    Grace
    Mack
    Jack
    Cine
    Sofie
BOWLEGS, Maria 9/$100.80
    Johnson
    Ester
    Flora
    Benjamin
    Cyrus
    Robert
    Beck
    Flora

BOWLEGS, Nancy 3/$33.60/16
    Grace
    Bettie
POLDO, Ishmeal 3/$33.60/17
    Nancy
    Deck
BOWL, John 2/$22.40/18
    Lynda
COODY, Adoca 3/$33.60/19
    Nellie
    Befel
DAVIS, Scott 5/$56.00/20
    Peggy
    Isaac
    Clasy
    Tony
DAVIS, Jacob 3/$33.60/21
    Maker
    Robert
ADD, John 1/$11.20/22
BOWLEGS, Jacob 4/$44.80/23
    Jane
    Guss
    Gent
CHARLES, Hattie 1/$11.20/24
JACKSON, Jesse 4/$44.80/25
    Nancy
    Peggy
    Wama
BOWLEGS, Peggy 3/$33.60/26
    Noah
    Abram
NOBLE, Scipio 1/$11.20/27
POLDO, Cyrus 1/$11.20/28
TIMES, Hard 4/44.80/29
    Betsy
    Pett
    Jo
BOWLEGS, Adoca 1/$11.20/30
BOWLEGS, Mat 1/$11.20/31
BOWLEGS, Bettie 1/$11.20/32
BOWLEGS, Swamp 1/$11.20/33
CUDJO, Ned 8/$89.60/34

Tenny
Winnie
Wittie
Emma
Eliza
Bettie
Tilla
BOWLEGS, James 1/$11.20/35
ANNA 1/$11.20/36
CUDJO, Sam 1/$11.20/37

John Jumper's Band

JUMPER, John 10/$112.00/1
    Mrs.
    Walter
    Peter
    Rebecca
    Lizzie
    James
    Lucinda
    John Jr.
    Sally
SAR NO KE 6/$67.20/2
    CHO FIXICO
    Mrs. CHO FIXICO
    Louisa
    MAR HE A
    Hapsey
TUS E KIAH HARJO 5/$56.00/3
    CHURCH, Annie
    Polly
    Billy
    CHE PA NE
CHE PARNO CHEE 4/$44.80/4
    FUCKEY LUSTE
    LOMM OCH
    Mrs. FUCKEY LUSTE
LUCY 2/$22.40/5
    Somie
JUMPER, Mary 6/$56.00/6
    Molly
    LIZZO CHE

    Sisey
    SU TAH
    Ida
BOWLEGS, Major 4/$44.80/7
    Susan
    Lydia
    Nicie
CHA NIE 3/$33.60/8
    Davidson
    Margrett
LISA 3/$33.60/9
    Sunsey
    HOK TO HAR KER
NO KOS HARJO 7/$78.40/10
    Mary
    COHO KEE
    Lucy
    Johnson
    Sampson
    FEN AH
PIN HARJO 3/$33.60/11
    YE TAS HE GEE
    Annie THROCCO CHEE
CAT CHE ILLE 3/$33.60/12
    HOK TO CHEE
    Hannah THROCCO
WAXIE MATHLA 5/$56.00/13
    NANY BEN
    MUS TER
    Lucy BEREM
    Hester
ESSESE KO CHIE 6/$67.20/14
    PAN KA LE
    SA HETS HO GE
    PAR WOO SY
    TANNA NA KEE
    MICCO CHEE
HO LA TO CHEE 6/$67.20/15
    SUT HO GEE
    Morisey
    Milley
    LOS AT KAH
    CHE PE CHI CHEE

PAR HO SE EMATHLA 3/$33.60/16
    Annie CHUPCO
    CHO NA
ME HEE KEE 3/$33.60/17
    John O CHEE
    Betty
CHITTOE HARJO 6/$67.20/18
    THOP KAH
    CHUL SEY
    PAL MAS KAH
    FED KAH
    CHE PA NE
WAKEY, Johnny 7/$78.40/19
    ETHE NET HO GEE
    Lucy BENN
    MA LIN DA
    KIS AH
    MOLSEY
    Elsey
SUL KAH 8/$89.60/20
    SU FIK LO TO KEE
    TO CHEE
    CHE PA ME
    THOMASEY
    TO MO CHEE
    Little Girl
    PAR NOS KAH
CHO SA 3/$33.60/21
    Hannah
    Liza
FALSEY 8/$89.60/22
    SEM AH O YA
    TA HA
    SIN HOW NI YEE
    TUS EKIAH
    WE LE AH
    CHEE ZEE
    Ramsay
LEWIE 9/$100.80/28 (Numbered Incorrectly Should Be 23)
    SONA NUK GAS HOLA
    HUL PUT TA
    Fanny
    Katie

    Wisey
    Lucy
    CHO CO TO HARJO
    Lonsanna
TUS KIN HE 1/$11.20/24
SOW HO GEE 4/$44.80/25
    CHE PA NE
    ES MO CHEE SA
    HO TUL KEY HARJO

Pas Sak Yar Ho La's Band

PAS SAK YAR HO LA 6/$67.20/1
    HA HO CHEE
    Davie
    NEA YEE
    MON A GEE
    Polly
HUL PUT O CHEE 5/$56.00/2
    George
    EME LE SICKEE
    Linah
    Jemimah
ISSANNA HARJO 4/$44.80/3
    COL YAH
    LEMNAH
    SOL MAH
HO PI YE 3/$33.60/4
    SAR AH
    Ollie
WISE, Thomas 5/$56.00/5
    Williamus
    Sarah
    Susey
    Bessy
BEANIE 7/$78.40/6
    CHO KAH
    Tilda
    Hannie
    CHE PA NEE
    Marthie
    Jennie
AR BUCK LEY 3/$33.60/7

      Wilson
      Liza
MAN A TO KE 3/$33.60/8
      Polly
      Child
FOS YAR HO LA 4/$44.80/9
      TRUSE MULA HO KE
      PIN KA LEE
      Gibson
PETER 4/$44.80/10
      FOS MICCO
      Piggie
      Sisey
YAR KIN HA 8/$89.60/11
      FOS HUTCHE
      FOS HUTCHE EMARTHLA
      Major
      Lucy
      Tiannie
      SO WMA
      Jennie
CHE PA NE 5/$56.00/12
      SA CHE YA CHE
      Lucy
      Judy
      Lizzie
PAS HOSE HARJO 6/$67.20/13
      HAR KAH
      Silly
      Lukey
      Seah
      Mary
CHARLEY 4/$44.80/14
      BUTCHER, John
      Hathie
      Lucy
E TIE HARJO 4/$44.80/15
      AR CHE BY
      TEHIE LAT HO YEE
      SE LE LE
OSSANNA 5/$56.00/16
      CHO ILLIE
      SIN NE WEE

WINS LEY
　　Sambo
FOS WA HA CHO LY 5/$56.00/17
　　E MO HEE YOT KAH
　　Betsey
　　Molley O CHE
　　Kessey
WILLIAM 7/$78.40/18
　　Nancy
　　Louisa
　　George O CHE
　　CHE PA NO CHE
　　Polly CHEE
　　CHEE HA KEE
COT CHA MICCO 4/$44.80/19
　　Penny
　　CHULEY
　　Molley
MATTIE 4/$44.80/20
　　TE KEE
　　WAKEE
　　Sammy

George Cloud's Band

CLOUD, George 5/$56.00/1
　　Thomas
　　ME LE AH
　　Henry
　　MU KO YI KEE
MICCO HARJO 3/$33.60/2
　　TULA KEE
　　KISSIE
CAR BIC CHO CHEE 7/$78.40/3
　　KA TEE
　　NOS KAH
　　SU CHEE YEE
　　TO LOM KAH
　　KAWSOH
　　ESTA
CHO KAH 3/$33.60/4
　　Polly
　　CHE PA NEE

SON A YEE 7/$78.40/5
    Mary
    ME LI SA
    Judy
    TENAH
    Lewie
    HOK TO CHEE
LIZA 3/$33.60/6
    Mary
    Dicey
AUSTIN 1/$11.20/7
TAMMY HARJO 3/$3/$33.60/8
    CHIM KAH
    ES PA NE HARJO

E Cho Emarthla's Band

E CHO EMARTHLA 6/$67.20/1
    HA LOT HE YE
    YAR FI GE
    NAR CHO MI CHEE
    ES TE LE CHEE
    CHICK SUE CHI KEE
CAN CHAT EMARTHLA 8/$89.60/2
    ESTA SE HE KEE
    SEE TE CHEE CHEE
    HOK TEE
    AR SEE
    SE NEE SEE
    SOK TO KEE
    SEW E TE TA KEE
CAR BIC CHE EMARTHLA 3/$33.60/3
    WORL HO CHEE
    Liza
COLOMEE 6/$67.20/4
    Ethan ESESE MARTHLA
    SEMA THA MOCKEE
    SU SE HO KEE
    YET CHEE
    SALA HO KAH
ES CHOS FIXICO 7/$78.40/5
    ME HEE YEE
    HONE CHEE CHEE

      MEE YON KAH
      ES KIN NI HEE
      FOL LI KEE
      EN TOS KEE
CEASAR 3/$33.60/6
      SUN A TA YEE
      WA LUS KAH
BOBIE 1/$11.20/7

Chone Thocco's Band

CHONE THOCCO 5/$56.00/1
      SE HO KAH
      SUWA LAP KEE
      EN WA KEE
      SANKO
AR CHE LE HARJO 7/$78.40/2
      CEN HE
      MU LE CHEE
      Mattie
      MASCO GA
      TEK HETH KAH
      HOK TO CHOT KA
TAL MA FIXICO 7/$78.40/3
      KEN TEE
      Hettie
      Peggie
      Martin
      Danie
      SUKEY
TUS E KIAH HARJO 6/$67.20/4
      Liza
      Sammy
      Lynda
      CHO CAH TE YAR HOLA
      OSSA YAR HOLA
PEY OH 4/$44.80/5
      Hamie
      Benny
      Polly
COT CHE FIXICO 5/$56.00/6
      OSA FIXICO
      Hannah

    Lizzie
    CHO KAH
EMARTHLA, Charley 7/$78.40/7
    OS TUS HARJO
    E SKE CHEE
    KIN HEE
    Mary
    TE YA KEE
    SEE HEE WE
HO THE MUTE 9/$100.80/8
    KINNA NEE
    Bittie
    MEE KO HO KEE
    SUE HOL HO KEE
    TE ME SE PEE
    THO FEE
    OK TI OR CHE FIXICO
    Child
CONAK O CHEE 5/$56.00/9
    Alex
    HOSK TE PA TOKEE
    SEE TE LO KEE
    Child
ES PA NE HARJO 3/$33.60/10
    TOS HARJO
    WAX SE YAR HOLA
OK LOR LUSSA 7/$78.40/11
    TUL LE CHEE
    SAP HOK HO TEE
    THE WE LE HARJO
    SALE TI KEE
    HOK TO CHEE
    Child
THLA HARJO 6/$67.20/12
    SE PAN KA
    CHUL LEE
    PE FAT HO CHEE
    Lucy
    LE TO CHEE CHEE

Fos Hutchie Ko Chok Nie's Band

SHORT BIRD 5/$56.00/1

    LOOLY
    SEE PEE HO YEE
    Sarah
    Wattie
MICCO ME CHA SU 2/$22.40/2
    MICCO HARJO
SE ME THLA 3/$33.60/3
    PE FAT KAH
    SE ME KO YI KEE
AR HA LA CO CHEE 6/$67.20/4
    Polly
    Liza LAR MY
    FRENO KEE
    Margie
    NAR CHIE
AH HU LOC FIXICO 5/$56.00/5
    OT FUS KEE
    ME CHEE NA
    TE THEF KEE
    Lucy
NO KOS YAR HOLA 6/$67.20/6
    THEE FAP HO KA
    SE PET TA
    FUT CHEE HA KEE
    Johnson
    Joe James
OK CHA HO LA TA 6/$67.20/7
    PAR NOS KAH
    SEE HOL E CHEE
    Timmie
    SAR TA HO YEE
    Polly
NO KOS LUS TE 3/$33.60/8
    TOS PEE
    FEE YE CHEE CHEE
JOHN YAR HO LA 3/$33.60/9
    EMARTHLA
    SA HO YEE
HO THE PO YA 9/$100.80/10
    Sampson
    PAS HO SE YAR HOLA
    Mr. Cummie
    SEE WA KEE CHEE

                SENAH
                J KEE
                O THE CHEE
                Sophie
    THE THO HARJO 8/$89.60/11
                PAS NOS E
                EWE PA KEE
                Judy
                TICK AH
                Rhoda
                HOK TO CHEE
                TICK HO NI YE
    CHO KOH 2/$22.40/12
                SO HO KAH
    LI LAH 3/$33.60/13
                Peter
                COT CHE HOM ATEE
    AR LA ME 6/$67.20/14
                Georgie
                MAT HO YE
                SE ME HO SEE
                PAR TIE
                Susin
    COSA MICCO 7/$78.40/15
                HE LIS HARJO
                OH HE YEE
                CO NA PEE
                AR HO YEE
                THEE FE CHA
                Mary
    FUL AS CO 4/$44.80/16
                TUHINNA
                ME LE AH
                ESTO CHEE
    CAR BIC CHEE FIXICO 9/$100.80/17
                FALSE NEHE THOCCO
                Waxie HO LA TEE
                Wiley
                Lucy
                CHE SA PEE
                CHOCK AS HO YEE
                ME HEE YEE
                Polly

TUS EKIAH MICCO 9/$100.80/18
    NIE TEE
    CE NA
    Mattie
    SAR HO KEE
    Nancy
    Mary
    Wisey
    E CHO ILLEE
TUS TA NUK O CHEE 3/$33.60/19
    WAS O KEE
    ES HE LA TEE
SIN SO NIE KEE 3/$33.60/20
    CHE PA NO CHEE
    TE NEE YEE

Chit To's Band

CHIT TO TOS TEE MYIO 10/$112.00/1
    Lizzie
    Jennie
    Roly
    Betsey
    SUTTA
    Charley
    BROWN, John
    Armstrong
    Nancy
FOS HARJO 5/$56.00/2
    Jennie
    Susa
    OSSANNA
    CHAR LO CHEE
PASSOK HARJO 7/$78.40/3
    SA THE KEE KEE
    GIM MY
    Louisa
    HOL POT A FIXICO
    Susey
    SENEE
THEE THE LE HARJO 11/$123.00/4
    FOOL PO E CHEE
    TO CHEE

 Gimmy THOCCO
 KA CHA KEE
 NA PEE CHEE
 TI HOE CHEE
 Sema
 Polly
 SO SA YEE
 COT OHE HO LA TA
HO PI YEE 4/$44.80/5
 CHE PA NEE
 AR CHEE NO CHEE
 SUS SAN AH
FACTOR, James 2/$22.40/6
 Sophia
FACTOR, Tom 7/$78.40/7
 Fannie
 Sillie
 CHO KAH
 Samey
 Liza
 Nancy
EN FULA HARJO 4/$44.80/8
 O TEE KEE
 Winnie
 Pamie
YUM PA 5/$56.00/9
 Lizzie
 Hannah
 SUKEY
 Child
NO KO SE KEE 5/$56.00/10
 MEENA CHO ME
 PAS A TEE
 SA THO CHEE
 SA YA HO KEE
ME PET TE 3/$33.60/11
 Eliza
 Nancy
CORA 6/$67.20/12
 Maria
 Sarah
 SUKEY
 Billy

NAR SEY
JACKIE 4/$44.80/13
　　HOK TO LAS NEE
　　Chuelena
　　Billy
JOHN O CHEE 6/$67.20/14
　　Mary
　　Fanny
　　Lucy
　　Lewie
　　CHE PA NE
TOM MA SE YEE 2/$22.40/15
　　Jennie
HUCH CHUPCO 2/$22.40/16
　　HUN KAH
COT CHA YAR HOLA 4/$44.80/17
　　CA BIC CHE YAR HOLA
　　HOK TO CHUPCO
　　FO TA PE CHEE
TOM O CHEE 4/$44.80/18
　　SUS AN AH
　　Alex
　　Amie
FIXICO 7/$78.40/19
　　NAR NE
　　William
　　Sally
　　Annie
　　COTS KAH
　　COT CHE FIXICO
CON IPPIE 8/$89.60/20
　　HONITS HARJO
　　Simon
　　ES HO PO THE MI KEE
　　Alex
　　Ginney
　　Peter
　　COR BIC CHE YAR HOLA
CEASAR 1/$11.20/21
LYNDA 1/$11.20/22

No Kos Emarthla's Band

NO KOS EMARTHLA 4/$44.80/1
    TA KOS A HARJO
    SUPUN HUM KA
    Molly
E татCH AS WO CHEE 5/$56.00/2
    SEE HA THEA
    Sally
    PARDY
    TECUMSCHE
TUS EKIA CHUPCO 3/$33.60/3
    SE PO CHEE
    Ramsay
HO LA TA FIXICO 5/$56.00/4
    TO KO THE KEE
    TE KA LEE
    AR WEPEE
    SOK LE TI KEE
COR NAP HO KEE 6/$67.20/5
    PARMY
    ME LE CHEE
    SAM O CHEE
    Lucy AW CHEE
    PUFFIMIE
HOK THOCCO 3/$33.60/6
    Gibson
    Gimpsone
FOS HEE CHEE NE HE THOCCO 4/$44.80/7
    NE HE THOCCO CHUPCO
    Louisa
    E PES KEE
HUL PUT TO FIXICO 5/$56.00/8
    Sarah
    E KEE LO ME KEE
    Billy
    Leah
WAKIE HARJO 4/$44.80/9
    E ME HA SEE
    Betsey
    ME LE AR KO
NE HEE HARJO 5/$56.00/10
    HOK LAMEY

    Dick
    KENE LY
    BAILY, Charly
COT CHE HOLWE 5/$56.00/11
    CHEE TEE YAR HOLA
    YA NA LEE
    SEE TO NA KEE
    NOO SEE
    Sallie
TAM O CHEE 6/$67.20/12
    HI SA HE KAH
    WILEY
    KOS KEE
    PALL LOS TO CHEE
    Billy

Eu Ful A Tus Ton My Gee's Band

EU FUL A TUS TON MY GEE 6/$67.20/1
    HOK TO CHEE
    Nancy
    TOK LO TI KEE
    SILLIE
    SARS AR
AR BE YAR KEE 4/$44.80/2
    PIN KAH
    FIK SO MI KEE
    THO PO TI CHEE
CAH CHO CHEE 5/$56.00/3
    CO LAR TEE
    GIN KAH
    CHE PA NO KAH
    ETS KE ME KEE
CHUK HO KEE 2/$22.40/4
    TO KO THI KEE
PI PE HARJO 5/$56.00/5
    TUL YA YA
    LO LEE
    TO LEE CHEE
    Tenah
LUS EY 2/$22.40/6
    ES FO LI KEY
LIZA 1/$11.20/7

NO KOS HARJO 3/$33.60/8
    HOK TO THOCCO
    E THE SA LA KEE
CON SHA 5/$56.00/9
    SE MEE SEE
    Charley
    MUL KAH
    CHE PA NEE
OK LAS THLE 3/$33.60/10
    AR YEE CHEE
    WAR LO BEE
O CHEE 3/$33.60/11
    SE AR KA LEE
    HOK TO CHEE
CAR BIC CHEE 3/$33.60/12
    CHOC SEE HO KEE
    SAN TEE
CO NIP PEE 7/$78.40/13
    KAN SA TEE
    PAR NOS KAH
    PA THAM KAH
    TOK HEE KEE
    MEE LEE
    PA NO SEE
HIS E KO 5/$56.00/14
    Hannah
    HOKO TEE
    Simon
    Sampson
OSSANWA 3/$33.60/15
    CHO KA LE SA
    AR KAE YI CHEE
ALBAMMA 2/$22.40/16
    MO NA HO YEE
LEET KAH 3/$33.60/17
    TI YA KAH
    SOM MA YEE
TOMMY TUS TON MY GEE 5/$56.00/18
    CHOF FEE
    WAN HO YEE
    CHUL LE CHEE
    NO CHEE CHEE
AR HE MICCO 2/$22.40/19

THE CHO PI KA
FOS HARJO 3/$33.60/20
   TA KATS KA
   Child
CO SA HARJO 2/$22.40/21
   WE LA KEE PEE
HOTH KOS KEE 2/$22.40/22
   PAS TA

Nuth Cap Harjo's Band

NUTH CAP HARJO 7/$78.40/1
   Tomey
   Albert
   Hesta
   Jennatte
   Louisa
   Fanny
AR TUS FIXICO 7/$78.40/2
   Marsey
   Samey
   MA HA LEY
   Dinah
   Jennie
   MA LE AH
WISEY 3/$33.60/3
   CHO FAK NO CHEE
   Phebe
PI HE SO HARJO 10/$112.00/4
   TUM MY YAR HOLA
   Sampson
   Sambo
   SOO LOO
   COOT NEY
   WIS HA
   Willson
   Judy
   Child
HUL PUTA HARJO 6/$67.20/5
   Tony
   Jennie
   Lizzie
   WAR NEE

KOS SEE
MARTIN, Wiley 5/$56.00/6
   Nicey
   Walesey
   PAR NEY
   Child
SUSEY 2/$22.40/7
   Mollie
SAMEY 5/$56.00/8
   Lewie
   PHE NOK KAH
   TO CHEE
   CON OC O CHEE
THEE THO FIXICO 4/$44.80/9
   Nancie
   Lewie
   Georgie
WALKER, Charley 5/$56.00/10
   Robert
   Rhoda
   Betty
   Lizzie
THE THO FIXICO CHEE 5/$56.00/11
   HO PO ILLEE
   Tomey
   Tomie LEKEY
   SAR LEY
AR TUS YAR HOLA 4/$44.80/12
   HUL HO KEE
   Davie
   SEMMIE
JOHNEY 6/$67.20/13
   E MEE THO CHEE
   COT CHE THOCCO
   PEF AT I KEE
   Dicy
   LETIF HARJO
AH BEE KAH 8/$89.60/14
   Winnie
   THE THO KEE
   HOK TE LUS TEE
   Dixie
   TE MA YA KEE

    HETS HO GEE
    Child
ANNIE 3/$33.60/15
    Eli
    HOK TE CHEE

Phillipp's Band

PHILLIPP 3/$33.60/1
    Denah
    Joseph
COS A HARJO 1/$11.20/2
HOMATEE, John 5/$56.00/3
    SUTH HO YEE
    Lucy
    Susan
    Betsy
LAMKER, Gemmy 7/$78.40/4
    Moses
    Taylor
    Eliza
    Liley
    Charley
    SEK AH
WO KOS ELLEE 2/$22.40/5
    ME TO NO LEE
JUDSON, Henry 4/$44.80/6
    SO KEE
    SUS SEE
    Bennie
HARDRIDGE, Joseph 3/$33.60/7
    George
    PENS CHEE
CHOCTAW SARAH 2/$22.40/8
    CHE PEE NEE
TENAH 6/$67.20/9
    Monda
    Mally
    Nancy
    COR KEE
    SE LI NA
SALLY 2/$22.40/10
    Nancy

SAR YAR KOP EE 5/$56.00/11
    PAS NO CHEE
    HAH SEE
    Judy
    TOCHEE
BOWELL, Jesse 3/$33.60/12
    Washington
    George
HO CHEFF KEE 1/$11.20/13
SAR CHUN HO KA 4/$44.80/14
    CHAR HO YEE
    CHAR KEE
    WAR SA SO CHEE
KIZZIE 1/$11.20/15
SUS SAN AH 2/$22.40/16
    Millie
TOLEE 1/$11.20/17
LAMEY, Lucy 2/$22.40/18
    Sally
BETSEY 1/$11.20/19
TOMMY HARJO 4/$44.80/20
    MIN KEE
    HAT NEY
    ME SI LEE
THLAS TEH KEE 2/$22.40/21
    Mary
PAR HOS TUS TON NUG GEE 2/$22.40/22
    WIN CHOS TEE
NANCY 2/$22.40/23
    KENELLY
ALBERT 4/$44.80/24
    SIS SAN
    Menine
    Wilsey
SIN TEE 1/$11.20/25
LONNIA, Walter 2/$22.40/26
    AR YO CHEE
SCOTT, William 1/$11.20/27
AR LE CHI CHEE 1/$11.20/28
PAR NAH 5/$56.00/29
    Polly
    Nancy
    Johney

Genny
FOS KEY3/$33.60/30
    CHO AN OH
    Liza
JOSEPH MA CHE ME 4/$44.80/31
    Liza
    Nelly
    Beckey
SU PEN KEE LE CHEE 1/$11.20/32

Cow Ak Ots Harjo's Band

COW AK OTS HARJO 4/$44.80/1
    Annie
    HARKEE
    Fannie
OSSANA HARJO 3/$33.60/2
    COSA FIXICO
    PAR KEE CHEO
PAR SOK TUS TA MY EE 9/$100.80/3
    THEE THLO HARJO
    Linsey
    Lydia
    Susa
    Louisa
    MEE HO YA
    SEE YA
    PAN CHEE
AR PEE LOC TUS TON MYEE 10/$112.00/4
    CON OS TA YE
    AR HE LA KEE
    ET CHE HARJO
    COT CHEE HARJO
    PAR LAR KA
    SILBA
    CHEE TA HA
    ME KE LE SEE
    MICCO CHEE

John Chupco's Band

CHUPCO, John 6/$67.20/1
    YAR HOLA MICCO

    Lucy
    MELEY
    KISEY
    CENTA
CHO KE CHEE 3/$33.60/2
    Malinda
    Fannie
CULLY 5/$56.00/3
    Milly THOCCO
    Jennie
    Dicy
    TE LO
CAT CHE HARJO 3/$33.60/4
    CHEE NEE PO YEE
    Nancy
MICCO 2/$22.40/5
    Lousanna
CU ISSE LAMEY 2/$22.40/6
    Fanney
SOME CHEE CHEE 3/$33.60/7
    DICK SER
    Sampson
TIM FU YI KE 3/$33.60/8
    AR HE LA KEE
    Stephen
CONE CHOPCO 4/$44.80/9
    HE CHEE KEE
    NICIE
    CHEE KEE
NICKSEY 3/$33.60/10
    Nancy
    TICEO CHEE
CHO KAH 4/$44.80/11
    Gemmy
    Lewie
    Lizzie
CHE PA NE CHOPCO 5/$56.00/12
    NUFFEE
    Milly
    CHE PA NE NIP KEE
    Martin

1868 ANNUITY ROLL
VOUCHER 2 - 4TH QUARTER
SEMINOLE INDIANS
OF
FLORIDA

John Cheepco's Town

CHEEPCO, John 5/$31.95/1
    CHE SOP KA
    Jenny
    Lina
    THEA HE YO WA
SUNDAY 3/$19.17/2
    SUP HO KA
    MI MEE
PEE CHA CHEE 6/$38.34/3
    KOP PO NY
    MA KO YA GEE
    WE LOK KEE
    Nancy
    Child
OKE LA THEA 4/$25.56/4
    William
    Ceasar
    Eliza
SO NOCK HARJO 3/$19.17/5
    Sarah
    Susie
OKE CHOU HARJO 4/$25.56/6
    SEE CHEE
    TO NOK KEE
    SE MAH SO NIE GEE
MARY 3/$19.17/7
    Sally
    Nelly
AH TUS HARJO 5/$31.95/8
    PO HI KEE
    SA FICK LA ME GEE
    WILSEE
    Sandy
KON HEE 5/$31.95/9
    SE MI GEE

  NO KOS A GEE
  KA FA KA
  TUS HO KA
OC TE OC TO GEE 4/$25.56/10
  WE LA
  SI MON DA LY
  ME LA
OC CHON I FIXICO 6/$38.34/11
  SAT CHE KEELY
  SEE ME HO KEE
  SE MI HO YEE
  SO HATH LO
  Tomy
TINE PO CHEE 6/$38.34/12
  Sammy
  TE YE CHA CHEE
  WO NA GEE
  YHEA OAT TEE
  SU KEE
THEY O THEY GEE 5/$31.95/13
  MUT TUTH HO KEE
  PA LOT KEE
  OT LEE
  Anna
AH HA LOCK O GEE 2/$12.78/14
  PA SOCK KEE
AH HA LE MARTHLA 5/$31.95/5
  SE TE NOK KEE
  Jimmy
  SO KO NOCK KEE
  TO KOTH KA
KA A HARJO 3/$19.17/6
  SOK TE E CHEE
  Henry
NOK FI HARJO 5/$31.95/7
  NAH PO E CHEE
  PA HE CHEE
  KA PA HA KEE
  HUN KA
TUS TON MECK HARJO 2/$12.78/8
  Nelly
U NA SEE 4/$25.56/9
  Thomas

Jack
THLO PO HE GEE
AS SON WAY 3/$19.17/20
SAN DI E CHEE
CHLIS FO LI GEE
THLE HARJO 3/$19.17/21
O KE LE SA
U FA LI GA
HE LOK KEE 3/$19.17/22
FI HO KA
Georgie
SE SON NEE 3/$19.17/23
FA HI KEE
FI YE CHEE
NUTH KUP HARJO 4/$25.56/24
KITH HO KEE
NO CHEE CHEE
KIN NA ME
KA PIT CHO GEE 3/$19.17/25
DY SEE
Louisa
BEMO, John D. 1/$6.39/26
WE HE E HOLA 1/$6.39/27
BILLY 1/$6.39/28

Manwell's Town

MANWELL 3/$19.17/1
Susie
Lydia
SA WE LE TA 4/$25.56/2
HE LOK HO YEE
ELOYA
Willie
MCKANE, James 2/$12.78/3
COM PE CHEE
OT LEE 2/$12.78/4
EPUSSEE
YA HA 5/$31.95/5
Jimy
KOK TEE
Simon
IS CHA SWA

TOMMY 2/$12.78/6
    SUKIE
SAM O CHEE 8/$51.12/7
    THLE BOH CHEE
    E TO CHOCK FOL LI GEE
    YA YA
    Sampson
    HOKE TO GEE
    PUDGE
    HEPSEE
TE WO LA 7/$44.73/8
    CHIS E HARJO
    PON WE AH
    GEO GEY
    HO TA LEE
    SOP KA
    Eli
CON CHAT HARJO 4/$25.56/9
    Johny
    Lissie
    Loney
WA LE TO 3/$19.17/10
    Rosanna
    Albert
LENA 5/$31.95/11
    HAL LEE
    Robert
    Mary
    TATH LY GEE
BUCK, Joseph 4/$25.56/12
    Lizzie
    LAWRENCE, Martha
    Alexander
SON NO CHEE 2/$12.78/13
    Lizzie
YA HA FIXICO 8/$51.12/14
    POTO, John
    WE SIN TA
    SO NY GEE
    NE NA HEE CHEE
    Elsie
    Lydia
    Peter

TAL WA FIXICO 4/$25.56/15
 HALWEE, John
 OS LOT KA
 SO PON NY
WAT KE A HO LA 4/$25.56/16
 MA PE HO GEE
 HOKE TO GEE
 Charly
HANNAH 4/$25.56/17
 CHOK KE GEE
 Judy
 Josiah
LOUISA 2/$12.78/18
 PONNEY
BERRYHILL, John 5/$31.95/19
 SY GEE
 WY SEE
 Katy
 E TO GEE

Fos Hatche's Town

FOS HATCHE 2/$12.78/1
 Sally
AH PI AK KEE 4/$25.56/2
 JO LUP FIXICO
 PA NOCK O GEE
 SE LE NA DE
JE MA ME 6/$38.34/3
 POW HOSE HARJO
 SO FA
 CES TEE
 ES TIN E HO A LIZE
 CHE PON NY
KA BITCH A FIXICO 4/$25.56/4
 SA PA THEAN I GEE
 ME LE GEE
 Peter
CHITTO HARJO 4/$2556/5
 SATTE LE
 Polly
 Lissie
FOS HARJO GEE 2/$12.78/6

NO CHA
ALEX 4/$25.56/7
    Jenny
    KINTA
    Milly
SO KEE 3/$19.17/8
    LO SEE
    CHE BON NA
SIM MO NICHE 3/$19.17/9
    Johny
    KOKE TEE
O HI YEE 5/$31.95/10
    PO TO KEE
    LO LEE
    PON NO SEE
    CHE LA SEE
EM A FIXICO 3/$19.17/11
    NI SEE
    HO TE KA
CHITTO E HOLA 3/$19.17/12
    SOCK TO KOTH KA
    HOKE TO GEE

Fos Harjo's Town

FOS HARJO 2/$12.78/1
    CHA HITCH HO YE
AH HA LE MARTH TO GEE 2/$12.78/2
    WAK SO GEE
AH HA LOCK HARJO 6/$38.34/3
    SIN KA KEE
    TIM A HO GE
    Hannah
    KOT CHE LAMEE
    JON SEE
WAK SIN EHO LA 3/$19.17/4
    MOSEE
    ON NEE
POW HE SE MARTHLA GEE 2/$12.78/5
    Peter
PON HO SEE 5/$3195/6
    MA KA HO KEE
    PONNY

         PAH KEE
         Louisa
YE HO CHEE 3/$19.17/7
         IS TE LIT KA
         HOK TE LAR NEE
SALLY 4/$25.56/8
         SE TON EE
         IS TE COM EE
         CHE PON KA
SOF FO LIT KA 4/$25.56/9
         HOKE TE LUSTEE
         NE SUTTEE
         LO LA
U FOL A GEE 1/$6.39/10
FOS E A HOLA 3/$19.17/11
         HO BITH LE
         JIM KA
OC CHON WA 1/$6.39/12
THA LO MA HEE 1/$6.39/13
SEE LITCH YEE 1/$6.39/14
PA SUCK HARJO 5/$31.95/15
         HOK TO MIKO
         HO BY GA
         YA TA KEE
         ME HA KA
ME LE AH 2/$12.78/16
         LO SEE
PON KILLY 2/$12.78/17
         CHO KA
LEW EE 2/$12.78/18
         SO MA LITCH EE
HAL BUT A 6/$38.34/19
         SO HE YE
         SE MAS SEE
         Massey
         LO SEE
         Jenny
NOOS KA 2/$12.78/20
         KA SEE
CHA PON NA 2/$12.78/21
         ES TE NUTH LA
CHI KA 3/$19.17/22
         CHOCK FUL KA

  Toby
ELOYA 2/$12.78/23
  Georgie
ES TE ME LE JOPPO 4/$25.56/24
  NA CHEE
  PO TE KA CHEE
  TI LIN DA
HOKE TE LOCK O GEE 1/$6.39/25
YA MEE 3/$19.17/26
  JO MEE
  SAM MEE
SE ME TO 1/$6.39/27
KO E GEE 3/$19.17/28
  SAMY TAS BY
  FOS TON NEE UCK EE
OS HO AT CHE 1/$6.39/29
CHIT TO FIXICO 4/$25.56/30
  ILY
  SI SO GEE
  MA KE GEE

Ko A Harjo's Town

KO A HARJO 5/$31.95/1
  HOK TO GEE
  Lucy
  LE A NEE
  JON SEE
NANCY 3/$19.17/2
  HEP SEY
  ME KULY
ES TE LAR NEE 5/$31.95/3
  MOS HO KEE
  TO CHE
  Molly
  CHO KA
SUMP SEE 2/$12.78/4
  Lucy LAR NEE
SIM E HA KEE 4/$25.56/5
  Mary
  JO ME SEE
  Sissy
CHA TA KEE 3/$19.17/6

SO FA CHE KEE
   Georgie
SUTH LA HO KEE 4/$25.56/7
   I LO GEE
   HA TOP HO KEE
   JACKSON, AJ.
PA HE CHEE 6/$38.34/8
   FOCK O, Davy
   PA NUS KEE
   SUMP SEE
   IS TIP KEE
   ON THEAN HO YE
HANNAH 1/$6.39/9
YA KA BITCH EE 4/$25.56/10
   KO KEE
   SUK KIN HA NI KE
   HOL HO ICH YE
YA HA FIXICO 3/$19.17/11
   SOK KOS SEE
   Sally
MAP PE HE 3/$19.17/12
   WE SE NA
   EHY, Levi
SAMMY 5/$31.95/13
   KIN KA HE
   JO KA
   MICH I LY
   SO NA HE
LA PUH EE 4/$25.56/14
   LOK FIK LO NI GEE
   HOK TE LOCK O GEE
   KA LAR NY
CHO HARJO 3/$19.17/15
   HAL HO KEE
   BU BY
KOT SO LAY GEE 3/$19.17/16
   FIT SO HI KEE
   LA NA
MITCH I LY 3/$19.17/17
   HAR ME TEE
   RO DA
MILL A 4/$25.56/18
   SE TON EE

OK LO SEE
PONNY
GRAHAM, Wm. 2/$12.78/19
    TITH LE HO KA
AS SON WA 1/$6.39/20
MILLY 1/$6.39/21
LET KO CHO 1/$6.39/22

Ah Ha Lock Fixico's Town

AH LOCK FIXICO 7/$44.73/1
    KO SE HARJO
    KE SATCH E HARJO
    Georgie
    Polly
    IN THLE TOP PEE
    SO WAH NEE
CHITTO HARJO 4/$25.56/2
    AH HA HARJO GEE
    CHOCKI YEE
    SO GITH LY CHEE
JA KOP PEE 8/$51.12/3
    SA CHOP KEE
    ILY
    ME LO WA GEE
    SOT TOO KEE
    Lottie
    LY ME
    JESSE BY
CHITTO E HOLA 5/$31.95/4
    SAU NEE
    Betsy
    WATEE
    WIL SEE
OCHEE CO CHUEK NY 7/$44.73/5
    LA COFFEE
    HO CHEP KEE
    SAW TEE
    SULLY
    LA KO SEE
    MA LE AH
HAL BUT A HARJO 6/$38.34/6
    SY O MA CHEE

　　　　PEE CHEE
　　　　IN LIT KA
　　　　Molly
　　　　WASSA
YO HO LO GEE 3/$19.17/7
　　　　SO WAS TE HARJO
　　　　SOTH LEE
SPUN A HARJO 5/$31.95/8
　　　　SO FI OC TEE
　　　　FOS HARJO GEE
　　　　JO KA
　　　　KAI MEE
HAL PUT A FIXICO 2/$12.78/9
　　　　CHIS E MA TEE
O SON E FIXICO 4/$25.56/10
　　　　LA TEE
　　　　TE NE A KEE
　　　　John
CO WAC KO GEE HARJO 4/$25.56/11
　　　　LO GEE
　　　　TE MAS SO CHEE
　　　　Louisa
KE SOTCH EE 2/$12.78/12
　　　　AH NO GEE
AH HA LOCK EE 5/$31.95/13
　　　　TIM E LE PA
　　　　TON NUCK HE YEE
　　　　Lizzie
　　　　AH KA E CHA CHEE
YA LA FIXICO 2/$12.78/14
　　　　LA TE A HOLA
AH ME LOCK O GEE 6/$38.34/15
　　　　O CHE HARJO GEE
　　　　SE NO CHEE
　　　　TAS HO KEE
　　　　PO LY KEE
　　　　SO SEE
SO NOCK E HOLA 4/$25.56/16
　　　　SE MIS HEE
　　　　Thomas
　　　　IS PO KO KEE
HO TUL KO GEE 4/$25.56/17
　　　　AS A BO KEE

LY LY
    E LY A LEE
TAL WA TUS TON MY EYEE 4/$25.56/18
    AF FOS SIN E AH
    KA TA KEE
    TO HUK KEE
JO KA 4/$25.56/19
    LY LEE
    WA SAT KEE
    SU SIE
KOT SO HARJO GEE 4/$25.56/20
    E KUS HARJO
    SOW WAT KEE
    AS SY YEE
TE KA CHEE 2/$12.78/21
    SO FA CHEE
FOS HOT CHE HARJO 4/$25.56/22
    SEE AT TO SEE
    Eliza
    COL CHE CHUP CO
HO LOT TE HARJO 6/$38.34/23
    SE HO KA
    POL PA KEE
    SUF FICK LUM KA
    JO KA
    Susie
CHO WAS TO E CHEEP CO 2/$12.78/24
    ME TA TOP KEE
JOHNY 2/$12.78/25
    Henry
A MO MEE 2/$12.78/26
    PIN KA LEE CHEE
SUM MON DA LY GEE 3/$19.17/27
    SE SEE
    JOKA

Pow Hos Fixico's Town

CHO HARJO GEE 2/$12.78/1
    WILSEE
CHO HARJO GEE 5/$31.95/2
    SAT A DY KEE
    Amy

CHE PON O CHEE
HOKE TO GEE
NO KOS E LEE 5/$31.95/3
COT SE FIXICO
Sammy
SY A FY KEE
FUL HOKE
HO TEE KA FIXICO 7/$44.73/4
HOL HO HEE KEE
COT CHEE
YA YEE
JIM KA
HO PY E CHEE
Georgee
COT CHEE LEE 4/$25.56/5
HA KA
NOT TY GEE
Sally
FOS E KA 2/$12.78/6
LIN DA
KE BY AH 6/$38.34/7
SIN LO AH
HOK TE THEY LI KO CHEE
KITH HO YAY
LE YA
KUT PA
SOK KO KEE 3/$19.17/8
Lucy
HAH CHOE KEE
KA BITCH E HAY E 1/$6.39/9
TO KUS E FIXICO 7/$44.73/10
MY MEE
KO AH
CHE PON NUCK EE
SUMP SEE
SIN FOL LIN DA
NO KOTO KA
CON JOH HARJO 3/$19.17/11
Milly
Katy
CHE PONNY 3/$19.17/12
SE LEE
Hannah

THEONY 5/$31.95/13
    SA BO KA
    WILSEE
    TOMAS KEE
    MUT SEE
SUSIE 6/$38.34/14
    SE NA
    PON NY
    MEN A CHI KEE
    CHE Y CHEE
    HOK LOS KA
Y E CHEE 3/$19.17/15
    JO KA
    TOM SEE
CHARLEY 5/$31.95/16
    Tommy
    SOK TOO
    Milissa
    Callissa
CHE FIXICO 3/$19.17/17
    YUM KA
    CHE PEN A SHEE
POLLY 4/$25.56/18
    JOS WA
    CHIS KA
    SAM MY
NO KOS E MARTHLA GEE 4/$25.56/19
    SY HE CHEE
    PON NO SEE
    Lucy
NO KOS FIXICO 2/$12.78/20
    SIM E HO YE
JOHN O GEE 6/$38.34/21
    CHI TA
    KI OK E LA
    KO JA
    MO SEY
    WI NEE

Nath Ko Buck Nee's Town

NATH KO BUCK NEE 3/$19.17/1
    OS SOT TE KEE

      Linda
AH THLAN HARJO 6/$38.34/2
      MY LEY
      MA TES SEE
      Fanny
      ME CHE LA
      JO SEY EE
KOT CHO HARJO 4/$25.56/3
      MOL LE A NEE
      SO KO LEE
      LIN KA
TE WA 7/$44.73/4
      HO LOCK TO CHEEP CO
      Sally
      SU SEE
      PON NY
      PON O GEE
      POL O GEE
BE NA 3/$19.17/5
      BEE CHEE
      MUT TEE
NO KOS HARJO 3/$19.17/6
      Lucy
      LO SA NEE
HO THLE PO YEE 4/$25.56/7
      CHE PONNY
      E MA
      Peter
JA CO BEE 4/$25.56/8
      SEELY
      DYSEE
      Sally
LOW EE 4/$25.56/9
      HA LI AH
      LY LY
      Foster
MAR CHEE 2/$12.78/10
      LO SEE
SEE LY 4/$25.56/11
      TO KA LY GEE
      Polly
      Lizzie
SO MES SEE 5/$31.95

        SY O LA KY
        ME LO SEE
        JO SIF TEE
        ME LO GEE
SO A HO LA 6/$38.34/13
        MO NI CHEE
        MOTH LEE
        HEP SEY
        E LAH
        Y E SEE
FOS HARJO 4/$25.56/14
        LY SEE
        KA NEE
        Sally
TO NOCK EE 4/$25.56/15
        SUP EN KO LEE
        MUT CHE EE
        PON TUS EE
JENNY 1/$6.39/16
SA MA CHEE 3/$19.17/17
        MIL HEE
        CHE NEY
PI E HARJO 7/$44.73/18
        TIN WA GEE
        IN LY TE KEE
        SIN ECHE CHEE
        CHA HI LY
        SIN KA KEE
        PIN TA KEE
TUSTON NUCK HARJO 3/$19.17/19
        BE BO GEE
        UM S TEE
CHO HARJO 5/$31.95/20
        LY LUS SEE
        NY TEE
        Fanny
        MI KA
MA HE CHEE 4/$25.56/21
        TY A CHEE
        JOH NO EE
        MIS TO KY EE
NO KOS E MARTHLA 1/$6.39/22
LO PEE 4/$25.56/23

　　　　PIN TEE
　　　　NON SEE
　　　　MUL KUS SEE
NOCK NEE 4/$25.56/24
　　　　E LE NI HEE
　　　　U PAK A LA TO KEE
　　　　PE TE CHEE
SI TEE 3/$19.17/25
　　　　SO FIXICO
　　　　SAL FO HO YEE
MOSES 4/$25.56/26
　　　　SAM SON
　　　　Peter
　　　　SAM MY
FOS CO CHUCK NEE 3/$19.17/27
　　　　FOS HOK TEE
　　　　Molly
MICCO HARJO 5/$31.95/28
　　　　SAL A TY KEE
　　　　SO TEE
　　　　TOM O GEE
　　　　KE SEE

Cho Fixico's Town

CHO FIXICO 4/$25.56/1
　　　　E TO GEE
　　　　Scott
　　　　Nancy
NO KOS FEGER 8/$51.12/2
　　　　FA BITCH EE
　　　　NA NO GEE
　　　　MA LY
　　　　NI SEE
　　　　LO SEE
　　　　HOKE TO GEE
　　　　SE NA
HI LOCK HARJO GEE 5/$31.95/3
　　　　LE SEE
　　　　CHO E LA
　　　　SEE TEE
　　　　Tommy
AH HE LOCK E HOLA 5/$31.95/4

HO WAIK O GEE
　　　Jenny
　　　CHE PON NG
　　　HOKE TO WALLE
CHO HARJO GEE 2/$12.78/5
　　　Sally
WAK SE HARJO GEE 5/$31.95/6
　　　TOM AS SEE
　　　Sally
　　　Dickey
　　　SLOF KA
SIM MON DALY 4/$25.56/7
　　　HOKE TO LOCK OO
　　　LO SEE
　　　Louisa
WILLIAM EE 4/$25.56/8
　　　CHE BON NY
　　　NILL O SEE
　　　MON MEE
HO LOT TE MARTH LE 3/$19.17/9
　　　TUTH HO KA
　　　CON HO CHA
IT MA 3/$19.17/10
　　　ONE LOCK EE
　　　KA LOR NEE
MY LEE 3/$19.17/11
　　　FAT SEE
　　　MA HO TIE
BILLY 1/$6.39/12
PA LA KEE 4/$25.56/13
　　　NO KOS A GEE
　　　CHAR LAR NEE
　　　YE KI GEE
LE COFFEE 4/$25.56/14
　　　THEA KEE
　　　LO LEE
　　　Georgie
SUN DAY 5/$31.95/15
　　　SO TOOK EE
　　　CHA K A GEE
　　　SA BAK O LEE
　　　Polly
DY SEE 4/$25.56/16

FON EE
Fanny
CHE BON NEE

Pas Cofa's Town

PAS COFA 2/$12.78/1
    Jennie
THEA HARJO 2/$12.78/2
    THEA HY HO KE GEE
OC TO OC SE HARJO 2/$12.78/3
    TOMAS KEE
OKE FUS KEE 3/$19.17/4
    CHE PON NY
    Lonny
TUS E KI A HARJO 2/$12.78/5
    SAC KIR
JACKSON 7/$44.73/6
    SUKEE
    Dr. Brown
    Jennie
    Alice
    Robert
    Stanten
MILLY 2/$12.78/7
    KO NA HE EKE
JENNIE 2/$12.78/8
    Hille
PO NOCK O GEE 3/$19.17/9
    NE FOL LY GEE
    HAN EE
FANNY 3/$19.17/10
    William UMP KEE
    Nero, Wm.
SALLY 1/$6.39/11
BETSEY 3/$19.17/12
    MA GA LA
    SO MA CHE KEE
MUS SE LAN 2/$12.78/13
    YA HO GEE
SA SAL LEE 2/$12.78/14
    Nancy
PAS CO FAYEE 1/$6.39/15

JO LA FIXICO 2/$12.78/16
   FICK CUM NEE

John Brown's Town

NOBLE, Wm. 2/$12.78/1
   Judy
STEPNEY, John 8/$51.12/2
   BEWA
   Ted
   Georgie
   Fanny
   Sancho
   SULLY
   FUSSY
MILLS, Tomy 5/$31.95/3
   Molly
   Thomas
   Betsey
   Hetty
BOWLEGS, Cyrus 10/$63.90/4
   Betsy
   July
   Ben
   Flora
   Cressa
   Dennis
   Rhoda
   Rose
   Eliza
BOWLES, John 2/$12.78/5
   Linda
DAVIS, Daily 5/$31.95/6
   Peggy
   Toney
   Isaac
   Clara
PALDO, Nancy 3/$19.17/7
   Dick
   Ishmael
DAVIS, Jacob $19.17/8
   Macca
   Robert

DOSER 3/$19.17/9
    NELLY
    Bess
CHARLES, Hattie 1/$6.39/10
BOWLEGS, Maria 6/$38.34/11
    Flora
    Aunt Flora
    Ben
    Cyrus
    Robert
JOHNSON 1/$6.39/12
ESTHER 2/$12.78/13
    Freeman
JACOB 1/$6.39/14
GUIDE 4/$25.56/15
    Boy
    Eliza
    Jane
HAGAR JMEE 6/$38.34/16
ADD, John 1/$6.39/17
JUNE, David 5/$31.95/18
    Calinda
    HAGAR
    Pompey
    HENDOIX
SAYERS, Polly 5/$31.95/19
    Tom
    Becca
    Maria
    Gracey
SAYERS, Phillip 1/$6.39/20
JOHN, William 7/$44.73/21
    Betsy
    PICKAUN
    Louisa
    Margaret
    Jim
    John
NOBLE, Scipio 1/$6.39/22
NOBLE, Tom 2/$12.78/23
    June
DOLLY 2/$12.78/24
    BILLY

BOWLEGS, Dick 3/$19.17/25
    Jennie
    Milly
DAVIS, Robert 8/$51.12/26
    Rhoda
    Tom
    Georgie
    Katy
    Betsy
    Baby
    Jim
RICHARDS, Jack 4/$25.56/27
    Elsie
    Titus
    Peter
ELVIA 2/$12.78/28
    Boy
CUDJOE, Sam 9/$57.51/29
    JONES, Lucy
    Dinah
    Bemes
    Sam
    Bob
    Katy
    March
    Robert
BOWLEGS, Lydia 8/$51.12/30
    Dee
    Sarah
    Guss
    Gracie
    Mack
    Jake
    Margaret
BOWLEGS, Matt 3/$19.17/31
    Wm.
    Rachel
BOWLEGS, James 1/$6.39/32
BOWLEGS, Nancy 4/$25.56/33
    Betty
    Milly
    Georgie
BOWLEGS, John 4/$25.56/34

    Bess
    Nelly
    Baby
PALDO, Cyrus 1/$6.39/35
JACKSON, Jessie 4/$25.56/36
    Nancy
    Peggy
    Nora
CUDJO, Ned 5/$31.95/37
    Fanny
    Witte
    Amy
    Child
ELOYA 1/$6.39/38
CULLY, Fay 3/$19.17/39
    Peggy
    Noah
ABRAHAM 1/$6.39/40
MAY ANN 1/$6.39/41
PAYNE, Thomas 14/$89.46/42
    Clara
    Ceasar
    Affy
    Cuffy
    Eloya
    Lenny
    Grace
    Sam
    Titus
    Flomeny
    James
    Ramsey
    Harriett
PAYNE, Collina 6/$38.34/43
    Ned
    Margaret
    Charley
    Richard
    Samuel
PAYNE, Samuel 7/$44.73/44
    Rebecca
    Jackson
    Lizzie

    Cilla
    Ceasar
    Gibson
PAYNE, Pompey 12/$76.68/45
    Hester
    Libby
    Pena
    John
    Fanny
    Hannah
    Bella
    Sarah
    Elsey
    Katy
    TENA
LOTTY, Dindy 3/$19.17/46
    Molly
    Nancy
BARKUS, Joseph 12/$76.68/47
    Nancy
    Warren
    Peter
    Doser
    Sancho
    Mondy
    Thomas
    Robert
    Polly
    Mary
    TENA
FACTER, Thomas 7/$44.73/48
    March
    Dina
    Louisa
    William
    Robert
    Nancy
LOTTY 12/$76.68/49
    Peggy
    Toney
    Susey
    Eloya
    Stepney

  Phoeba
  Affy
  Puss
  Rose
  Sarah
  Toney
MUNGO, Cilla 5/$31.95/50
  Jane
  Rose
  Polly
  Cilla
SAM, Robert 4/$25.56/51
  Dolly
  Bob
  Affy
PRIMUS, Dennis 10/$63.90/52
  Harriett
  Danna
  David
  Elsey
  Madline
  Henry
  Kitty
  Neely
  Flora
CUDJOE, John 11/$70.29/53
  Rose
  CUDJOE
  Missia
  Charlotte
  Betty
  Rosser
  Cella
  Gardner
  Rose
  Clara
DAVIS, Scippio 10/$63.90/54
  Flora
  Tyra
  Joseph
  Pompey
  Monday
  Jane

Richman
　　　Freeborn
　　　Charles

Jim Lane's Town

BRUNER, Ben 13/$83.07/1
　　　Rachel
　　　Paro
　　　John
　　　Davis
　　　Georgie
　　　Dilsa
　　　Cessy
　　　Robert
　　　Betsey
　　　Richard
　　　Peter
　　　Betsey
BRUNER, John 10/$63.90/2
　　　Grace
　　　Ellen
　　　Ben
　　　Davis
　　　Joe
　　　Manville
　　　Tommy
　　　Anna
　　　Myers
BRUNER, Ceasar 7/$44.73/3
　　　Nancy
　　　Lucy
　　　YO KUM
　　　Washington
　　　SAM MEE
　　　Charley
ABRAM 6/$38.34/4
　　　Passey
　　　Peter
　　　Terry
　　　Charlotte
　　　Morris
HERROD, Dysey 3/$19.17/5

WASSIER, Jack
    Boy
ABRAM, Washington 1/$6.39/6
ABRAM, Rachel 4/$25.56/7
    Katy
    Ned
    Eliza
ABRAM, Fanny 5/$31.95/8
    Sandy
    Plenty
    Henry
    Child
BRUNER, Sancho 7/$44.73/9
    Dorcas
    Silly
    Aaron
    Sancho
    Betsey
    Baby
JOHNSON, Robt. 3/$19.17/10
    Lizzie
    Coody
SANCHO, Betty 2/$12.78/11
    Child
PHOEBA 5/$31.95/12
    Dinah
    Lucinda
    Phoeba
    Becca
TED 1/$6.39/13
SUE, Catherine 7/$44.73/13
    Ted
    Eliza
    Anna
    Sally
    Dindy
    Sue
DINDY, Monday 4/$25.56/14
    Sue
    Sam
    Ceasar
TECUMSEH, Mary 8/$51.12/15
    Cully

    Jimmy
    Edmund
    Robert
    MIN NA
    March
    Sissy
BRUNER, William 3/$19.17/17
    Affy
    Rachael

John Jumper's Town

JUMPER, John 9/$57.51/1
    Mrs. JUMPER
    Walter
    Peter
    Rebecca
    Lizzie
    James
    John Jr.
    Sally
SARNC KO 2/$12.78/2
    Louisa
TUS E KIAH HARJO 5/$31.95/3
    CHURCH, Annie
    Polly
    Billy
    CHE PAR NE
LUCY 2/$12.78/4
    SONO ME
CHEE PUN O CHEE 1/$6.39/5
JUMPER, Mary 6/$38.34/6
    Molly
    Sissy
    SUTAH
    ISTA
    ROBO CHEE
CHANIE 4/$25.56/7
    Davidson
    Margret
    Child
BOWLEGS, Major 4/$25.56/8
    Susan

  Lydia
  Niece
LIZA 4/$25.56/9
  Sumsey
  HOK TE HART KER
  Child
NO KOS HARJO 7/$44.73/10
  Mary
  CHO KO CHEE
  Lucy
  Johnson
  Sampson
  TENAH
PIN HARJO 3/$19.17/11
  YETAS HARJO
  Annie THOC CO CHEE
CAT CHE ILLES 3/$19.17/12
  HOK TO CHEE
  THOCCO, Fannie
MUTHLA, Waxie 5/$31.95/13
  BEN, Mary
  MUS TO
  BEN, Lucee
  Hettie
ESSE SEKO CHEE 5/$31.95/14
  PAN KAH
  SUHEX HOY A
  PAMOS EY
  MECCO CHEE
HOTATO CHEE 6/$38.34/15
  SUT HO YE
  MOONES EY
  Milley
  SOUS AT KAH
  CHE PE CHEE CHEE
PAR HO SE MARTHLA 3/$19.17/16
  CHUPCO, Annie
  CHO NA
ME HA KEE 3/$19.17/17
  John O CHEE
  Betty
CHITTOE HARJO 5/$31.95/18
  THUP KAH

  CHULSEY
  PUL MAS KAH
  TED KAH
WAKEY, John 7/$44.73/19
  E THE SOT HO YE
  Ben, Lucy
  WA LIN DO
  KES AH
  MOLSEY
  Elsey
SUT KAH 7/$44.73/20
  SUFOK LO TO KEE
  TO CHEE
  CHEE PANNEE
  THOMASEY
  TOM O CHEE
  PAR NOS KA
HANNAH 2/$12.78/21
  Eliza
SON HO GEE 2/$12.78/22
  CHE PANEE
TUSKE E ME HE 1/$6.39/23
TALSEY 6/$38.34/24
  SUNA HOY A
  TA PA
  TUS E KIAH
  WELEY AH
  CHEE YEE
LEWIS 7/$44.73/25
  HUL PUTA
  Fanny
  Katie
  WISEY
  Lucy
  Lousanna

Passock Yar Holar's Town

PASSOCK YAR HOLAR 6/$38.34/1
  NAPO CHEE
  Davis
  MAY YEE
  MONA YEE

    Polly
HUE PEETO CHEE 5/$31.95/2
    Georgie
    EME LISIKEE
    LINAH
    Jemmiah
OSSON A HARJO 5/$31.95/3
    COLY AH
    LANNAH
    SOL WA
    AR LE CHU CHEE
HO PE YEE 2/$12.78/4
    Sarah
YAR KEN HEE 7/$44.73/5
    FOOS HATCHE MARTHEO
    Major
    Lucy
    Feannie
    Louisa
    Jennie
CHO PANEE 4/$25.56/6
    LEE CHEE YO CHEE
    Lucy
    Judy
PAR HOSE HARJO 5/$31.95/7
    HAS KAH
    Lilly
    SUKEY
    LEN AH
CHARLEY 4/$25.56/8
    BUTCHER, John
    HO THEE
    Lucy
ETAN HARJO 4/$25.56/9
    ARCHO LEE
    TEHU LUT HO YE
    SETO LE
OSSON WA 5/$31.95/10
    CHO ILLEE
    SEMA NOE
    WINUSLEY
    Sambo
FOOS WA AR CHE LEE 5/$31.95/11

EMA HEE YAT KA
   Betsey
   Molly
   Kissey
WILLIAM 7/$44.73/12
   Nancy
   Louisa
   Georgie
   CHE PON O CHEE
   Polly
   CHE HA KEE
COT CHEE MICCO 3/$19.17/13
   Chilly
   Molly
MATTIE 3/$19.17/14
   TEKEE
   Sammy
CHO COT TO SAM 3/$19.17/15
   EU FU YAR HOLAR
   MILISIKEO

Thomas Cloud's Town

CLOUD, Thomas 4/$25.56/1
   George
   Henry
   MA KO YI KEE
MICCO HARJO 2/$12.78/2
   Kissie
CAR BIC CHO GEE 6/$38.34/3
   NOOS KA
   LEE CHE YEE
   TO LOM KAH
   KAUS AH
   ESTA
AUSTIN 1/$6.39/4
CHO KA 3/$19.17/5
   Polly
   CHE PANEE
SONA YEE 5/$31.95/6
   Milissa
   Judy
   TENAH

  Lewis
ELIZA 3/$19.17/7
  Mary
  Dicey
SAMMY HARJO 3/$19.17/8
  CHEN E KAH
  ES PON E HARJO
COWAKOTS HARJO 4/$25.56/9
  Annie
  HAR KIE
  Fannie
OSSANNA HARJO 8/$51.12/10
  PASSAK TUSTON MY GEE
  THA THLO HARJO
  Susa
  Louisa
  MEE HO GEE
  SUYA
  PANCHO
AR PRA LOC TUS TON MYGEE 10/$63.90/11
  CHO WAS TO YEE
  AR HA LA KE
  ETCHE HARJO
  CAT CHEE HARJO
  PAR LAR KAH
  Silva
  CHUT A KA
  ME KE LESE
  MICCO CHEE
FIXICO THOCCO 5/$31.95/12
  NARVE
  William
  Sally
  COOTS KA

E Cho E Me Thea's Town

E CHO E ME THEA 6/$38.34/1
  HUL AT HE YE
  YAR FICKEE
  NAR CHO ME CHEE
  ES TO LE CHEE
  CHIKUM CHEKEE

ESTO SE HOKER 5/$3195/2
    SUE TE CHEE CHEE
    AR SEE
    SE ME SEE
    SOKE TO KEE
CON CHAT E MARTHEO 4/$25.56/3
    HOKE TE
    SUN ETE TAKEE
    MA YO PES KEE
CEASAR 3/$19.17/4
    SUN A TAYE
    WA LES KAH
BABIE 1/$6.39/5
SE HO KAH 3/$19.17/6
    EN WA KA
    SAN KA
AR CHO LE HARJO 7/$44.73/7
    CON HEE
    MEE LEE CHEE
    MUS CO GEE
    FEK HET TO KAH
    HOKE CHOT KAH
    PAR HOSE HARJO
KINTA 6/$38.34/8
    Hettie
    Peggie
    MARTEE
    Davis
    SUKEY
TUS E KIAH HARJO 5/$31.95/9
    Liza
    Sammy
    Lynda
    OSSA YAR HOLA
PEYAH 4/$25.56/10
    HARNEE
    Bennie
    Polly
CAT CHEE FIXICO 5/$31.95/11
    OSA FIXICO
    Hannah
    Lizzie
    CHO KAH

CHAREY MARTHLE 7/$44.73/12
    AR TUS HARJO
    ES CHE CHEE
    HIN HEE
    Mary
    SU YA KA
    SE HANEE
THEA HARJO 4/$25.56/13
    SE HAN KAH
    CHEELA
    PE FAT HO CHEE
HO THE MEE TEE 8/$51.12/14
    KIN NA NA
    Bettie
    ME KO HO KEE
    SU HAL HO KEE
    TEME SEPEE
    THO FO
    OKE TE AR CHEE FIXICO
HOKE PUT A KEE 2/$12.78/15
    ALICK
FOOS HARJO 2/$12.78/16
    WAXIE YAR HOLA
OK LAR BES SA 7/$44.73/17
    FULLE CHEE
    SUPOK HOTEE
    THLA WALA HARJO
    SULE TE KEE
    HOKE TE CHEE
    Child
CHE CATTE YAR HOLA 2/$12.78/18
    TENAH

Short Bird's Town

SHORT BIRD 6/$38.34/1
    LOOLY
    SUPU HOYEE
    Sarah
    WATKO
    WATIE, John
MICCO MO CHEES A 2/$12.78/2
    MICCO HARJO

SUNEE THLA 3/$19.17/3
    PE FAT KALE
    SU WA LOP KAH
AR HA LO KO CHEE 5/$31.95/4
    Polly
    Liza LARNEY
    Margie
    NAR CHEE
AR HE LOCK FIXICO 1/$6.39/5
OK CHAN HO LA TEE 6/$38.34/6
    PARMOS KAH
    SU HUL LE CHEE
    Timmie
    SAPO HOYE
    Polly
NOKOS YAR HOLA 4/$25.56/7
    THU FA HO KEE
    TUH CHEE HE KEE
    Johnson
JOHN YAR LA HA 3/$19.17/8
    EUME THLA
    SAPO YEE
HO THE PO YA 9/$57.51/9
    Sampson
    PAR HOS YAR HOLA
    Mr. CUMINE
    SU WAKE CHEE
    LENAH
    JA KEE
    O THEE CHEE
    Sophia
THU THLO HARJO 6/$38.34/10
    PARN OOS IA
    EWA PEE KEE
    Judy
    TE KAH
    Rhoda
LILAH 2/$12.78/11
    Peter
AR LARNEE 5/$31.95/12
    Georgie
    MUT HOGE
    SE ME HO SEE

COSA MICCO 7/$44.73/13
    PARTIE
    HELIS HARJO
    OH HEE YEE
    CONIPPEE
    AR HO YEE
    THU FE CHEE
    Mary
FA LAS CO 4/$25.56/14
    TU HIMA
    MULEY A
    ES TO CHEE
PAR BITCH CHE FIXICO 9/$57.51/15
    FALSE NE HA THOCCO
    WAXIE HOLATSE
    Wiley
    Lucy
    CHE SA PEE
    CHEE CHEE KO HO YA
    MU HAY A
    Polly
TUS EKIAH MICCO 7/$44.73/16
    NIETEE
    CENA
    MATTEE
    SAR HO YEE
    Nancy
    Mary
TAS TA NOKO CHEE 3/$19.17/17
    WA SO KEE
    ESHEE LATEE
SIN SO NUKEE 4/$25.56/18
    CHE PON O CHEE
    TEMA YEE
    HOK TO CHEE
E CHO ILLEE 5/$31.95/19
    TNE MOKEE
    CAT CHE HOMATEE
    CHO KAH
    FIK HONMYEE

No Kos E Ma Thla's Town

NO KOS E MA THLA 2/$12.78/1
    SU PEN HUM KA
ET CHUS WA CHEE 6/$38.34/2
    SU HA THLA
    Sally
    PARDY
    TECUMSEH
    CHE PANO CHEE
CAR WA HO KEY 6/$38.34/3
    Pamey
    ME LECHE
    SAUM O CHEE
    Lucy ANNO CHEE
    PAFFINNE
HO LATA FIXICO 4/$25.56/4
    TO KO THIKEE
    TEKAH
    AR WUP E
TUS EKIAH CHUPCO 3/$19.17/5
    SE PO CHEE
    Ramsey
HOKTE THLOCCO 3/$19.17/6
    Gibson
    Gimpson
FOOS HATCHE NE HE THLOCCO 4/$38.34/7
    NEHEE THLOCCO CHUPCO
    Louisa
    EPESKEE
HUL PUT A MICCO 5/$31.95/8
    Sarah
    EKA LO WA KEY
    Billy
    Leah
BETSEY 3/$19.17/9
    EMUE HASSEE
    MULEY AKE
NE HEE HARJO 3/$19.17/10
    HOKE TE LARNEY
    DICK
    NELLY
    BAILEY, Charley

COT CHEE HOLWEE 3/$19.17/11
    SETE MUKEE
    NOO NIE
FIK KO ME 3/$19.17/12
    NOSIE
    SALLIE
SOMO CHEE 10/$63.90/13
    HE SA HO KEE
    Wiley
    KOE KA
    POL LUS TO CHEE
    Billey
    Nannie
    TO KUL IKEE
    Baby
    KOE HARJO

Eufula Tus Ta Magee's Town

EUFUL TUS TA MYEE 5/$31.95/1
    Nancy
    FOK LE TIKE
    SILLEE
    SARSAR
AR BAY AKEY 5/$31.95/2
    PEN KAH
    FIK SOMMUKE
    THLO P TOCHEE
    Child
SUSEY 2/$12.78/3
    ESFOLEKEY
CHUCK HO KEE 3/$19.17/4
    TOKE THE KEY
    MULEY AH
CAT CHO CHEE 5/$31.95/5
    CO LAR TEE
    GUNE KA
    CHE PENE AKEE
    ETO KE MEE HE
PIKE HARJO 5/$31.95/6
    TULA YE
    SO LE
    TO LE CHEE

    TENA
NO KOS HARJO 4/$25.56/7
    HOK TO THOCCO
    ETHU SA LA KEE
    Child
COWEH 5/$31.95/8
    SEMMSEE
    Charley
    MUL KAH
    Child
OK LAR THA 3/$19.17/9
    AR YO CHEE
    WAR LO BEE
OCHEE 3/$19.17/10
    SEAR KAR LEE
    HOK LO CHEE
CAR BIC CHEE 3/$19.17/11
    CHOCK SE HO KEE
    SANTEE
CONIPPEE 7/$44.73/12
    CAUSATEE
    PAR NOS KAH
    PUTHAM KAH
    TOK HEEKEE
    MELE
    PARNOSEE
HI SEKO 5/$31.95/13
    Hannah
    HOK TEE
    Simon
    Sampson
OSSON WA 3/$19.17/14
    CHO KER LE SA
    AR KOE YI CHEE
LEET KAH 3/$19.17/15
    TI YA KEE
    SEE MEE YEE
ALABAMA 2/$12.78/16
    MO NO HO YEE
TUNINY TUS TON MY GEE 4/$25.56/17
    CHOFFEE
    WUNA HOYE
    NO CHEE CHEE

AR HEE MICCO 2/$12.78/18
    THE CHO PIKOO
FOOS HARJO 2/$12.78/19
    TA KATS KAH
COSA HARJO 2/$12.78/20
    WE LA KE PEE
PASTA 1/$6.39/21

Nuth Cup Harjo's Town

NUTH CUP HARJO 7/$44.73/1
    TONEY
    Albert
    Hester
    Jennetta
    Louisa
    Fanny
ARTUS FIXICO 7/$44.73/2
    MARSEY
    Sammy
    MEE HEE LEY
    Dinah
    Jennie
    MEE LE AH
WISEY 5/$31.95/3
    CHO FAK NO CHEE
    PHEBIE
    Mary
    Child
THE THE FIXICO 3/$19.17/4
    Lewis
    Georgie
ROBERT 5/$31.95/5
    Rhoda
    Billy
    Lizzie
    Child
THU THL FIXICO CHEE 5/$31.95/6
    HOPE ILLEE
    Tony
    LUR WO EIKEY
    SAR LEY
AR TUS YAR HOLAR 4/$25.56/7

HUL HO KA
    Davis
    SUNNIE
JOHNEY 4/$25.56/8
    CAT CHE THOCCO
    PE FAT IKEE
    DICEY
AR BE KAH 7/$44.73/9
    WINNIE
    TE THO KEE
    HOK TO LUSTEE
    DIXIE
    TE MA YE PEE
    HETS HOY A
ANNIE 3/$19.17/10
    Eli
    HOK TO CHEE
SALLY 2/$12.78/11
    SIMMON, William

John Chupco's Town

CHUPCO, John 6/$38.34/1
    YARHOLA MICCO
    Lucy
    Milley
    KISSEY
    CINTA
CHO KO CHEE 2/$12.78/2
    WALINDA
CULLY 5/$31.95/3
    Milly THLOCCO
    Jennie
    Dicey
    FALO
CAT CHE HARJO 3/$19.17/4
    CHEE NE HOYA
    Nancy
MICCO 2/$12.78/5
    Lousanna
CHE PENNY CHOPCO 5/$31.95/6
    NUFFER
    Milley

CHEPANNY NICKEY
Martin
CUSSEE LAMEY 3/$19.17/7
Timmy
Annie
LOMME CHEE CHEE 3/$19.17/8
Dickson
Sampson
TIM FU YIKEE 3/$19.17/9
AR HEE LAKEE
Stephen
HE CHEE KEE 3/$19.17/10
NICIE
CHEE KEE
NICKSEY 4/$25.56/11
Nancy
TIKO CHEE
CHEE KAH
CHO KAH 3/$19.17/12
Ginney
Lizzie

Phillips' Town

PHILLIPS, G. W. 4/$25.56/1
SAR HIM ME
Joseph
NAU CHEE
COSA HARJO 1/$6.39/2
HOMATY, John 3/$19.17/3
Susan
Betsey
OK FUL KEY HARJO 7/$44.73/4
SI KAH
Mosey
Taylor
Lily
LISE LAH
Annie
LOWIE, Walter 3/$19.17/5
SCOTT, William
NOT COS ELLEE
CHOCTAW SARAH 2/$12.78/6

    CHE PAR NEE
MAR TO CHEE 2/$12.78/7
    LINNER
POWELL, Jessie 3/$19.17/8
    Washington
    Georgie
ALBERT 4/$25.56/9
    Susan
    Minnie
    Wilson
MOTTY 2/$12.78/10
    Lucy
SEE YA KEE PEE 5/$31.95/11
    PAR NO CHEE
    HIPSEY
    Judy
    TO CHEE
SAR PIN HUMKEE 2/$12.78/12
    NANCHE
LUCY LAR NEY 4/$25.56/13
    SARLEY
    Betsey
    NANCHEE
TUINNY HARJO 4/$25.56/14
    MINKEE
    MISLEY
    WITEE
PAR HOSE TUS TON MYGEE 4/$25.56/15
    IN CHUS TA
    MILEY
    TAR COSA HARJO
HUTNEY 1/$6.39/16
JOSEPH NAR CHO NEE 4/$25.56/17
    Eliza
    NARLEY
    PEKEY
TASKEY 4/$25.56/18
    Johnie
    Sophia
    MILEY
POHUN 4/$25.56/19
    Georgie
    MARSEY

    PARLEY
NIMCHEE 3/$19.17/20
    SILAH
    NELEY
MI TE WO LEY 1/$6.39/21
PAR CHE KEE 1/$6.39/22

Chitto Tuston Nyer's Town

CHITTO TUSTONYER 10/$63.90/1
    Lizzie
    Jennie
    ROLY
    Betsey
    SUTTA
    Charley
    BROWN, John
    Armstrong
    Nancy
FOOS HARJO 5/$31.95/2
    Jennie
    SUSA
    OSSANNA
    CHAR TO CHEE
PASSOCK HARJO 6/$25.56/3
    SUTHE KE KEE
    Ginney
    Lousa
    Susy
    LENEE
HO PE GEE 4/$25.56/4
    CHE PEW EE
    AR CHE EVI CHEE
    Susannah
LEE THE LE HARJO 11/$70.29/5
    FOOL HOE CHE
    TO CHEE
    Ginney THLOCCO
    KEE CHEE KEE
    NO PE E CHEE
    PI HOE CHEE
    LENAH
    Polly

　　　　SO SEE YEE
　　　　CAT CHEE HOL ATTE
FACTER, James 2/$12.78/6
　　　　Sophia
FACTER, Tom 8/$51.12/7
　　　　Fannie
　　　　Lilie
　　　　CHO KAH
　　　　Sammy
　　　　Liza
　　　　Nancy
　　　　ESTO CHEE
NO KOS EKEE 5/$31.95/8
　　　　MU NA CHO MEE
　　　　PUSA TEE
　　　　SU THO CHEE
　　　　LEE YA HO KEE
EUFU LA HARJO 4/$25.56/9
　　　　OTAKEE
　　　　Winnie
　　　　PAR NIE
YUM PA 4/$25.56/10
　　　　Liza
　　　　Hannah
　　　　SUKEY
MUPETTEE 3/$19.17/11
　　　　Eliza
　　　　Nancy
JACKIE 5/$31.95/12
　　　　HOKE TE LAMEY
　　　　CHULEWE
　　　　Billy
　　　　Lynda
COSER 6/$38.34/13
　　　　Mariah
　　　　Sarah
　　　　SUKEY
　　　　Billey
　　　　Nancy
CEASAR 1/$6.39/14
JOHN O CHEE 6/$38.34/15
　　　　Mary
　　　　Fanny

       Lucy
       Lewis
       CHE PANEE
HUCHE CHUPCO 2/$12.78/16
       HUN KAH
CAT CHEE YAR HOLA 4/$25.56/17
       CAR BEE CHE YAR HOLA
       HOKTE CHUPCO
       FO TEE PE CHEE
TOMO CHEE 4/$25.56/18
       Susannah
       Annie
       CAT CHE FIXICO
CONNIPPEE 6/$38.34/19
       HIN ETS HOY A
       ES HO POTH THE NIKEE
       ALICK
       GIMSEY
       Peter

Ok Fus Kee's Town

OK FUS KEE 4/$25.56/1
       MEE CHEE HE ME
       TE THEF KEE
       Lucy
KO LO MEE 3/$19.17/2
       SUNEE THE NA KEE
       YOK CHEE
ETCHUS FIXICO 3/$19.17/3
       HOM CHEE CHEE
       MAY EUKA
CAR BIC CHE ENATHLA 4/$25.56/4
       WOL HO CHEE
       Liza
       CHE PANEE
ME HA YEE 2/$12.78/5
       FOOL LIKEE
EU THAN ESSE MARTHLO 3/$19.17/6
       SUSE HOT KEE
       SULA HO KEE
NO KOS ARCHO LEE 3/$19.17/7
       FU YE CHEE CHEE

LOPPEE

Manwell'S Town Supplement

NO CHA HO 6/$38.34/1
    YA NA
    HA MEE
    FOL LIN WA
    Mary
    SA HO YI CHEE
GILBERT 1/$6.39/2

1868 ANNUITY ROLL
VOUCHER 3 - 4TH QUARTER
SEMINOLE INDIANS
OF
FLORIDA

Manwell's Band

MANWELL $215.65/1
MANWELL, Susie $76.56/2
WOLF $147.97/3
HOKE TEE $124.36/4
LEAH KAH $367.48/5
BUCK, Joseph $132.54/6
CHIS E HARJO $193.09/7
WAH KE A HO LA $147.04/8
HALLY $41.47/9
TAL WA FIXICO $168.55/10
OS LOH KAH $109.69/11
THLAH WEE $147.27/12
TE NO LEE $94.56/13
LOP KAH $121.56/14
MCKANE, James $93.62/15
JENNY $123.90/16
LEE NAH $70.45/17
THLE PO TSEE $39.42/18
HANNAH $73.17/19
YA HA FIXICO $266.49/20
SA WA LE TAH $193.03/21
TONEY $83.69/22
LOUISA $203.61/68
LO NEE $87.25/295
ROSE $55.52/333
SON O CHEE $37.42/336

Foos Hatsche's Band

FOOS HATSCHE $318.62/23
HI MA ME $210.16/24
AH PA YUCKE HARJO $119.23/25
E NE AH FIXICO $143.30/26
CHO FO CUP FIXICO $45.00/27
SALLIE $129.86/28

POLLY $222.43/29
KO NIP HARJO $95.84/144
O HA HE $151.25/147
LIZZIE $177.95/150
SO KEE $53.47/151
CHIT TO HARJO $301.32/152
POW HOS HARJO $34.36/153
PO TO KEE $64.46/154
SOCK TO KOTH KO $14.32/155
SIL LIN TEE $64.99/281
TE TEE $58.90/146

Pow Hos Fixico's Band

POW HOS FIXICO $154.29/30
NO KOOS E LY $102.50/31
CHO FIXICO $74.45/32
SO SEE $243.12/33
CHO HARJO GEE $125.70/34
THLO MY $52.13/35
TOCK KOOS AH FIXICO $333.23/36
SUCK KAH KEE $64.81/37
SA HI CHEE $515.22/38
SEE LY $48.27/39
MO AH CHAT E KY $184.54/40
MY MEE $234.46/41
FOOS E KAH $61.48/42
CHAH LY $94.32/43
KA CITCH CHI A HO LA $64.05/44
HEO TEL KAY FIXICO $64.81/45
CHO CHEE LEE $63.88/46
CON CHOT HARJO $182/47
NO KOOS SE MARTHLO GEE $26.06/48
KEE HY AH $28.05/49
NO KOOS FIXICO $24.31/142
SY A MAK CHEE $43.07/143
HEE KEE $80.06/145
JOHN O GEE $241.01/210

Pas Cofa's Band

PAS COFA $1104.78/50
LATCH TI CHA (Mrs. Lucy BROWN) $1191.27/51

FANNY $135.99/52
JENNY $170.53/53
OKE TUS HO E TAH $119.27/54
MUS SEE LEE NAH $230.73/55
IM KEE SAH $42.49/56
MILLY $147.68/57
CHO LA FIXICO $449.47/58
OKE FUS KEE $157.20/59
POL HIM I KAH $137.57/60
CON PIT SA FIXICO $77.67/61
ME THO LI KEE $12.97/62
HO PO THLE AW LEE KEE $65.34/63
TA SE KY E HARJO $62.24/64
PON O CHO GEE $110.69/65
OKE TI OC SI HARJO $204.02/66
SUTH LO HARJO $169.13/67

Ko A Harjo's Band

KO A HARJO $280.40/69
TELEMANEE $486.82/70
MISHO HE $455.52/71
SUCK KOOS KY $81.99/72
IS LO GEE $57.21/73
LUCY LAH NY $341.59/74
E PUS SEE $80.00/75
UN THLA HO NAY $165.27/76
GRAHAM, Billy $465.49/77
SO FA CHI E KEE $261.53/78
SAMY $387.76/79
MARY $339.80/80
HANNAH $86.03/81
NELLY $335.16/82
SA PE GEE $182.40/83
OS SON WAH $145.52/84
KIN KE HE $299.10/85
SIN E AH KEE $115.48/86
CHUT TA KEE $68.33/87
FUCH HO YE $80.42/90
AH THLA HI E GEE $221.38/148
MIN AH $122.45/149
FITH THLE HO KAH $256.20/267
MUP PE HE $149.32/270

ME CHI LY $359.88/284
CHO HARJO $492.55/260

Foos Harjo's Band

WAK SE AH HO LAH $106.36/88
AH HA LOCK HARJO $59.26/89
OX SON WAH $57.75/91
PA HO SEE $129.16/92
KOE SEE $114.90/93
PON KIL LY $124.83/94
CHO NY $154.75/95
HOL PAH CLEE $89.53/96
YAH HO CHEE $86.49/97
ILY $144.70/98
FOS E A HO LA $86.61/99
ELIZA $304.48/100
CHIT TO FIXICO $72.54/101
CHOCK FUL LEE KAH $172.17/102
SE ME TO $102.04/103
SO HAH HE YE $129.74/104
SEE LEE CHEE $113.96/105
IS TEE COMEE $29.92/106
SALLY $81.12/107
HOKE TO THLOE CO GEE $82.40/108
MIL LE AH $140.26/109
AH HA LOCK I MARTHLO GEE $130.44/110
KOT CHE LA NY $89.53/111
MA HA HO KEE $143.41/112
GEO GEE $33.14/113
THLA HO MY HE $87.55/114
PA HO SEE MARTHLO GEE $121.38/115
SO MOL LEE CHEE $22.79/116
HOKE TO LUSTER $43.54/117
SO FO LO GEE $138.45/118
FOOS HARJO $1256.56/128
U FOL O GEE $90.99/184

Cho Fixico's Band

BILLY $118.40/119
HO LO TO MARTHLO $50.90/120
WAK SE HARJO GEE $79.95/121

DOLLY $120.04/122
AH LOCK HARJO GEE $120.16/123
HOKE TO LOCK THLO GEE $206.47/124
AH HA LOCK E A HO LA $54.64/125
SIM MON DAH HE LY $63.22/126
NO KOSS FEE GEE $153.88/127
KO OC KO GEE $34.71/129
AH WE LOCK EE $155.81/130
TOP PEE CHEE $42.60/131
MILLY $59.84/132
MON AH $91.75/133
MY LEE $40.50/134
CHO HARJO GEE $207.35/135
DY SEE $161.77/136
WILIAM EE $81.58/137
SEE COFFEE $107.53/138
FANNY $58.73/139
CHO FIXICO $525.33/140
MEE LY $147.68/141

Ah Ha Lock Fixico's Band

HEEL CUT AY HARJO $471.56/156
GE KOP PEE $205.95/157
YA HO CHEE $230.49/158
LE COFFER $226.05/159
YA HA FIXICO $34.48/160
CHIT TO HARJO $228.60/161
CHE PON NY $506.57/162
ILY $126.70/163
O SAU A FIXICO $79.07/164
HOL POD A FIXICO $60.08/165
LA LE EYA HO LA $43.36/166
TOL NA TUS TON NOCK KEE $324.89/167
IS CHA SWA $169.36/168
KE CHA CHEE $134.53/169
TIN HE LE PEE $122.55/170
LY LY $211.85/171
YOKE FA LA $229.09/172
O TEEL KO GEE $90.18/175
AH HA LOCK HO GEE $64.17/176
AH HA LOCK FIXICO $376.25/177
AH FOOS AH NE AH $265.09/178

PEE CHEE $24.90/179
IN LIT KA $83.68/180
SO FI YA TEE $173.16/181
IS FON E HARJO $246.51/182
TO KO GEE $65.34/183
SO NOCK YA HO LA $183.04/185
AH HARJO $43.71/186
LO SO GEE $123.25/187
KO SE HARJO $98.24/188
SA KA THLE KEE $91.87/189
ME LO A KEE $75.80/190
CHIT TEE EYA HO LA $240.84/191
E KUS HARJO $162.94/192
JOHNY $281.34/193
CA CHA CHUPCO $25.11/220
AH THLE BY $91.22/221
NOL LE GEE $36.41/222
KE SA GEE HARJO $115.25/223
CHO WAS TA E CHUPCO $334.75/236
ME TO DOCK EE $125.47/237
TE KA CHE $23.96/331
MA LEE $129.39/334
YO KA $172.52/337
AH HA LOCK KEE $85.44/338
SE HO TO SEE $83.22/339

Nuth Ko Cuck Ny's Band

AH THLAU HARJO $203.79/194
BAY NEE $107.18/195
MILLY $143.18/196
FON NOCK EE $216.64/197
TUS TON NUCK HARJO $130.56/198
HOKE THLO PO YEAH $134.90/199
CHO WE A HO LA $183.86/200
NO KOOS KO CHUCK NY $29.34/201
KISSIE $48.97/202
MIL HE $149.67/203
JOH KO BY $145.05/204
COT CHA HARJO $252.23/205
FOOS HARJO $76.03/206
U POCK ELA TAY GEE $170.65/207
LITTY $79.97/208

NUTH KO CUCK NY $428.55/209
SO ME CHEE $81.58/211
MIE CO HARJO $233.24/214
TO KAH LO GEE $88.07/215
NO KOOS HARJO $134.18/216
POLLY $110.45/217
PI E HARJO $160.60/218
IN LA LAY GEE $134.82/219
SO HO TAY GEE $194.38/265
CHE NA SEE $164.81/266
HO LA TO CHUPCO $69.19/332
MAT CHI HE $72.36/335

John Cheepco's Band

NANCY $146.29/173
NELLY $26.18/174
NUTH CUP HARJO $204.55/212
NE HY HE HO LA $144.00/213
CHEEPCO, John $437.84/224
LINA $106.83/225
MAH KO YI KEE $242.06/226
PO HY E KEE $54.64/227
THEY HE HO THLA KEE $123.78/228
OC TI OCTO GEE $86.73/229
BILLY $30.62/230
DOS HO KEE $141.78/231
LE SON EE $61.83/232
MU TUTH HO KEE $140.38/233
AH HO LA KA GEE $180.94/234
KONE HE $28.99/235
KLEE HARJO $128.57/238
KA CITCH KO GEE $86.08/239
KO E HARJO $49.15/240
NOKE FY HARJO $99.12/241
OC SUN HARJO $101.92/242
OKE LA THLA $88.13/243
NO PO E CHEE $64.99/244
TA YI CHEE $88.13/245
AH HA LOCK EE $79.60/246
WILLIAM $665.42/247
FI HO KAH $299.69/248
FON NOCK EE $215.42/249

MARY $114.43/250
AH HA LE MARTHLA $196.25/251
SARAH $48.62/252
NIP KAH $98.53/253
AS SON HARJO $24.31/254
SALLY $66.74/255
KAH PEE HO KEE $12.76/256
E TO GEE $96.90/257
TUS TON NUCK HARJO $59.38/258
YAH NA SEE $44.42/259
TE Y E CHA CHE $114.14/261
THLA UH TEE $70.25/262
SO MOCK HARJO YEE $288.41/263
CEASAR $26.65/264
LOUISA $34.71/340

Jim Lane's Band

JOHNSON, Robert $206.88/268
PAYNE, Thomas $119.75/269
SANDY, Lottie $90.58/271
BARKUS, Joseph $147.16/272
CUDJO, John $135.99/273
BRUNER, Sancho $98.77/274
FOSTER, Thomas $150.08/275
PRIMUS, Dennis $80.42/276
DINDY, Monday $99.94/277
LOTTIE, Mollie $84.86/278
DAVIS, Scipio $98.42/279
PAYNE, Rebecca $274.38/280
PAYNE, Abram $254.10/282
ABRAHAM, Washington $61.71/283
BRUNER, Ceasar $171.23/285
PAYNE, Calvin $48.33/286
ABRHAM, Rachael $199.29/287
BILLY, Pheby $28.17/288
MILLER, Betsy $40.62/289
BRUNER, John $154.23/290
BRUNER, Ben $309.04/291
BRUNER, Affy $196.47/292
ABRAHAM, Edward $26.18/293
CULLY, Fay $51.19/314
PAYNE, Katy $127.52/318

TECUMSEH, Mary $32.85/319
POMPEY $111.39/320
MUNGO, Jane $33.66/330

John Brown's Band

CUDJO, Ned $157.57/294
BOWLEGS, William $143.07/296
BOWLEGS, Dick $131.38/297
BOWLEGS, Jacob $165.97/298
BOWLEGS, Hagar $78.02/299
BOWLEGS, Cyrus $95.03/300
BOWLEGS, Dally $17.77/301
CHARLES, Hattie $28.29/302
BOWLEGS, Jessie $115.36/303
POLDO, Nancy $96.78/304
NOBLE, Scipio $132.66/305
DILLY, Davy $66.51/306
SHORTMAN, Jack $126.53/307
NOBLE, William $90.47/308
BOWLEGS, Tony $39.97/309
DAVIS, Jacob $120.26/310
BOWL, John $122.38/311
DAVIS, Daily $150.55/312
DAVIS, Bob $68.84/313
BOWLEGS, Maria $66.39/315
NOBLE, Lucy $105.37/316
STEPNEY, John $70.07/317
NOBLE, Thomas $53.11/321
CUDJO, Sam $111.39/322
BOWLEGS, Johnson $32.26/323
BOWLEGS, Mollie $64.87/324
SAYERS, Polly $72.23/325
BOWLEGS, Swamp William $134.42/326
SAYERS, Philip $116.88/327
COADY, Adoca $75.27/328
BOWLEGS, Jim $177.20/329

1869 ANNUITY ROLL
2ND QUARTER
SEMINOLE INDIANS
OF
FLORIDA

Manwell's Town

MANWELL 4/$23.60/1
    Susie
    Lydia
    Gilbert
SA WE LE TA 4/$23.60/2
    HI LOT HO GE
    CLOYA
    WILSIE
MCKANE, James 2/$11.80/3
    COM PEE CHY
OL LEE 2/$11.80/4
    PUSSEY
YA HA 5/$29.50/5
    Jinny
    HO KE TEE
    SINOWA
    IS CHO WEE
TOMMY 2/$11.80/6
    SUK EE
TE WO LA 7/$41.30/7
    CHIS SEE HARJO
    PON WEE AH
    GEORG EY
    HO LA LEE
    TOP KA
    Eli
SAM O CHEE 5/$29.50/8
    THLE BOT CHE
    ES TO CHUCK FOL LI GEE
    YA YA
    SUMP SEE
CON CHOT HAR JO 4/$23.60/9
    Johnny
    Lizzie
    TENEY

WA LEE TOO 3/$17.70/10
    Rosanna
    Albert
BUCK, Jose 4/$23.60/11
    Lizzie
    LAURENCE, Martha
    Alexander
LENA 6/$35.40/12
    HAL LE
    Robert
    Mary
    TATH LAY GEE
    Lucinda
YA HA FIXICO 8/$47.20/13
    POTO, John
    WE SIN TA
    SO MAY YEE
    NE NA HEE CHEE
    Elsie
    Lydia
    Peter
TAL WA FIXICO 4/$23.60/14
    HALWEE, John
    OS LOT KA
    SO PEN Y
SON NO CHEE 3/$17.70/15
    Lissie
    George
WAT KE A HO LA 4/$23.60/16
    MA PE HO YE
    HOK LO GEE
    CHARLEY
HANNAH 4/$23.60/17
    CHOK I GEE
    Judy
    Josiah
LOUSIA 2/$11.80/18
    Tonny
BERRYHILL, John 5/$29.50/19
    SY YE
    WI SEE
    Katy
    ESTO GEE

NO CHA HA 7/$41.30/20
    SA O YI CHEE
    YAH NA
    Annie
    FOL LIU NA
    Hannah
    Mosey
HOK LO GEE 3/$17.70/22
    Patsey
    HEP SY

John Chupco's Town

CHUPCO, John 7/$41.30/1
    CHE SOP KA
    Jenny
    Lina
    THLE HE YA NA
    KA PON NY
    TY YE CHE
PEE CHA CHEE 6/$35.40/2
    OT LEE
    MA KO YA GEE
    WE LOK KEE
    Nancy
    Child
OK LA THLE 3/$17.70/3
    William
    Eliza
SUNDAY 3/$17.70/4
    SUP HO KA
    MI MEE
SO NOCK HARGO GEE 3/$17.70/5
    Sarah
    Susie
OK CHEN HARGO 4/$23.60/6
    SE CHE
    TOK NOK KEE
    SE MAK SO MI GEE
MARY 3/$17.70/7
    Sally
    Nelly
AH TUS HARGO 5/$29.50/8

  TO HI KEE
  SA FICK LA MI GEE
  WILSIE
  Sandy
HARKIN, Tom 5/$29.50/9
  SE MI YEE
  NO KOS O GEE
  KA FA KA
  TUS HO KA
OC TI OC TO GEE 4/$23.60/10
  WE LA
  SI MON DA BY
  Mary
OC CHON FIXICO 7/$41.30/11
  Charley
  SEE ME HO KEE
  SEE MI HO YE
  SO NATH LEE
  Tonny
  Mollie
TINI PO CHEE 6/$35.40/12
  Sammy
  TE YE CHA CHE
  NO NA YEE
  THLA SUB TEE
  SU KEE
THLY O THLEY GEE 1/$5.90/13
MUTH TUTH HOKEE 2/$11.80/14
  Anna
AH HA LA KO GEE 2/$11.80/15
  PA SOK KEE
AH HA LE MATH LE 6/$35.40/16
  SE TE NOK KEE
  Jimmy
  SOK KO NOCK KEE
  TO KOTH KA
  THLA PE LI GEE
KO A HARJO 3/$17.70/17
  SOK TO E CHEE
  Henry
NOK FI HARJO 8/$47.20/18
  NAH PO E CHEE
  PA HE CHA

KA PA HA KEE
HUN KA
TUH KA
MA LY AH
ME LIN DA
TUS TO NUCK HARJO 2/$11.80/19
    Nelly
U NA SEE 3/$17.70/20
    Thomas
    Jack
AS SON HARJO 5/$29.50/21
    KA TY EE
    AS SO WE
    Gilbert
    CHLIS FO LI GEE
THLE HARJO 3/$17.70/22
    O KE LE SA
    U FA LI YA
HI LOK KEE 3/$17.70/23
    FI HO KA
    Georgey
TE SON NEE 3/$17.70/24
    TA HI KEE
    Eliza GEE
NUTH KUP HARJO 4/$23.60/25
    KITH HO YE
    NO CHA CHEE
    KIN NA NEE
KA PIT CHO HARJO 5/$29.50/26
    DY SEE
    Louisa
    Milly Jane
    PA LOT KEE
BEMO 1/$5.90/27
WE KI E HO LA 1/$5.90/28
BILLY 1/$5.90/29
CEASAR 1/$5.90/30
BROWN, E. J. 2/$11.80/31
    Mrs.

Fos Hotche's Town

FOS HOTCHE 2/$11.80/1

      Sally
AH PE UK HARJO 4/$23.60/2
      JO LUP FIXICO
      PA NOCK O GEE
      SE LE NA DE
JE MA MEE 6/$35.40/3
      POW HOS HARJO
      SO FA
      CES TEE
      TIME O E THLE GEE
      CHE PON NY
KA BITCH A FIXICO 5/$29.50/4
      SA PATH LUM IGEE
      ME LE YEE
      Peter
      SIMA
CHITTO HARJO 4/$23.60/5
      SATH LEE
      Polly
      Lizzie
TOMMY 6/$35.40/6
      Alex
      Jenny
      KINTA
      Milly
      E PLUM NEE
SO KEE 3/$17.70/7
      TO SEE
      CHE BON NA
SIM MO HI CHE 3/$17.70/8
      Johnny
      HOK TEE
FOS HARJO GEE 2/$11.80/9
      NO CHA
O HI YE 5/$29.50/10
      PO TOK EE
      LO LEE
      PON NO SEE
      CHA LA SEE
E NA FIXICO 3/$17.70/11
      NI SEE
      HO TO KA
CHITTO E HO LA 3/$17.70/12

SOTH TO KOTH KA
HOK TO GEE

Fos Harjo's Town

FOS HARJO 3/$17.70/1
    CLA HITCH HO GEE
    DAVIS, Sarah J.
AH HA LE MUTH LO GEE 2/$11.80/2
    WAH SE GE
AH HA LOCK HARJO 5/$29.50/3
    SIN KA KEE
    TIM A HO GEE
    Hannah
    John SEE
WAK SIN E HO LA 2/$11.80/4
    MO SEE
POW HE SO MOTH LO GEE 2/$11.80/5
    Peter
POW HO SEE 5/$29.50/6
    MA KA HO KEE
    PONNY
    PAH KEE
    Louisa
YE HO CHE 2/$11.80/7
    HOK TE LA NEE
SALLY 4/$23.60/8
    SE TOW EE
    IS TO COM EE
    CHE PUN KA
SOF FO LIT CHE 4/$23.60/9
    HOKE TE LURT EE
    WO SUT TEE
    LO LA
U FOIL GEE 1/$5.90/10
FOS E A HO LA 3/$17.70/11
    NO BITH LEE
    JIM KA
OK CHAN WA 1/$5.90/12
FA LO MA HEE 1/$5.90/13
SEE LITCH YEE 1/$5.90/14
PA SUK HARJO 5/$29.50/15
    HOK TE NI TEE

                HO LY GA
                SA TA KE
                ME HA KEE
ME LE AH 4/$23.60/16
                TO SEE
                Johnnie
                CHO KA
PON KILLY 1/$5.90/17
LUE EE 3/$17.70/18
                SO MA LITCH EE
                IS TO LIT KAH
SO HI YE 4/$23.60/19
                SE MA SEE
                MAS SEY
                TOSEE
NOOS KA 2/$11.80/20
                KA SEE
CHA PON NA 3/$17.70/21
                ES TE METH LA
                KOH CHE LAR NA
CHE KA 3/$17.70/22
                CHOCK FUL KA
                TOBY
ELIZA 2/$11.80/23
                Georgee
ES TE ME LE JOPPA 5/$29.50/24
                MA CHEE
                PO TI KA CHEE
                TELIN DA
                JON O GEE
HOKE TE LOKE GEE 1/$5.90/25
YA MEE 3/$17.70/26
                JO NEE
                SA MEE
SE ME TOO 1/$5.90/27
KO E GEE 5/$29.50/28
                TASBY, Sammy
                FOS TON NE UCK EE
                Cilla
                Nancy
OS HO AT CHE 1/$5.90/29
CHITH FIXICO 4/$23.60/30
                HEY

TI SO GEE
    MA KI YEE
HUL PUT A 2/$11.80/31
    Jennie
ANNIE 1/$5.90/32

Ko A Harjo's Town

KO A HARJO 6/$35.40/1
    HOK TI GEE
    Lucy
    LE A NEE
    JOHNSEE
    Betsey
NANCY 3/$17.70/2
    HEP SEE
    ME KULLY
ES TE LAR NEE 5/$29.50/3
    MOS HO PE
    TO CHE
    Molly
    CHOT KA
SUMP SEE 2/$11.80/4
    Lucy LAR NEE
SIM E HA KEE 4/$23.60/5
    Mary
    JO NE SEE
    Lissy
CHA TA KEE 3/$17.70/6
    SO FA CHE KEE
    Georgey
SATH LA HO KEE 4/$23.60/7
    I LO GEE
    HA TOP HO KEE
    Jackson
PA HE CHE 6/$35.40/8
    TACKS, Davy
    PA NOS KEE
    SUMPSEE
    IS STEP KEE
    ON THLA HO YE
YA KA BITCH EE 4/$23.60/9
    HON KEE

SUK KIN NA NI KE
HOL HO ICH YE
YA HA FIXICO 3/$17.70/10
SOK KOS SEE
Sally
MA PE HE 5/$29.50/11
WE SE NA
LIN CHEY
Jinney
WANNEY
SAMMY 5/$29.50/12
KIN KA HE
JO KA
MICH I LY
SO NA HE
LA PITCH EE 4/$23.60/13
LOK FIX LO MY EE
HOK TE LOCK O GEE
KA LAR NEE
CHO HARJO 3/$17.70/14
HAL HO KEE
Baby
KOT SO HAY GEE 3/$17.70/15
FUST SO HO KEE
Lana
MITH I LY 3/$17.70/16
HAR MIS TEE
RO DA
MILLE A 4/$23.60/17
SE TOW EE
OK LO SEE
PONNY
GRAHAM, William 2/$11.80/18
TITH LE HO KEE
AS SON WA 1/$5.90/19
MILLY 1/$5.90/20
TET KO CHA 1/$5.90/21
HANNAH 1/$5.90/22

John Brown's Town

NOBLE, Wm. 2/$11.80/1
Judy

STEPNEY, John 8/$47.20/2
    RINA
    FED
    George
    Fanny
    Sancho
    Sally
    PUSSEY
MILLS, Toney 5/$29.50/3
    Molly
    Thomas
    Betsy
    Hetty
BOWLEGS, Cyrus 10/$59.00/4
    Betsey
    Judy
    Ben
    Flora
    CRESSA
    Dennis
    Rhoda
    Rose
    Eliza
BOWLS, John 2/$11.80/5
    TINDA
DAVIS, Daily 5/$29.50/6
    Peggy
    Tony
    Isaac
    OFFA, Clara
PALDO, Nancy 3/$17.70/7
    Dick
    Ishmail
DAVIS, Jacob 3/$17.70/8
    MACCA
    Robert
DOSER 3/$17.70/9
    Nelly
    Bess
CHARLES, Hetty 2/$11.80/10
    Child
BOWLEGS, Maria 6/$35.40/11
    Flora

    Aunt Flora
    Ben
    Cyrus
    Robert
JOHNSON 1/$5.90/12
EASTER 2/$11.80/13
    Freeman
JACOB 1/$5.90/14
GUIDE 4/$23.60/15
    Boy
    Eliza
    Jane
JUNE, Hagar 6/$35.40/16
    Mary
    Nancy
    PUSS
    Dilsey
    Judy
JUNE, David 5/$29.50/17
    Calinda
    Hagar
    Pompey
    Hindry
ADD, John 1/$5.90/18
SAYERS, Pompey 5/$29.50/19
    Tom
    Becca
    Maria
    Gracy
SAYERS, Phillip 1/$5.90/20
JOHN, William 8/$47.20/21
    Betsey
    PICCAYUNE
    Louisa
    Margaret
    Jim
    John
    Molly
NOBLE, Scipio 1/$5.90/22
NOBLE, Tom 2/$11.80/23
    Jane
BOWLEGS, Dick 4/$23.60/24
    Jenny

    Milly
    Boy
DAVIS, Robert 8/$47.20/25
    Rhoda
    Tom
    George
    Katy
    Betsey
    Jim
    Baby Jim
RICHARDS, Jack 4/$23.60/26
    Elsie
    Titus
    Peter
DOLLY 2/$11.80/27
    Billy
ELIZA 2/$11.80/28
    Boy
CUDJOE, Sam 9/$53.10/29
    JONES, Lucy
    Dinah
    BEMUS
    Sam
    Bob
    Katy
    March
    Robert
BOWLEGS, William 1/$5.90/30
BOWLEGS, Jimmie 1/$5.90/31
BOWLEGS, Nancy 4/$23.60/32
    Betty
    Milly
    George
BOWLEGS, John 4/$23.60/33
    Bess
    Nelly
    Baby
POLDO, Cyrus 1/$5.90/34
CUDJOE, Ned 5/$29.50/35
    FANNY
    WITTE
    Amy
    Child

ELIZA 1/$5.90/36
JACKSON, Jesse 4/$23.60/37
    Nanny
    Peggy
    NONA
CULLY, Fay 3/$17.70/38
    Peggy
    Noah
ABRAM 1/$5.90/39
MAY ANN 1/$5.90/40
PAYNE, Thomas 14/$82.60/41
    Clara
    Ceasar
    Affy
    CUFFEE
    Eliza
    Jenny
    Gracey
    Sam
    Titus
    Florrey
    James
    Ramsey
    Harriet
PAYNE, Colinda 6/$35.40/42
    Ned
    Margaret
    Charley
    Richard
    Samuel
PAYNE, Samuel 7/$41.30/43
    Rebecca
    Jackson
    Lizzie
    Cilla
    Ceasar
    Gibson
PAYNE, Pompey 13/$76.70/44
    Hester
    Libby
    Penn
    John
    Fanny

       Hannah
       Bella
       Sarah
       Elsey
       Katy
       Tina
       POSSY
BARKESS, Joseph 14/$82.60/45
       Nancy
       Warren
       Peter
       Doser
       Sancho
       Mondy
       Thomas
       Robert
       Polly
       Mary
       TENA
       GIBL
       Girl Baby
FOSTER, Thomas 7/$41.30/46
       Maria
       Dinah
       Louisa
       William
       Robert
       Nancy
LOTTY 12/$70.80/47
       Peggy
       TONEY
       Susey
       Eliza
       Stepney
       Pheoba
       Affy
       PUSS
       Rose
       Sarah
       TONEY
LOTTY, Dindy 3/$17.70/48
       Molly
       Nancy

MUNGO, Cilla 3/$17.70/49
    Rose
    Polly
SAM, Robert 5/$29.50/50
    Dolly
    Bob
    Affy
    Baby
PRIMUS, Dennis 10/$59.00/51
    Harriet
    Diana
    David
    Elsey
    Madline
    Henry
    Kitty
    Nelly
    Flora
CUDJOE, John 11/$64.90/52
    Rose
    CUDJOE
    MISSEA
    Charlotte
    Betty
    ROSSER
    Cilla
    Gardner
    Rose
    Clara
DAVIS, Sciopo 10/$59.00/53
    Flora
    Tyra
    Joseph
    Pompey
    Monday
    Jane
    Richman
    Freeborn
    Charles

Ah Lock Fixico's Band

AH LOCK FIXICO 8/$47.20/1
    KO SEE HARJO

　　　　KE SATCH E HARJO
　　　　Georgee
　　　　Polly
　　　　IN THLE POP PEE
　　　　SO WAH NEE
　　　　Rhoda
JA KOP PEE 8/$47.20/2
　　　　SA CHOP KEE
　　　　ILY
　　　　ME LA NA GEE
　　　　SOT TOO KEE
　　　　TOLTEE
　　　　TYNEE
　　　　JESSLY
CHITTO E HO LEE 5/$29.50/3
　　　　SAUNEE
　　　　Betsy
　　　　WA TEE
　　　　WIL SEE
O CHEE CO CHU E NEE 7/$41.30/4
　　　　TA COFFEE
　　　　HO CHIP KEE
　　　　MA LE A
　　　　SAN TEE
　　　　Sally
　　　　TO KO SEE
HAL BUT A HARJO 6/$35.40/5
　　　　SY O MA CHEE
　　　　PEE CHEE
　　　　INLET KA
　　　　Molly
　　　　WASSA
YA HO LO GEE 3/$17.70/6
　　　　SO WAS TI HARJO
　　　　SOTH LEE
SPUN A HARJO 5/$29.50/7
　　　　SO FI OC TEE
　　　　FOS HARJO GEE
　　　　JOKA
　　　　KINNEE
HAL PUT A FIXICO 2/$11.80/8
　　　　CLIS E MA TEE
CHITTI HARJO 4/$23.60/9

　　　　AH HA HARJO GEE
　　　　CHOC KI YEE
　　　　SO GITH LY CHEE
O SAN E FIXICO 4/$23.60/11
　　　　TA TEE
　　　　TE NI A KEE
　　　　John
CO WACKO CHE HARJO 4/$23.60/12
　　　　TO YE
　　　　TO NASS SO CHA
　　　　Louisa
KEE SUTCH EE 2/$11.80/13
　　　　OH NO GEE
YA HA FIXICO 2/$11.80/14
　　　　TAH TI A HO LA
AH HU LOCK O GEE 6/$35.40/15
　　　　O CHE HARJO GEE
　　　　SE NOW CHEE
　　　　TAS HO KEE
　　　　PO LY YEE
　　　　SO CEE
AH HU LOCK EE 5/$29.50/16
　　　　TIM E LE PA
　　　　TON NICH HI YEE
　　　　Lizzie
　　　　AH KA E CHA CHEE
SO NOCH E HO LA 5/$29.50/17
　　　　SE MI HEE
　　　　Thomas
　　　　IS PA KO KEE
　　　　MA HE TE CHEE
HO TUL KO GEE 4/$23.60/18
　　　　AS A BA KEE
　　　　TY LY
　　　　ELY A LEE
TAL WA TUS TA MY GEE 4/$23.60/19
　　　　AF FOS HIN E HA
　　　　KA TA HEE
　　　　FO LUT KEE
JO KA 5/$29.50/20
　　　　TY LEE
　　　　WA SAT KEE
　　　　SU SEE

        Lina
KOT SO HARJO GEE 4/$23.60/21
        E KUS HARJO
        SO WAT KEE
        OS SY YEE
TE KA CHEE 2/$11.80/22
        SO BA CHEE
FOS HAT CHI HARJO 4/$23.60/23
        SEE A TO SEE
        Eliza
        COT CHI CHUP CO
HO LOT TI HARJO 6/$35.40/24
        SE HO KEE
        POL PA KEE
        SUF FICK LUM KA
        JO KA
        SU SIE
CHO WAS TI CO CHUPCO 2/$11.80/25
        ME TA TOP KEE
JOHNNY 2/$11.80/26
        Henry
A MO SEE 2/$11.80/27
        PIN KA LEE CHE
SIM MON DA LY GA 3/$17.70/28
        SE SEE
        JO KA

Jim Lane's Band

BRUNER, Ben 14/$82.60/1
        Rachael
        PARO
        John
        Dawn
        George
        DILSA
        Sissy
        Robert
        Betsey
        Richard
        Betsey
        Child
        Boy

BRUNNER, John 10/$59.00/2
    Grace
    Ellen
    Ben
    Davis
    Joe
    Manwell
    Tommy
    Anna
    Myers
BRUNER, Ceasar 8/$47.20/3
    Nancy
    Lucy
    JOKUM
    Washington
    SAMMAR
    Charley
    Boy
ABRAM 5/$29.50/4
    PASSEY
    Peter
    Tiny
    Charlotte
HEROD, Dysey 5/$29.50/5
    MONNIE
    Dean
ABRAMS, Rachael 5/$29.50/6
    Katy
    Ned
    Eliza
    GIBL
ABRAM, Washington 1/$5.90/7
ABRAM, Fanny 5/$29.50/8
    Sandy
    Plenty
    Henry
    Alex Child
BRUNER, Sancho 7/$41.30/9
    Dorcas
    Lilly
    Aaron
    Sancho
    Baby

    Betsy
JOHNSON, Robert 3/$17.70/10
    Lizzie
    CODEY
SANCHO, Betsy 2/$11.80/11
    Child
PHEOBA 5/$29.50/12
    Dinah
    Lucinda
    Pheoba
    Becca
TED 1/$5.90/13
CATHERINE 7/$41.30/14
    Sue
    Fred
    Eliza
    Anna
    Sally
    Dandy
DINDY, Monday 4/$23.60/15
    Sue
    Sam
    Ceasar
TECUMSAH, Mary 9/$53.10/16
    CULLY
    Jimmy
    Edmond
    Robert
    MIN NA
    MONCH
    Lizzy
    Boy
BRUNER, William 3/$17.70/17
    Affy
    Rachel
IRELAND, Lydia 10/$59.00/18
    Gus
    Mack
    Grace
    Jacob
    Delilah
    Martha
    Sarah

Baby
　　　Boy
BOWLEGS, Mat 2/$11.80/19
　　　Rachel
MUNGO, Jane 3/$17.70/20
　　　CILLE
　　　Robert

Pow Hos Fixico's Town

POW HOS FIXICO 2/$11.80/1
　　　WILSEE
CHO HARJO GEE 5/$29.50/2
　　　SAT O DY KEE
　　　Amy
　　　CHE PON O CHEE
　　　HOK TO GEE
NO KOOS E LEE 5/$29.50/3
　　　COT SE FIXICO
　　　Sammy
　　　SY O FI KEE
　　　FUL HO KEE
HO TEE KE FIXICO 7/$41.30/4
　　　HOL HO HE KEE
　　　COT CHE
　　　YA YEE
　　　JIM KA
　　　NO PY E CHE
　　　Georgey
COT CHU LEE 4/$23.60/5
　　　HA KA
　　　NOT TY GEE
　　　Lacey
KE BI AH 6/$35.40/6
　　　SIN LO AH
　　　HAK TO CHE THYLE KAY
　　　KITH HO GAY
　　　LE GA
　　　KUL PA
SOK KO KEE 3/$17.70/7
　　　Lucy
　　　HOK CHOC KEE
CA BITCH E HO YEE 1/$5.90/8

TO KUS E FIXICO 8/$47.20/9
    MY MEE
    KO AH
    CHE PO MUCK SIE
    SUMP SEE
    SIM FOL LIN DA
    NO KATS KA
    Girl
THEO MY 5/$29.50/10
    SA BO KA
    WILLSEE
    TOMAS KEE
    MUL SEE
SUSIE 6/$35.40/11
    SE NA
    Tommy
    MON A CHI PEE
    CHE Y CHEE
    HOK LOS KA
YE CHEE 3/$17.70/12
    IS KA
    TOM SEE
CHARLEY 5/$29.50/13
    SOK TOO
    Melissa
    Callina
    Sissy
CAN GOT HARJO 3/$17.70/14
    Milly
    Katy
CHE PONNY 3/$17.70/15
    SE LEE
    Hannah
CHO FIXICO 3/$17.70/16
    JUM KA
    CHE PON O SHA
POLLY 4/$23.60/17
    JOS NA
    CHES KA
    Sammy
NO KO E MUTH LO GEE 4/$23.60/18
    SY HE CHA
    PON NO SEE

　　　　　Lucy
NO KOS FIXICO 2/$11.80/19
　　　　　SIN O HO GEE
JOHN O GEE 7/$41.30/20
　　　　　CHE TA
　　　　　KI OK EL LE
　　　　　KO JO
　　　　　MO SEY
　　　　　MO NA
　　　　　CHE PON O GEE

Nath Ko Buck Nee's Band

NATH KO BUCK NEE 3/$17.70/1
　　　　　OS SOT TI KEE
　　　　　Linda
AH THLAN HARJO 6/$35.40/2
　　　　　MY LEY
　　　　　MA LISS SEE
　　　　　Fanny
　　　　　ME CHI LA
　　　　　JO SY EE
TE WA 7/$41.30/3
　　　　　HO LOK TO CHUPCO
　　　　　Sally
　　　　　SU SEE
　　　　　PON NY
　　　　　PON O GEE
　　　　　POL O GEE
BE NA 3/$17.70/4
　　　　　BEE CHE
　　　　　MIL TEE
COT CHO HARJO 4/$23.60/5
　　　　　MOL LE A NA
　　　　　SO KO LEE
　　　　　TIN KA
NO KOS HARJO 3/$17.70/6
　　　　　Lucy
　　　　　LO SO NEE
HO THLE PO YEE 4/$23.60/7
　　　　　CHE PONNY
　　　　　E MA
　　　　　Peter

JA COBE 5/$29.50/8
    SEELY
    DAY SEE
    Sally
    MA LO GEE
LOWEE 4/$23.60/9
    HA LEA
    LY LY
    FOS TEE
MAR CHEE 2/$11.80/10
    LO SEE
SEE LY 4/$23.60/11
    TO KEE LY GEE
    Polly
    Lizzie
SO MUS SEE 5/$29.50/12
    SY O LAS KEY
    ME LO SEE
    ME LO GEE
    JO SEP TEE
SO A HO LA 6/$35.40/13
    MO NI CHEE
    MOTH LEE
    HEP SEY
    E LAH
    YE SEE
FOS HARJO 4/$23.60/14
    TY SEE
    KA NEE
    Sally
JIMMY 1/$5.90/15
SU MA CHEE 3/$17.70/16
    MIL HEE
    CHE NY
TO NOCK EE 4/$23.60/17
    SUP EN KA LEE
    MUK CHI EE
    PON TU SEE
TI E HARJO 7/$41.30/18
    TIN NO GEE
    KI LY TO PEE
    SIN E CHI CHEE
    CHA HI LY

　　　　SIN KA KEE
　　　　PIN KA KEE
TUS TE NOO HARJO 3/$17.70/19
　　　　BE BO GEE
　　　　UNIS TEE
CHO HARJO 5/$29.50/20
　　　　TY LUS TEE
　　　　NY TEE
　　　　Fanny
　　　　MI KA
MA HE CHEE 4/$23.60/21
　　　　TY A CHEE
　　　　ICH NO EE
　　　　MIS TO KY EE
NO KOOS E MARTH LOO 1/$5.90/22
TO PEE 5/$29.50/23
　　　　PIN TEE
　　　　NIN SEE
　　　　MUL KUS SEE
　　　　Boy
NOCK NEE 4/$23.60/24
　　　　E LE NI PE
　　　　U PAH A LA TA KEE
　　　　PE TO CHE
SI TEE 3/$17.70/25
　　　　SO FIXICO
　　　　SOL FO HO GEE
MO SEE 4/$23.60/26
　　　　SAMSEN
　　　　Peter
　　　　Sammy
FOS CO CHUCK ME 3/$17.70/27
　　　　FOS HOK TEE
　　　　Molly
MICCO HARJO 5/$29.50/28
　　　　SAL O TY KEE
　　　　LO TEE
　　　　TOM O GEE
　　　　KE SEE

Cho Fixico's Band

CHO FIXICO 4/$23.60/1

E TO GEE
　　　Scott
　　　Nancy
NO KOS FEE GEE 8/$47.20/2
　　　TO BITCH EE
　　　NO NO GEE
　　　MA LY
　　　NI SEE
　　　LO SEE
　　　HOK TE GEE
　　　TENA
HI LOCK HARJO GEE 5/$29.50/3
　　　LE SA
　　　CHO E LA
　　　SEE TEE
　　　Tommy
AH HI LOCK E HOLA $29.50/4
　　　KO NOCH O GEE
　　　Jenny
　　　CHE PON NA
　　　HOK TE WALLA
CHO HARJO GEE $29.50/5
　　　Sally
WAK SE HARJO GEE 5/$29.50/6
　　　TIMAS SEE
　　　Sally
　　　Dickey
　　　SLOF KA
SIMMON DALY 4/$23.60/7
　　　HOCKE TE LOCK OO
　　　LO SEE
　　　Louisa
WILLIAM EE 4/$23.60/8
　　　CHE BON MY
　　　WILL O SEE
　　　MON NEE
HO LOTH TE MOTH LO 3/$17.70/9
　　　TUTH HO KA
　　　CON ECHA
IT UKE 3/$17.70/10
　　　O NE LOCK EE
　　　KA LOR NEE
MY LEE 3/$17.70/11

FUT SEE
　　MA HO KEE
PA TO KA 4/$23.60/12
　　NO KOS O GEE
　　CHAR LAR NEE
　　YE KI GEE
LE COFFEE 4/$23.60/13
　　THLA KA
　　LO LE
　　Georgee
SUNDA 4/$23.60/14
　　SO TOCK EE
　　CHA KO GEE
　　SA BAH O LEE
　　Polly
DYSEE 4/$23.60/15
　　TON EE
　　Fanny
　　CHE BON NEE
BILLY 1/$5.90/16

Pas Cofa's Town

PAS COFA 2/$11.80/1
　　Jenny
THLA HARJO 2/$11.80/2
　　THLA HYKO KEYEE
OC TI OC SE HARJO 2/$11.80/3
　　TO NAS KEE
OKE FUS KEE 3/$17.70/4
　　CHE PONNY
　　Tommy
TUS E KI HARJO 2/$11.80/5
　　LAR KEE
JACKSON 7/$41.30/6
　　SUKEE
　　BROWN, Dr.
　　Jenny
　　Alice
　　Robert
　　Stanton
MILLY 2/$11.80/7
　　KO NA HI EKE

215

JENNY 2/$11.80/8
    Hille
TO NOCK O GEE 3/$17.70/9
    NE FOL LY GEE
    HA NEE
FANNY 3/$17.70/10
    William UMP KEE
    William NEW
SALLY 1/$5.90/11
BETSEY 3/$17.70/12
    MA GA LA
    SO MA CHI KEE
MUSS SE LAN 2/$11.80/13
    YA HO GEE
TO SAL LEA 2/$11.80/14
    Nancy
PAS COFA GEE 1/$5.90/15
JO LA FIXICO 2/$11.80/16
    FICK LUM MEE

John Jumper's Band

JUMPER, John 10/$59.00/1
    Mrs.
    Walter
    Peter
    Rebecca
    Lizzie
    Jamee
    John Jr.
    Sally
    Child
SAR NE KO 2/$11.80/2
    Louissa
TUS E KIAH HARJO 6/$35.40/3
    Annie CHE OCH
    Polly
    Billy
    CHE PA NEE
    Child
CHE PA NO CHE 1/$5.90/4
LUCY 2/$11.80/5
    SOM ME

JUMPER, Mary 6/$35.40/6
    Molly
    Sissy
    SUTAH
    JETA
    ROBO CHE
CHANIE 4/$23.60/7
    Davidson
    Margaret
    Child
BOWLEGS, Major 4/$23.60/8
    Susan
    Lydia
    Nicie
LIZA 4/$23.60/9
    SIMSEY
    HOL TE HAR IKER
    Child
NO KOS HARJO 8/$47.20/10
    Mary
    KO CHO KEE
    Lucy
    Johnson
    Sampson
    TENA
    Child
PIN HARJO 3/$17.70/11
    YETAS HO GEE
    Annie THO OCES CHEE
CAT CHE ILLA 4/$23.60/12
    HOK TO CHEE
    Hannah THOCCO
    Child
WAXICO MUTHLA 5/$29.50/13
    BEN, Mary
    MUSTE
    BEN, Lucie
    Hettie
ESSE SEKO CHEE 6/$35.40/14
    PUN KAH
    SU HETO HOYA
    PAR NOSEY
    MICCO CHE

KATIE 6/$35.40/24
    WISEY
    Lucy
    Susanna
SO HO GEE 2/$11.80/25
    CHE PA NEE
TUS KEE ENE HU 1/$5.90/26

Passak Yarhola's Band

PASSAK YARHOLA 6/$35.40/1
    NAPO CHEE
    Davie
    MA YEE
    MONA YEE
    Polly
HAL PUTO CHEE 5/$29.50/2
    George
    EMI LESIKEE
    LINAH
    Jemimah
OSSAM A HARJO 6/$35.40/3
    COLYAH
    LAN NAH
    SOLMAH
    AR LE CHU CHEE
    Child
HOPI YEE 2/$11.80/4
    Sarah
WISE, Thomas 5/$29.50/5
    William
    Sarah
    Sussey
    Bessy
BENNIE 7/$41.30/6
    CHO KAH
    Tilda
    Hannie
    CHE PA NEE
    MAR THEA
    Jennie
ARBUCKLY 3/$17.70/7
    LI CO E

Child
HO LA CHEE 6/$35.40/15
  SUT HO YE
  MORRIS EY
  Milly
  LOUS AT KAH
  CHEE PE CHU CHEE
PAR HO SEE MUTHLO 3/$17.70/16
  CHUPCO, Annie
  CHO NA
ME HEE KEE 3/$17.70/17
  NO CHEE, John
  Betty
CHITTO HARJO 6/$35.40/18
  THUP KA
  CHUL SEY
  PUL MA KAH
  TED KAH
  Child
WAKEY, Johnny 7/$41.30/19
  E THE SAT HO GEE
  BEN, Lucy
  WA LIN DA
  KISAH
  MOB SEY
  Elsey
SUT KAH 6/$35.40/20
  SUFOK LO TO KEE
  TO CHEE
  CHE PA NEE
  THOMMASSY
  SONO CHE
HANNAH 2/$11.80/21
  Liza
TAL SEY 7/$41.30/22
  SE ME HOY A
  TA PA
  TUS KI AH
  WELE YAH
  CHU YU
  Child
SEN IE 2/$11.80/23
  Fanny

        Child
MU NA TO KEE 2/$11.80/8
        Polly
FOOS YAR HO LA 5/$29.50/9
        THEE EE MULA HO KEE
        PIN KEE LEE
        Gibson
        Child
PETER 5/$29.50/10
        FOOS MICCO
        Peggie
        Sissy
        Child
YAR KEN HEE 7/$41.30/11
        FOOS HUT CHE MUTH LE
        Major
        Lucy
        TIANNIE
        Louisa
        Jennie
CHE PA NEE 4/$23.60/12
        SEE CHEE YO CHEE
        Lucy
        Judy
PAR HOSE HARJO 6/$35.40/13
        HAR KAH
        SILLY
        SUKEY
        Lenah
        Child
CHARLEY 4/$23.60/14
        BUTCHER, John
        HOTHEE
        Lucy
ETHA HARJO 4/$23.60/15
        ARCHO LE
        TEHU LUT HO YE
        SE TE LEE
OSSONWA 7/$41.30/16
        CHO ILLA
        SEMANOE
        WINSLEY
        Sambo

SENAH
Leah
FOOS WA ARCHO LE 6/$35.40/17
    E MU HU YAT KAH
    Betsey
    Molly
    KISSEY
    Child
WILLIAM 7/$41.30/18
    Nancy
    Louisa
    George
    CHE PINE CHE
    Polly
    CHEE HA KEE
CAT CHE MICCO 4/$23.60/19
    CHULLEY
    Molly
    Child
MATTEE 3/$17.70/20
    FEKEE
    Sammy
CHO CAT TE SAM 4/$23.60/21
    EUFA YAR HOLA
    MELIS IKEE
    Alex
POH NER 4/$23.60/22
    George
    MARSEY
    PARLEY

Thomas Cloud's Band

CLOUD, Thomas 4/$23.60/1
    George
    Henry
    ME KO YI KEE
MICCO HARJO 2/$11.80/2
    KISSIE
CAR BIC CO CHEE 6/$35.40/3
    NOOS KAH
    SU CHEE YE
    TO LOM KAH

  KUMSAH
  ESTER
CHO KAH 3/$17.70/4
  Polly
  CHE PANEE
SON A YEE 5/$29.50/5
  Melissa
  Judy
  TENAH
  LENIE
LIZA 3/$17.70/6
  Mary
  Dicey
HARJO, Sammy 3/$17.70/7
  CHIM KAH
  ESPANNY HARJO
AUSTEN 1/$5.90/8
COWAK OTS HARJO 4/$35.40/9
  Annie
  HARKIE
  Fannie
OSSANNA HARJO 10/$59.00/10
  PASSAK TUSLU NAGEE
  THA THLO HARJO
  SUSA
  Louisa
  MEHOYA
  SU YA
  PUN CHO
  Betsey
  Linsey
AR HU LOC TUS TE NUGEE 10/$59.00/11
  CHOWAS TAYEE
  AR HU LA KEE
  ET CHE HARJO
  CAT CHE HARJO
  PAR LAR KAH
  Silva
  CHUT AKA
  ME KE LESE
  MICCO CHEE
FIXICO THROCCO 5/$29.50/12
  NARVE

William
Sally
COOTS KAH

Echo E Muthla's Band

ECHO E MUTHLA 7/$41.30/1
    HAL AT U GEE
    YAR FIXEE
    NARCHO MICHEE
    ESTE LE CHEE
    CHE KNEE CHI KEE
    CHE PEN O CHE
CAN CHAT EMU THLU 5/$29.50/2
    HOK TE
    SEMETE TAKEE
    MU YO POS KEE
    Child
ES TU SE HO KEE 5/$29.50/3
    SUTE CHU CHE
    ARSEE
    SEME SEE
    SOK TE KE
CEASAR 3/$17.70/4
    SNU A TAYE
    WALES KAH
BOBIE 1/$5.90/5
SE HO KAH 3/$17.70/6
    ENWA KA
    SANKO
AR CHO LE HARJO 8/$47.20/7
    CON HEE
    MU LE CHEE
    MUS CO GEE
    FETH HETH KAH
    HOKTE CHOT KAH
    PAR HOSE HARJO
    Child
KINTA 6/$35.40/8
    Hettie
    Peggie
    Martie
    Davie

      SUKEY
TUS E KIAH HARJO 2/$11.80/9
      Sammy
CHAREY MA THLA 7/$41.30/10
      ARTUS HARJO
      ESHE CHEE
      KIN HA
      Mary
      SU YA KA
      SE HEE NEE
HO THE MU TEE 8/$47.20/11
      KIN NA NA
      Bettie
      MU KO HO KEE
      SU HAL HO KEE
      TEM E SEPE
      THO FO
      OK TO AR CHE FIXICO
HOKE PUT AKU 3/$17.70/12
      ALECK
      COW A KO CHEE
FOO HU JO 2/$11.80/13
      WAXIE YAR HOLN
OK LAR BE SA 7/$41.30/14
      FULLE CHE
      SUPOK HO TEE
      SHLA VOULA HARJO
      SULE TIKEE
      HOK O TO CHEE
      Child
THLA HARJO 5/$29.50/15
      SE HAN KAH
      CHULLA
      PE FAT HO CHEE
      Child
OHO CATLE YAR HOLA 2/$11.80/16
      TENAH

Short Bird's Band

SHORT BIRD 6/$35.40/1
      LOOLY
      SUPER HOYEE

Sarah
WATTIE
WATTIE, Johnny
MICCO MOCHU SA 2/$11.80/2
MICCO HARJO
SEMUTH LU 3/$17.70/3
PEFAT KAH
SUNWA LOP KAH
AR HULA KO CHEE 6/$35.40/4
Polly
LARNEY, Liza
Margie
NAR CHIE
Child
AR HU LOC FIXICO 1/$5.90/5
NO KOS YAR HO LA 4/$23.60/6
THU FOP KO KA
FUT CHE HU KA
Johnson
OK CHAW HOLA TEE 6/$35.40/7
PARNOS KAH
SU PUL LE CHEE
TIMMIE
SAP AHO YE
Polly
YAR LA HA, John 3/$17.70/8
EMUTHLA
SU HO YE
HO THE POY A 9/$53.10/9
Sampson
PAR HOSE YAR HOLA
CUMMIE, Mr.
SU WAKE CHEE
SE NAH
JOKEE
OTHE CHE
SOPHIA
THU THLO HARJO 7/$41.30/10
PAR NOOS CA
EMU PU KEE
Judy
TI KAH
Rhoda

    Child
LELAH 2/$11.80/12
    Peter
AR LAMEE 6/$35.40/13
    Georgia
    MUT HO GEE
    SE ME HO SEE
    PARTEE
    Child
COOSA MICCO 7/$41.30/14
    HELIA HARJO
    OH HU YEE
    CINANIP PE
    AR HO YE
    THU FEE CHE
    Mary
FALAS CO 4/$23.60/15
    TUHIN NA
    MU LAY A
    ES TO CHEE
CAR BICC PU FIXICO 9/$53.10/16
    TOLSE NEHU THOCCO
    WAXICO HOLATA
    WILEY
    Lucy
    CHES U PEE
    CHUCH KU POYA
    MU HAY A
    Polly
TUS EKIAH MICCO 8/$47.20/17
    NIETTE
    CENA
    MUTTEE
    SAR HO YE
    Nancy
    Mary
    Child
TUS TA NOKO CHEE 3/$17.70/18
    WA SO KEE
    EK HU LA TEE
SIN SO MIKKEE 4/$23.60/19
    CHE PU NO CHE
    TEMU YEE

    HOK TO CHEE
E CHO ILLEE 5/$29.50/20
    FUM O KEE
    CAT CHU HOMATEE
    CHO KO LI
    FIX HONNIGEE
LIZA 3/$17.70/21
    Lynda
    OSSA YAR HOLA
PEYAH 4/$23.60/22
    HARNIE
    Benny
    Polly
CAT CHEE FIXICO 5/$29.50/23
    OSA FIXICO
    Hannah
    Lizzie
    CHO KAH

Nokos Emuthla's Band

NOKOS EMUTHLA 2/$11.80/1
    SUPIN HUMKA
ETCHOS NOCHEE 6/$35.40/2
    SU HA THLA
    Sally
    PARDY
    TECUMSEH
    CHE PEN OCHEE
CAR WUP HO KEY 6/$35.40/3
    PARNEY
    ME LE CHEE
    SA MO CHEE
    ANNO CHEE, Lucy
    PA FINNEE
HOLATA FIXICO 5/$29.50/4
    TOKA THINKEE
    JEKAH
    AR WE PEE
    Child
TUS EKIAH CHUPCO 4/$23.60/5
    SEPO CHEE
    Ramsey

   Child
HOKTE THOCCO 3/$17.70/6
   GIBSEN
   GIMPSEN
FOOS HUT CHE NEHU THOCO 4/$23.60/7
   NEHU THOCCO CHOPCO
   Louisa
   EPISKEE
HUL PEETA MICCO 6/$35.40/8
   Sarah
   EKA LO WA KEY
   Billy
   Leah
   WILSEY, Charley
BETSEY 3/$17.70/9
   EMAHASSEE
   MULE YAKA
NEHU HARJO 5/$29.50/10
   HOKTE LAMEY
   Dick
   Nelly
   BAILEY, Charley
CAT CHE HALWE 3/$17.70/11
   SETE NEE KEE
   NOO NIE
FIK KOME 3/$17.70/12
   NOSIE
   Sallie
SO NO CHEE 6/$35.40/13
   HESA HOKEE
   WILEY
   KOCKA
   POLL LUS TO CHE
   Billy
BABY 4/$23.60/14
   Nannie
   TO KUL I KEE
   CON WEAH

Ar Fu Ya Gee's Band

EUFUL TUSTA NAGEE 5/$29.50/1
   Nancy

            FOK LO TI KEE
            SILLER
            SARSAR
AR BA YA KEY 5/$29.50/2
            PIN KAH
            FIK SOM MIKE
            THLO PO TO CHEE
            Child
CHUCK HO KEE 3/$17.70/3
            TOKS THIKEY
            MUL E YAH
CAT CHO CHE 5/$29.50/4
            CO LAR TEE
            GINN KA
            CHE PEN A KEE
            ETO KE MU HE
PIHE HARJO 5/$29.50/5
            TULA YE
            LOLE
            FO LE CHEE
            TENA
SUSEY 2/$11.80/6
            ES FOL IKEY
NOKOS HARJO 4/$23.60/7
            HOK TE THOCCO
            ETHU SA LAKEE
            Child
COWEH 5/$29.50/8
            SE MA SEE
            Charley
            MUL KAH
            Child
OK LAR THA 3/$17.70/9
            AR YO CHEE
            WAR LO LEE
OCHEE 3/$17.70/10
            SEAR KAR LEE
            HOKTO CHEE
CAR BIC CHEE 3/$17.70/11
            CHOCKSE HOKEE
            SANTEE
CON NIPPER 7/$41.30/12
            KANSATEE

    PAR NOS KA
    PUTHAM KA
    TOK HUKEE
    MELE
    PAR NO SEE
HI SE KO 6/$35.40/13
    Hannah
    HOK TEE
    SIMIN
    Sampson
    Child
OS SON WA 3/$17.70/14
    CHO KEE LE SA
    AR KOE YI CHEE
AL LAT A MANNA 2/$11.80/15
    MONU HYE
LEET KAH 3/$17.70/16
    TI YA KEE
    SE MEE YI
TUNNY TUS KE NAGEE 4/$23.60/17
    CH OF FEE
    WUN HOY YE
    NO CHA CHEE
AR HU MICCO 2/$11.80/18
    THE CHO PIKEE
FOOS HARJO 3/$17.70/19
    TA KATS KAH
    Child
COSA HARJO 2/$11.80/20
    WELA KEE PEE
PAS KA 1/$5.90/21

Nuth Cup Harjo's Band

NUTH CUP HARJO 8/$47.20/1
    TONEY
    Albert
    Hester
    Jennetta
    Louisa
    Fanny
    Child
ARTUS FIXICO 8/$47.20/2

MARSEY
Sammy
MU HU BEY
Dinah
Jennie
MU LE AH
Child
WISEY 5/$29.50/3
 CHO FAK NO CHEE
 PHE BIE
 Mary
 Child
PIHUE HARJO 9/$53.10/4
 TRIMMER YAR HOLA
 Sampson
 Sambo
 LO LOO
 COOT NEY
 WISAH
 Willson
 Judy
TONEY 6/$35.40/5
 Lizzie
 WARNIE
 KOOSA
 HALPUTA HARJO
 Jennie
MARTIN, Weley 5/$29.50/6
 NICEY
 WALESSEY
 PAMEY
 Child
SUSEY 2/$11.80/7
 Mollie
SAMEY 5/$29.50/8
 Lewis
 PHENOKA
 TO CHEE
 COWAKO CHEE
THEE THO FIXICO 3/$17.70/9
 Lewis
 Georgia
ROBERT 3/$17.70/10

    Rhoda
    Lizzie
THLU THLO FIXICO CHEE 5/$29.50/11
    HOPO ILLED
    Tony
    SIN NO LI KEY
    SAR LEY
ARTUS YAR HOLA 4/$23.60/12
    HOL HO KA
    David
    SUNNIE
JOHNEY 4/$23.60/13
    CAT CHEE THOCCO
    PEFAT IKEE
    DICEY
ARBE KAH 8/$47.20/14
    Winnie
    SE THO KEE
    HOKTE LOSTEE
    Dixie
    TEMA YE PA
    HETS HOYA
    Child
ANNIE 3/$17.70/15
    Eli
    HOK TO CHEE
SALLY 2/$11.80/16
    SAMMON, William

John Chupco's Band

CHUPCO, John 7/$41.30/1
    YAR HOLA MICCO
    Lucy
    Milley
    KISSEY
    CINTA
    CHI PA NEE
CHO KO CHEE 3/$17.70/2
    WA LIN DA
    Child
CALLY 5/$29.50/3
    THOCCO, Milly

　　　　Jennie
　　　　DICEY
　　　　FALO
CAT CHU HARJO 3/$17.70/4
　　　　CHENE HOYA
　　　　Nancy
MICCO 2/$11.80/5
　　　　Lousanna
LAMEY, Cuissa 3/$17.70/6
　　　　Timmy
　　　　Annie
SIN MEE CHE CHE 3/$17.70/7
　　　　Dickson
　　　　Sampson
TIN FU YI KEE 3/$17.70/8
　　　　AR HU LA KEE
　　　　Stephen
HE CHEE KEE 3/$17.70/9
　　　　NICIE
　　　　CHEE KEE
NICKSEY 4/$23.60/10
　　　　Nancy
　　　　SIKO CHEE
　　　　CHA KAH
CHO KAH 3/$17.70/11
　　　　Ginney
　　　　Lizzie
CHEPANNY CHUPCO 5/$29.50/12
　　　　NUFFEE
　　　　Milley
　　　　CHEPANNY NIKEY
　　　　Martin

Phillips' Band

PHILLIPS, Geo. W. 4/$23.60/1
　　　　SA SHIN NA
　　　　Joseph
　　　　NAU CHEE
COSA HARJO 1/$5.90/2
HOMATY, John 3/$17.70/3
　　　　Susan
　　　　Betsey

OKFUL KEY HARJO 7/$41.30/4
    SIKAH
    MOSEY
    Taylor
    Liley
    LISE LAH
    Annie
LOURIE, Walter 3/$17.70/5
    SCOTT, William
    NOT COOS ELEE
CHOCTAW SARAH 2/$11.80/6
    CHE PA NEE
MAR TO CHE 2/$11.80/7
    SINNER
POWELL, Jessie 3/$17.70/8
    Washington
    George
ALBERT 4/$23.60/9
    Susan
    Minnie
    Wilson
MOTTY 2/$11.80/10
    Lucy
SEE YA KU PEE 5/$29.50/11
    PAR NO CHE
    HIPSEY
    Judy
    LO CHEE
SARPHIA HUMKEE 2/$11.80/12
    NUN CHEE
LAMEY, Lucy 4/$23.60/13
    SARLEY
    Betsey
    NAN CHEE
TUMMY HARJO 4/$23.60/14
    MINKEE
    MESILER
    WITTEE
PAR HOSE TUS TEN GA 4/$23.60/15
    IN CHUS TA
    Miley
    TAR CO SA HARJO
HUTNEY 1/$5.90/16

JOSEPH NAR CHO NEU 4/$23.60/17
   Eliza
   NARLEY
   PEKEY
TASKEY 4/$23.60/18
   Johnnie
   Sophia
   Miley
NIM CHEE 3/$17.70/19
   SELAH
   NELEY
ME TE WO LEY 1/$5.90/20
PAR CHE KE 1/$5.90/21
JUDSON, Henry 4/$23.60/22
   TOKEY
   Benny
   Susan
HARDGEE, Charley 2/$11.80/23
   George
SAR CHIM NOKEE 3/$17.70/24
   JOE KEE
   Hannah
LUCY 3/$17.70/25
   Lizzie
   Toby
HO CHIF FI KEE 1/$5.90/26

Chitto Tuste Nugee's Band

CHITTO TUSTE NUGEE 11/$64.90/1
   Lizzie
   ROLY
   Betsey
   SUTTA
   Charley
   BRUIN, John
   Armstrong
   Nancy
   Child
   Jinny
FOOS HARJO 5/$29.50/2
   Jennie
   SUSA

OSSON NA
CHAR LO CHEE
POSSAK HARJO 7/$41.30/3
    SUTHEE KI KE
    GENEY
    Louisa
    Susey
    SENEE
    HUL PUT A FIXICO
LEE THE LE HARJO 12/$7.80/4
    FOOL HOC CHEE
    FO CHEE
    GEMIMY THOCCO
    KEE CHEE KEE
    NA POE CHEE
    SIHOE CHEE
    SEMAH
    Polly
    SO SEE YEE
    CAT CHEE HOL ATEE
    Child
HO PI YEE 5/$29.50/5
    CHE PUN EE
    AR CHE NI CHEE
    Susannah
    Child
FACTOR, James 2/$11.80/6
    Sophia
FACTOR, Tom 8/$47.20/7
    Fannie
    Lillie
    CHO KAH
    Sammy
    Liza
    Nancy
    ESTO CHEE
EUFULA HARJO 4/$23.60/8
    O TA KEE
    Winnie
    Pamie
YUMPA 4/$23.60/9
    Liza
    Hannah

SUKEY
NO KOS E KEE 5/$29.50/10
 MUNA CHE MEE
 PUS A TEE
 SEE THE CHEE
 SU YA HO KEE
MEE PET TA 4/$23.60/11
 Eliza
 Nancy
 Child
JACKIE 5/$29.50/12
 HOK TE LAMEY
 CHULLNEER
 Billey
 Lynda
COSA 7/$41.30/13
 MANAH AH
 Sarah
 SUKEY
 Billey
 NARSEY
 Child
JOHNNO CHEE 6/$35.40/14
 Mary
 Fanny
 Lucy
 Lewee
 CHE PANEE
HUCHE CHUPCO 2/$11.80/15
 HUNKAH
CAT CHU YAR HO LA 4/$23.60/16
 CAR BIC CHU YAR HOLA
 HOKTE CHUPCO
 FO TEE PE CHEE
TO MO CHEE 4/$23.60/17
 Susannah
 Annie
 CAT CHU FIXICO
CONNIPPEE 6/$35.40/18
 HINETS HOYA
 ES PO POTH THE NICKEE
 ALICK
 GIMSEY

Peter
CEASAR 1/$5.90/19
MITTA KA CHEE 1/$5.90/20

Ok Fus Kee's Band

OK FUS KEE 4/$23.60/1
    MARCHEY
    TE THEF KEE
    CHOLEY
CAR BIC CHE EMUTHLA 4/$23.60/2
    WOL HOE CHEE
    Liza
    CHEPANEE
NO KOS ARCHOLEY 3/$17.70/3
    FU YEE CHEE CHEE
    SAPPEE
COLOMEE 3/$17.70/4
    YEK CHEE
    SEMEE THE NAKEE
ETCHOS FIXICO 2/$11.80/5
    MUE YON KA
ME HA YEE 3/$17.70/6
    HONE CHEE CHEE
    FOLLI KEE
ERTHAN ESSE MU THLO 3/$17.70/7
    SULU HOKA
    SUSE KOKA
TALWA HARJO 3/$17.70/8
    HOKTE
    HO NAW WA

1871 ANNUITY ROLL
3RD & 4TH QUARTERS
SEMINOLE INDIANS
OF
FLORIDA

Cho Fulwa's Band

CHO FULWA 4/$21.40
   Susie
   Lucy
   KAR LI NA
WOLF 6/$32.10
   HULLN
   WOLF, Jennie
   Mary
   Robert
   LUK LI KEE
CON CHART HARJO 4/$21.40
   Lizzie
   LETE KAH
   Elbert
LOSEKEE 3/$16.05
   Mary
   Sophy
BUCK, Josey 6/$32.10
   MONISON, Ellen
   BUCK, Martha
   BUCK, Johnson
   Aleck
   HOLAH LEE
CHISSEE HARJO 4/$21.40
   LAP KAH
   Jennie
   Jimmie
LENA 7/$37.45
   Betsey
   JOKAH
   WEILEY
   Charley
   LILLEY, John
   Louie

BERRYHILL, John 6/$32.10
    SIYER
    Katy
    SULLY
    KIS KIN HOH KEE
    Leah
MCKEAN, James 5/$26.75
    COLONELS, Sukey
    Annie
    John
    Nancy
HOK TEE 3/$16.05
    Willie
    O'CHER, Dick
BOLOGER, John 3/$16.05
    Judy
    Josiah
WAT KAH YAH HOLA 6/$32.10
    MAH PE HO YAH
    Jennie
    Charlie
    Jackson
    CHUK KI KEE
O'CHER, Sam 5/$26.75
    ISTER CHUK FUL O'KU
    PER CHEE
    HOK TO CHEE
    YAH YAH
JENNIE 4/$21.40
    HEPSEY
    SAMPSEY
    Mattie
SO ILLEE DAY 4/$21.40
    Wilson
    Liza
    HUK LUT HO YEE
WAH SEE TO 3/$16.05
    LA SAN NAH
    SELOTE KAH
YAHA FIXICO 8/$42.80
    PORTER, Johney
    Lucinda
    SONN I YEH

NINNY HUH CHA
　　　Elisa
　　　Liddy
　　　Peter
SAH NO CHU 4/$21.40
　　　HOKE TEE
　　　George
　　　Baby
GEORGE 3/$16.05
　　　PUN NEE AH
　　　Ali
PAR NEE 1/$5.35
LIDDY 2/$10.70
　　　CHE PAR NEE
CUM PEE CHEE 1/$5.35
MELINDAH 2/$10.70
　　　Bob
THLOCK NEE 2/$10.70
　　　ALLEE
THOMMY 3/$16.05
　　　IS CHOOK EE
　　　Nancy
SAH HO YO CHEE 2/$10.70
　　　MEHULEY
SULNA FIXICO 1/$5.35
US LOT KAH 3/$16.05
　　　WAH SIN DAH
　　　Nancy
SIN YAH WILLEY 10/$53.50
　　　John
　　　Billey
　　　Katy
　　　SILLEY
　　　Charley
　　　Tommy
　　　Lizzie
　　　Liza
　　　Jack
NO CHUCK YEE 4/$21.40
　　　YAH NAH
　　　Annie
　　　BATIE
FUL SIN NAH 4/$21.40

    Hannah
    Jonie
    Georgy

John Chupco's Band

CHUPCO, John 6/$32.10
    Jennie
    LENAH
    THLAH UHEE YOU NAH
    CHE PAR NEE
    TI EE CHA
KOTSA LAMEY 4/$21.40
    Sarah
    Susie
    PETER, Charley
PEE CHA CHU 6/$32.10
    UT LEI
    MAH KEE YI KEE
    WEE SO KEE
    HULLEAH
    CHE SOP KAH
OK CHUN HARJO 7/$37.45
    LU CHEE
    FUN NAH KEE
    SO MOOK SOM A'KEE
    SUNDY
    SUP PO KEE (Dead)
    MIMEY
MILLEY 3/$16.05
    Sally
    NILLEY
TUSTE NUK HARJO 3/$16.05
    Willey
    Fanny
ARTUS HARJO 5/$26.75
    PO HI KEE
    SAH FIK LUM A'KEE
    WILSEY
    Sunday
HOGGER, Tommy 4/$21.40
    SIM I YAH
    WO KOSE O'CHEE

TOSS HO KAH (Dead)
OK TI AR CHO CHEE 5/$26.75
WULAH
SEE MUN UAH LAH
Milley
IS FUL IT HOYA (Dead)
KO WEE HARJO 4/$21.40
SUK TI E CHA
Henry
WISEY
OK CHUN FIXICO 7/$37.45
Charley
SIN AHAH KEE (Dead)
SIN EE HAGER
Tommy (Dead)
Molly
SO HOTH SEE
SIM PO O'CHEE 6/$32.10
Sammy
TEE WAH HEE
WO NA YEE
THLAS SUTTEE
SOOKEY
MUT TUL HOKEE 3/$16.05
Annie
I EE TAH
UNEES SEE 3/$16.05
TOM US SEE
Jack
AH HUL LUK O'CHEE 2/$10.70
POS SUKEE
SIT TEE NAH KEE 4/$21.40
TO KO THLA KEE
SUK KUN NAH KEE
KAH KAH
GILBERT 6/$32.10
NAH PO EE CHEE
PA HI CHEE
KUP AH HAH KEE
KUN KAH
THLAK PUL A'KEE
THLEE HARJO 4/$21.40
OKE AH LISSA

　　　　YAH PUE A'KEE
　　　　KO FAH KEE
BROWN, Elisha J. 1/$5.35
AH HUL UKEE 4/$21.40
　　　　FI HO KEE
　　　　George
　　　　KISSEE
LY SO NEE 4/$21.40
　　　　TI HI KEE
　　　　JICKSEY
　　　　ELI JO CHEE
OSSOON HARJO 5/$26.75
　　　　THLIS FUL O'KEE
　　　　SOOKEY
　　　　MEE LI AH
　　　　MELINDAH
NUL CUP HARJO 5/$26.75
　　　　KITH HOYEE
　　　　NO CHA CHEE
　　　　NOTCH EE
　　　　DICK EE
BEMO, John Douglas 1/$5.35
ULDA, Tommy 3/$16.05
　　　　Sally
　　　　LOSEY
CUB BIK CHA HARJO 10/$53.50
　　　　DISEY
　　　　Louisa
　　　　Milley Jane
　　　　PA COT KAH
　　　　Frank (Dead)
　　　　THLI A THLA GEE
　　　　WILLEY, John
　　　　CANE EE
　　　　MAHALEY
BOWLEGS, Ceasar 3/$16.05
　　　　RANKIN, William (Dead)
　　　　Eliza (Dead)

Fus Hutchie Harjo's Band

FUS HUTCHIE HARJO 3/$16.05
　　　　Sally

HOK TO CHEE
CHO FUL UP FIXICO 3/$16.05
PUN UK O'CHEE
SEE LIN A'CHEE
SOKEE 3/$16.05
LOSEE
CHE PON NAH
POW HOSE HARJO 7/$37.45
SOFAH
SEES TAH
O'THLAGEE, Tom
CHE PON NAH
FU CO SEE
Sally
CUB BIX OH FIXICO 6/$32.10
SAH PUL HUM A'GEE
ME LUCKEY
Peter
SIMAH
Sammy
CHITTE HARJO 4/$21.40
SOTH LITTE STEHAH
Polly
Lizzie
TOMMY 6/$32.10
ULLIK KEE
Jennie
Willie
ELEE SUM NEE
SOSEY
FUS HARJO CHEE 2/$10.70
NOTES HOYEE
SIM O'NITES CHEE 4/$21.40
Johnny
HOKE TEE
HO POM NO CHEE
OHI YEE 3/$16.05
PO TOOKAH
SOLEE
IN NE HAH FIXICO 2/$10.70
Missey
CHITTE YAH HOLA 4/$21.40
CHUK TO HUL KAH

HOKE TO CHEE
SEE HEE

Kowee Harjo's Band

KOWE HARJO 2/$10.70
    HOKTO CHEE
LUCY 5/$26.75
    SI ONNEE
    John SEE
    Betsey
    Hannah
NANCY 3/$16.05
    HEPSEY
    KULLY
ISTEE LARMEY 5/$26.75
    NOS HOYEE
    TO CHEE
    MALLY
    CHO TE KAH
GRAHAM, William 1/$5.35
SAM SEE 2/$10.70
    LARMEY, Lucy
SIN A HOKEE 6/$32.10
    Mary
    CISSEY
    Annie
    Nancy
CHE TO KEE 4/$21.40
    SO FUTS A'GEE
    George
    Lucy
SOTH LEE HEGEE 6/$32.10
    KO NO HIGEE
    MARTHLA
    CHOTEE
    FOLTEE
    MULAH
PUN NOSE KAH 4/$21.40
    SAM SEE
    IS TIP KAH
    ON THLA HOYEE
YAH CUB BEECH CHA 5/$26.75

KAH KEE
SU KIN NEE HI NEE
HULLUK KAH (Dead)
CHE PAR NEE
YAHA FIXICO 4/$21.40
SUK KO SEE
Sally
Leah
MAL PEE YAH 6/$32.10
WO SEEN NAH
Linsey
Barney
Jenney
Lizzie
SAMMY 5/$26.75
KIN KEE HEE
JOE KAH
ME CHILEY
SUN NAH HEE
SUB BITCH EE 5/$26.75
SOH FIK LUN A'GEE
HOKTEE THLUK O'CHEE
KA LARNEE
Johnny
CHO HARJO 3/$16.05
HUL HO KEE
Baby
WILLIAH 5/$26.75
SIN TON WEE
OK LUM EE
PAH NEE
Louisa
KOTES HARJO CHEE 3/$16.05
FIK SO HAR KEE
Nelly
MEHILEY 3/$16.05
ARMEES TAH
Rhoda
OSSOOMIAH 1/$5.35
THLOKKO, Davy 4/$21.40
Milley
WILLIS OH MEE
LEEBAH

WILLIS 1/$5.35
LETE KO CHA 1/$5.35
HANNAH 2/$5.35
  KOKE TO CHEE
LOSEY 2/$10.70
  CHE PUN THLAKKO

Fus Harjo's Band

FUS HARJO 4/$21.40
  CHA LITS HAYEE
  DAVIS, Sarah J.
  FO LITS CHEE
ALI HUE LUK HARJO 5/$26.75
  SIN KAH KEE
  TIM A HOYER
  Hannah
  Katy
AH HUL LUK EMARTH LO CHEE 2/$10.70
  URX O'CHEE
URXEE YOHOLA 2/$10.70
  MOSEY
PAH HO SEE 5/$26.75
  PAH MEE
  POKEE
  Louisa
  SILLA
MAR SEE LEE NAH 3/$16.05
  YO HO YEE
  LAR NEE
YO HO CHEE 2/$10.70
  HOKE TO LARNEE
SALLY 5/$26.75
  SHAEE TO WEE
  ISTEE COM MEE
  CHE PUN KAH
  Molly
SO FI LITCH EE 3/$16.05
  HOKE TEE LUSTER
  NO SUTTEE
U FULL O'KEE 1/$5.35
FUS YAHOLA 3/$16.05
  HO PITCH LEE

STO CHEE
O'KEE CHUM WAH 1/$5.35
THLA LO MI HEE 1/$5.35
SOO LITCH EE 1/$5.35
PUSSUK HAARJO 5/$26.75
    HOKE TO MUKO
    HO THLI GEE
    LAB TOH KA
    MEE HOH KAH
LOSEY 1/$5.35
PON KULY 1/$5.35
LOUIE 4/$21.40
    SO MI LITCH EE
    IS TO LIT KEE
    LITTEE STICK CHEE
MARCY 1/$5.35
CHO KAH 3/$16.05
    WASKA
    KASEY
CHE PUN NAH 4/$21.40
    ESTO MUTCH LEE
    COTCHE LARNA
    SILL AH
HOKE TEE THE AK KO CHEE 2/$10.70
    Lydia
CHA KAH 3/$16.05
    CHOK FUE KEE
    TOBY
ELIZA 3/$16.05
    George
    Peter
ESTE MUN THLAH PAH 5/$26.75
    MATCH EE
    PA TAH KATCH EE
    FI LIN DA
    WON NEE
YAH MEE 3/$16.05
    Joney
    SON NAH
SIM E TO 1/$5.35
KO WEE CHEE 2/$10.70
    LESLIE, Sammy
OS WAH AH CHEE 1/$5.35

CHITTO FIXICO 4/$21.40
    HEY
    LI SO CHEE
    MAH KI YEE
HUE BUT TAH 1/$5.35

Pohose Fixico's Band

POHOSE FIXICO 3/$16.05
    WILSEY
    SUNISEY
CHO HARJO CHEE 1/$5.35
AMEY 5/$26.75
    CHE PAR NO CHEE
    HOKE TO CHEE
    KOTS ILLIE
    SUL DAY KEE (Dead)
NOKOSE ILLIE 5/$26.75
    KOTSA FIXICO
    SAMMY
    SI A FI KEE (Dead)
    FUL NO KEE
HAKEE 4/$21.40
    NAH TIE YEE
    SULLY
    Mary
KUB BI AH 7/$37.45
    Johnney
    SUN LO AH
    SU SAH
    HOKE TO CHEE ESTO LIKEE
    Liza
    KUTH HO YEE
SO KI KEE 3/$16.05
    Lucy
    OK CHUK KAH
TAKASAR FIXICO 9/$48.15
    Miney
    CHE PUN NUKEE
    SAMSEY
    SIN FUL LIN NAH
    NO KUTS KAH
    PUN KAH

　　　　KO YAH
　　　　TOM SEE
THLUM MEE 5/$26.75
　　　　SO BO KAH (Dead)
　　　　WILSEY
　　　　TOM AS KAY
　　　　MULSEY
SUSEY 6/$32.10
　　　　SEE NEE
　　　　PAR NEE
　　　　MUN UTS I'KEE
　　　　CHEE WAH YEE
　　　　HUK LUS KEE
WAH TEH CHEE 3/$16.05
　　　　JOE KAH
　　　　THOM SEE
CHARLEY 5/$26.75
　　　　SHOK TO
　　　　MEE LEE SEE
　　　　KAR LINA
　　　　CHIN NAH
CON CHART HARJO 3/$16.05
　　　　MILLEY
　　　　KATY
CHE PAR NEE 4/$21.40
　　　　SULEY
　　　　SULDA
　　　　STEE NAH
NOKOSE FIXICO 2/$10.70
　　　　SIN A HE YAH
CHO FIXICO 4/$21.40
　　　　YAM KA
　　　　CHE PON ASKEE
　　　　LANAH
POLLY 3/$16.05
　　　　ITS HOS WAH
　　　　CHISKA
NOKOSE EMATH LO CHEE (Dead) 1/$5.35
O'CHEE, John 7/$37.45
　　　　CHUTA
　　　　KI O'KEE LEE
　　　　KO KAH
　　　　Mosey

Winney
　　　JIMSEY
COL LOCK CHEE 3/$16.05
　　　Jenny
　　　Baby

Nul Cup Ugge's Band

NUL CUP UGGE 3/$16.05
　　　SINDA
　　　SUP IN CHA LI CHEE
ATH LUM HARJO 6/$32.10
　　　Miley
　　　MA TUS SEE
　　　Fannie
　　　ME CHI LEY
　　　Josiah
DAVY, Jim 6/$32.10
　　　HOLOTE CHUPCO
　　　SULLY
　　　PON NEE
　　　PON NO CHEE (Dead)
　　　POL LO CHEE (Dead)
BEE NAH 3/$16.05
　　　Lucy
　　　BOO CHEE
HOTSA HARJO 3/$16.05
　　　SO KA BY
　　　LIN KEE
NOKOSE HARJO 2/$10.70
　　　LO SA NEE
HATH LA PO YEE 3/$16.05
　　　CHE PON NAH
　　　E MAH
JACOBY 6/$32.10
　　　SEELY
　　　DISEY
　　　Sally
　　　UY HO YEE
　　　FOOS HO TEE
LO EE 3/$16.05
　　　HO LI AH
　　　SILLEY

MOT CHEE 2/$10.70
    LOSEY
SALLY 3/$16.05
    Polly
    Lizzie
SO MITS EE 3/$16.05
    MIL HEE
    June
SO YAH HOLA 6/$32.10
    MON I'CHEE
    HIP SEY (Dead)
    ELAH
    MISEY
    MAYOR
TUS TEE NUK HARJO 3/$16.05
    BABO CHEE
    UMS TEE
LISEY 4/$21.40
    KANEY
    SULLY
    FUS HARJO (Dead)
JIMMY 1/$5.35
FUN NUK KEE 5/$26.75
    SA PIN KAH LEE
    MUTCH E'HEE
    PON TUS SEE
    Milley (Dead)
PI HE HARJO 7/$37.45
    PIN HO YEE
    IN LI TI KEE
    SIN E'CHIS KAH
    CHA HI LEE
    SIN KAH KEE
    PIN TO KEE
LA PEE 2/$10.70
    FEE LEE (Dead)
CHO HARJO 5/$26.75
    LI LAS LEE
    Fannie
    MI KAH
    FEE MEE
MA HO CHEE 4/$21.40
    TI O'CHEE

       HEETS HO YEE
       MIX TO KI KEE
PIN TAH 4/$21.40
       Nancy
       MUL KUSSEE
       Boy
NOKOSE EMARTHLA 5/$26.75
       Lotty
       Johnney
       SITS CHEE
       TIN I'KEE
KOSA HARJO 2/$10.70
       HOTCH E FIKEE
ESSEE, John 3/$16.05
       ME LO SEE
       Mary
NOK NEE 5/$26.75
       Illinois
       U PUK LA TI KEE
       SEE NOTH LEE
       Gibson
SIT TEE 6/$32.10
       CHO FIXICO
       SOL FA HOYEE
       NOKOSE ILLIE
       BEAVER, Thomas
       Josey
JOSEY 2/$10.70
       PHILIPS, George W. (Killed)
MOSEY 4/$21.40
       Sampson
       Peter
       Sammy
NOKOSE CO CHOOK NEY 1/$5.35
SUL LUT O'KEE 4/$21.40
       TOM O'CHEE
       CHE PAR NEE
       Jerry
PON NEE 4/$21.40
       KOO SAH
       WIL WAL LEE
       YET E'CHEE
SUK IN HO KAH 4/$21.40

Hannah
SOOKEY
YAR TO CHEE
KOTSA YA HOLA 6/$32.10
SO KEE
CHI FI
BANEY
Charley
LOTEE
CHAR CHEE CHEE 1/$5.35

Ah Hulluk Yohola's Band

AH HILLUK YOHOLA 5/$26.75
KO WOK KO CHEE
Jennie
CHE PAR NEE
HOKE TO WAH LEH
CHO HARJO CHEE 3/$16.05
Susie
Johnis
UX E HARJO CHEE 5/$26.75
TOM A SEE
Sally
Dickey
SCOF KEE
KO SAR HARJO 4/$21.40
HOKE TEE HUKKO
Lucy
Louisa
CHE PON NAH 6/$32.10
WILLO SEE (Dead)
MON NEE (Dead)
TUL KOKEE
Baby
KUN HEE CHA
HO LOT EMARTHLA 2/$10.70
Johnney
NOKOSE HARJO CHEE 3/$16.05
O WEE LOK EE
KA LAR NEE
FAT SEE 3/$16.05
MA HO KAH

    Child
KAR LAR NEE 3/$16.05
    YI KI GEE
    Alley
PAL KAH 3/$16.05
    SULEY
    Georgy
SUNDAY 7/$37.45
    SO TUCK EE
    CHA KA GEE
    SO BUK A'LEE
    Annie
    LOCK SEY
    Polly
WILLY UN SEE 4/$21.40
    MULEY
    NITEY
    TINNEY
DISEY 2/$10.70
    PO WEE
NOKOSE ILLIE 3/$16.05
    Tommy
    CHE PAR NEE
BILLY 1/$5.35
SALLY 5/$26.75
    E TO CHEE
    Scott
    Nancy
    TOM O'CHEE
NOKOSE FEEGEE 9/$48.15
    SA BITCH EE
    NA NO YEE
    WISER
    SOSEE
    LINEE
    LILLA
    Child
    Susannah
CHE PON NAH 5/$26.75
    MISEY
    NITS HOYEE
    Jenny
    SEE TO CHEE

HUL LUK HARJO CHEE 6/$32.10
   Susey
   CHO ETA
   SOTTEN
   PON NEE
   William

Pascofa's Band

PASCOFA 2/$10.70
   Jennie
THU THU HARJO 2/$10.70
   THU LEE HEE KO CHEE
OK TE ARK HARJO 2/$10.70
   KEY, Thomas
OK FUS KEE 5/$26.75
   CHE PAR NEE
   Tommy
   PAR NO SEE
   CHAR LESSEE
TUSEKIAH HARJO 3/$16.05
   SUKEE
   IS TI CHEE
BROWN, Jackson 6/$32.10
   SOOKEE
   Jennie
   Alice
   Stanton
   Robert
MILLY 1/$5.35
HILLEY 4/$21.40
   Jennie
   James
   CHART CHEE
PAR NEE KO CHEE 4/$21.40
   ME FOL I KEE
   Henry
   IS TO CHEE
SON SEE LYA 2/$10.70
   Nancy
PAR NEE 5/$26.75
   William KEE
   William NAN

    WINO CHEE
    SULLEY
BETSEY 3/$16.05
    ME GALA
    IS TO CHEE
PAS COFO GEE 2/$10.70
    TEK LER NEE
SON AK UP HARJO 4/$21.40
    Annie
    HARKIS
    MIKEY
THU THO HARJO 5/$26.75
    PASSUK TUSTEE GEE
    Louisa
    MEE HAYEE
    LO SY AH

Benj. Bruner's Band

BRUNER, Benj. 7/$48.15
    Rachael
    John
    PAROH
    DORIN
    George
    Liza
    Robert
    DILSON
BRUNER, Betsy 3/$16.05
    Rachael
    Sammy
BRUNER, Ceasar 9/$48.15
    Nancy
    Lucy
    Benjamin
    Washington
    Summer
    Charley
    Douglas
    Abraham
BRUNER, Ellen 3/$16.05
    Myers
    Robert

JOHNSON, Robert 3/$16.05
    Lizzie
    COODY
TECUMSEH, Mary 9/$48.15
    CULLEY
    Jinney
    Edward
    Robie
    August
    Manwell
    SESSEY
    MIKEY
PAYNE, Abraham 5/$26.75
    PACY
    Peter
    TENAH
    Charlotte
CUFFEE, Fred 1/$5.35
WARN, Catharine 9/$48.15
    Sue
    Dandy
    Phil
    Elvira
    Sallie
    Bob
    Anna
    Liza
BRUNER, John 8/$42.80
    Grace
    Ben
    Davis
    Joe
    MANNEE
    Tommy
    ARMIE
CUDGO, Willey 6/$32.10
    SCILLA
    Aaron
    Sarah
    SHINYLETON
    Ned
ABRAM, Rachael 7/$37.45
    Fannie

    Ed
    Sandy
    Henry
    Alex
    PLENTY
COX, William 3/$16.05
    AFFEY
    Rachael
DINDY, Monday 5/$26.75
    Louis
    Sam
    Ceasar
    Rachael
BRUNER, Sancho 3/$16.05
    Dorcus
    Betsey
AARON, Betsy 3/$16.05
    LIDDA
    Dorcus
HEROD, Dicy 3/$16.05
    Jack
    Dean
BOWLEGS, Matt 10/$53.50
    Lydia
    Dillard
    Sarah
    Gracey
    Guss
    Mack
    Jake
    Hattie
    Martha
JOHNSON, Dinah 6/$32.10
    Pheby
    SINDIE
    Pheby
    Sissie
    Peter
ABRAM, Washington 1/$5.35
SANCHO, Jane 4/$21.40
    SCILLA
    Robert
    Dalilah

William Noble's Band

NOBLE, William 3/$16.05
    Judy
    Jane
STEPNEY, John 8/$42.80
    RINA
    Fred
    George
    Fannie
    Sancho
    Sally
    PUSSEY
MILLS, Toney 6/$32.10
    Molly (Dead)
    Thomas
    Betsy
    Hattie
    Child
BOLES, John 3/$16.05
    Linda
    Boy
DAVIS, Jacob 3/$16.05
    MOCK KAH
    Robert
BOWLEGS, Cyrus 9/$48.15
    Judy
    Ben
    Flora (Dead)
    CUSSA
    Dennis
    Rhoda
    Rose (Dead)
    Eliza
DAVIS, Daily 6/$32.10
    Peggy
    SONEY
    Isaac
    Clara
    AFFEY
SHORTMAN, Dick 1/$5.35
DOSAR COODY 4/$21.40
    Milley

    Bess
    Lizzie
CHARLES, Hetty 1/$5.35
BOWLEGS, Mariah 6/$32.10
    Flora
    Ben
    Cyrus
    Robert
    Esther
ESOP, Johnson 1/$5.35
FREEMAN 1/$5.35
JACOB 1/$5.35
GUIDE 4/$21.40
    Eliza
    Annie
    Baby
AIRD, John 1/$5.35
JONES, Hagar 7/$37.45
    Mary
    Nancy
    PUSS
    Dilsey
    July
    Child
JONES, David 6/$32.10
    KLINDA
    POMPY
    HENDY
CYRUS, Polly 7/$37.45
    Tom
    Becca
    Maria
    Gray
    Sandy
    Noble
CYRUS, Philip 1/$5.35
WILLIAMS, August 5/$26.75
    Louisa
    Margaret
    John
    Molly
NOBLE, Scipeo 1/$5.35
NOBLE, Tom 1/$5.35

BOWLEGS, Dick 5/$26.75
    Jennie
    Milley
    Ben
    Polly
RHODA 6/$32.10
    George
    Katy
    Betsey
    June
    Jim
ELSEY 3/$16.05
    Titus
    Peter
DOLLY (Dead) 3/$16.05
    Billy
    Jack
CUDGO, Sam 10/$53.50
    Lucy
    BENNUS
    Sam
    Bob
    Katy
    March
    Robert
    BENNUS Child
    Child
SWAMP, William 1/$5.35
BOWLEGS, James 2/$10.70
    Dinah
BOWLEGS, Nancy 5/$26.75
    BETTEE
    Milley
    George
    Baby
BOWLEGS, John
    Bess
    Nelly
    Barber
    Baby Jennie
PALDO, Cyrus 1/$5.35
ELIZA 1/$5.35
CUDGO, Ned 6/$32.10

    Fanny
    Amy
    Child
    Boy
    NEW COMER
JACKSON, Jessee 4/$21.40
    Nancy
    Peggy
    WOHN
CULLY, Fay 3/$16.05
    Peggy
    Noah
JACKSON, Abraham 1/$5.35
MARY ANN 1/$5.35
FOSTER, Thomas 8/$42.80
    Mariah
    Dinah
    Louisa
    William
    Robert
    Nancy
    Baby
FLORA, Ann 1/$5.35
PAYNE, Ralina 6/$32.10
    Ned
    Margaret
    Charley
    Richard
    Samuel
ELSEY 3/$16.05
    Katy
    POSEY
PAYNE, Thomas 14/$74.90
    TECUMSEH, Ransom
    TECUMSEH, Pet
    Ceasar
    APHEY
    CUFFEY
    Eliza
    Baby
    TENNY
    Gray
    Sam

  Titus
  Sophronia
  James
PAYNE, Samuel 7/$37.45
  Rebecca
  Jackson
  Lizzie
  SEILLA
  Ceasar
  Gibson
MUNGO, Seialla 3/$16.05
  Rose
  Polly
PAYNE, Pompy 11/$58.85
  Hester
  Libby
  PENA
  John
  Fannie
  Hannah
  Betty
  Sarah (Dead)
  TENAH
  Baby
LOTTY 13/$69.55
  Peggy
  Sophia
  Louie
  Sue
  Stepney
  APHEY
  Eliza
  PUSS
  Phoeby
  PUSS
  Sarah
  Childers
BARCUS, Joseph 15/$80.25
  Nancy
  Warren
  Peter
  DOSAR
  Sancho

    Monday
    Thomas
    Robert
    Polly
    MOSEY
    TENAH
    Girl
    Baby Girl
    Baby
LATTY, Dandy 3/$16.05
    Molly
    Nancy
JANE 5/$26.75
    Molly
    Isaac
    Sarah
    Simon
LANE, Robert 7/$37.45
    Dolly
    APHEY
    Boy Baby
    Bob No. 1
    Bob No. 2
    Baby
PRIMUS, Dennis 10/$53.50
    Harriet
    Dawson
    Elsie
    Madaline
    Henry
    Kitty
    Nelly
    HACKLAS
    Baby
CON E'CHEE, John 1/$5.35
JIM 1/$5.35
CUDGO, John 12/$64.20
    Rose
    CUDGO
    Missey
    Betty
    ROSSEE
    SCILLA

    Gardner
    Rose
    Clara
    Ben
    Baby
DAVIS, Scipeo 13/$69.55
    Flora
    PYRA
    Joseph
    Boston
    Banks
    POMPY
    MUNDAY
    June
    Richmond
    Freeborn
    Charles
    Bessie

Jacob's Band

JACOB 10/$53.50
    Liza
    ME LO NIE KEE
    LATTIE
    Lenah
    JESS BY
    Westley
    Annie
    Louie
    LEGUS
CHITTO YE HOLA 4/$21.40
    SAN NEE
    WAT TEE
    WILSIE
O'CHEE CO CHUK NEE 6/$32.10
    SA COFFEE
    HO CHIP KA
    JU DIE
    Sally
    Baby
HUL BUT U'HARJO 7/$37.45
    Susie

IS LUT KA
JOH KA
WASSA
SIN THLA TOCH PEE
SINA
YA HO LO CHEE 3/$16.05
    SO WAS TEE A'HARJO
    SOTH LEE
HUL BUT A FIXICO 3/$16.05
    TE CAH CHEE
    SON O HOTS KEE
IS PON E HARJO 4/$21.40
    FOOS HARJO CHEE
    JOH KA
    KON NEE
CHITTO HARJO 5/$26.75
    AH HAR HARJO CHEE
    AH CHOCK HOH YEE
    SO KITH LILE CHEE
    George
KOT SA HARJO CHEE 3/$16.05
    TE NOS LO CHEE
    Louisa
YEE HA FIXICO 2/$10.70
    HO LOTH TY A HOLA
AH HA LOCK O'GEE 7/$37.45
    O'CHEE HARJO CHEE
    SEE NO CHEE
    POL O'CHEE
    SO SEE
    BA BO CHEE
    Baby
AH HA LOCK EE 5/$26.75
    TIM E LITTE PEE
    HAL KAH HEE CHEE CHEE
    Lizzie
    TOM ITCH HO HEE
SO WOK YA HOLA 3/$16.05
    SEE MACH E YEE
    Josiah
HO TOL KE CHEE 4/$21.40
    LY LEE
    Eliza LEE

TAL WAH TUS TON NUGGEE 3/$16.05
    KAH TEE HEE
    FOL LUT KAH
PEE CHEE 3/$16.05
    LY O'MICH CHEE
    MALLY
LY LEE 4/$21.40
    IS KAH
    WA SAT KEE
    Thomas SEE
E KUS HARJO 6/$32.10
    SO WATS HOH KEE
    OS SY YEE
    Child
    KEE SAH CHEE HARJO
    IS TO CHEE
FUS HUTCH E HARJO 3/$16.05
    SIN HO TOCH SEE
    Eliza
HOL LOH TO HARJO 6/$32.10
    LEE HOH KEE
    PAL POH KA
    SAH FIK HUM KA
    JOH KA
    Susie
CHO WAS TI CHUPCO 2/$10.70
    ME TEE TOH KEE
JOHNNEY 2/$10.70
    Henry
SO MON TOH BY GEE 4/$21.40
    LIH SEE
    John KA
    White

John Jumper's Band

JUMPER, John 11/$58.85
    Polly
    Walter
    Peter
    Rebecca
    JOSAS
    Johney

    Lizzie
    Alex
    Sally
    Buckner
CLOUD, Thomas 11/$58.85
    Mary
    Molly
    Sissey (Dead)
    Robert
    Ida
    Child (Dead)
    Austin
    SEVERS
    MAYNIE
    Henry
GREENSTOCK, Jane 5/$26.75
    David
    Margaret
    Fannie
    CHE PON O'CHEE
SUSIKIAH HARJO 8/$42.80
    Annie
    Polly
    CHURCH, Billy
    CHURCH, Louisa
    SAR NE KO
    CHE PON NEE
    Child
CAK CHEE ILLIE 4/$21.40
    HOK TO CHEE
    Hannah
    Nancy
THUP KAH (Dead) 5/$26.75
    Primus
    CHUL SET (Dead)
    Frederick (Dead)
    ESTO CHEE (Dead)
ESSES E KO CHEE 8/$42.80
    SUTTE ET HARJO
    PUN KAH
    PAR NO SAH
    Daniel
    MICCO CHE

LOUSA LEE YAH
Thomas SEE YAH
HO TA TO CHEE 5/$26.75
SUT HOYEE
LARAT KAH
Marcy
CHEE PEE CHEE CHEE
PIN HARJO 3/$16.05
YEHUS HARJO
THROCCO, Annie
MAXIE MARTHLA 7/$37.45
TUS NEE HEE
BEN, Mary
BEN, Lucy
BEN, Hettie
BEN, Miste
LUTEE CHEE
CHUPCO, Annie 3/$16.05
PARHOSE MARTHLA (Dead)
CHO NUS
BOWLEGS, Eliza 5/$26.75
SIMSEY
HOKTE HUT KAH
SUM KAH
HOK TO CHEE
THE SUT HO YAT 6/$32.10
WAK SEY, Johnie
HISSAH
WULIN JAH
MOLSEY
Elsey KO
SULKAH 7/$37.45
SU FOK LO TI KEE
TO CHEE
Thomas SEE
CHE PUN NEE
Sammy
John O CHEE
TALSEY, David 4/$21.40
TUSI KIAH
OHEE YAH
BELEGIUM
HOTEE 6/$32.10

    Louie
    Katie
    LU CO CHEE
    WISIE THUKKO
    Rosanah
SON HOYEE 2/$10.70
    CHE PON NEE
TALSEY, Tenah 2/$10.70
    Lucy
JUMPER, Lucy 2/$10.70
    Samie
BOWLEGS, Major 5/$26.75
    LYDA
    KISSIE
    Nancy
    TOM O'CHEE (Dead)
CHO CHEE, Charlie 6/$32.10
    SUCHU YAR
    TOLUM KAH
    HEESTAH
    CUSAH
    CUT CHU KA
MELIGA 7/$37.45
    Judy
    TENAH
    SON A YAH
    Louie
    EUFULA MIKKO (Dead)
    ESTO CHEE
HARJO, Artus 2/$10.70
    ES HE CHEE
NOKOSE HARJO 6/$32.10
    Louie
    Johnson
    Sampson
    Hannah
    Liza
MICCO MOCH EE SA 5/$26.75
    ME HE KA
    John O'CHEE
    Betty
    Melisa
MARY 3/$16.05

TENAH
    Jacob
MICCO HAYOGEE 3/$16.05
    THROCCO, Louisa
    THROCCO, Polly
CONIF FIXICO 7/$37.45
    ESPAR NEE HARJO
    CONES HARJO
    SOHNAH
    ME FUL LO TEE
    HOK LEE
    CHIN NIE
HAL TUT KEY FIXICO 8/$42.80
    HUL HO KEE
    HUK TO CHEE
    YAH YEE
    HO PE YU CHEE
    CHEM KAH
    PAR NO CHEE
    Child

Nuth Kup Harjo's Band

NUTH KUP HARJO 5/$26.75
    Tommy
    Albert
    HEISTER
    LOUSA
WALKER, Jimmy 6/$32.10
    Sammy
    PAR NOS KAH
    Lizzie
    Winie
    Annie
KO NEE KO CHEE 6/$32.10
    SURMEY
    Louis
    Molly
    SUCHEE
    HULKEY, Lucy
YARHOLA, Jinny 1/$5.35
PIHESE HARJO 6/$32.10
    Sampson

    SUMBO
    RALLA
    KOTNEY
    Judy
JENNETTEE 2/$10.70
    Marty
LUCY 2/$10.70
    Molly
CHO FUK NO CHEE 4/$21.40
    WISEY
    Pheby
    Robert
DIXEY 5/$26.75
    TE THEE KEY
    Winey
    Polly
    ESTA CHEE
MAR SEY 7/$37.45
    MEHALY
    TENAH
    TA CHEE
    Jennie
    MEE LEE YAH
    KOOSEY
THU THU FIXIER 5/$26.75
    HOPO ILLIE
    ESPAR NEE HARJO
    Sally
    WILEY
AR HEE KAH 5/$26.75
    HITS HARJO
    ESTE MEE YEE PEE
    HOK TO CHEE
    Betsey
HANNAH 6/$32.10
    Johnson
    Annie
    Lettie
    Susanah
    ESTO CHEE
JOHNO CHEE 4/$21.40
    CUT CHEE THUCCO
    DISEY

  PE FUT IKEE
JOHNIE 4/$21.40
  SEVIL
  Annie
  Mary
THU THE FIXICO CHEE 4/$21.40
  LOUIE
  George
  Fannie
ROBERT 3/$16.05
  Rhoda
  Rebecca
SIMMON, William 2/$10.70
  SULLY
MARY 3/$16.05
  SEILLA
  ESTO CHEE
ANNIE 2/$10.70
  HOK TO CHEE
NICEY 4/$21.40
  WUL LI EE
  PAR NEY
  Billy
MOOLY 4/$21.40
  TENAH
  Monday
  Milley
YARHOLA, Artus 4/$21.40
  David
  SUNNEY
  HUL HOKEE
BU BA HARJO 4/$21.40
  William KAH
  CHE PUR THOM O'CY
  EMARTHLA
ESTO TUMEY, Nancy 7/$37.45
  NEMIE
  Ceasar
  Johnie
  FRANK, Major
  KANNARD, Major
  SCOTT, Benjamin

Passak Yarhola's Band

PASSAK YARHOLA 7/$37.45
    NUPE CHEE
    MEE YEE
    MONEE YEE
    SERVILE
    Polly
    IS TO CHEE
HUL PU TAH 3/$16.05
    MI LU SI KAH
    Linah
WEST, Thomas 5/$26.75
    Sarah
    Willie MAH
    PEEIE
    James
CHA KAH 3/$16.05
    Hannah
    CHE PON O'CHEE
KAL GEE 5/$26.75
    Susanah
    Soloman
    Mary
    ARLE CHI CHEE
BENIE 4/$21.40
    Tilda
    MARTHLA
    Nancy
FOOS YAR HOLA 6/$32.10
    PIN KEE LEE
    THUS ME LA HE KEE
    Gibson
    HUM LALE
    ESTO CHU
YAR KIN HAH 8/$42.80
    Lucy
    LEE YEE NEE
    OHEE NEE
    LOINE
    MARJOR
    Johney
    Child

SU YAH 2/$10.70
    CHOUEY
PARHOSE HARJO 6/$32.10
    HUEKAH
    TUKOTES HOKEE
    SUYAH
    SUK KEY
    MO CHEE NEE HEE
ARBUCKBY 5/$26.75
    HOPEE YAH
    SESSEY
    TULLIKEY
    Child
ESTAN HARJO 4/$21.40
    PEHU LUT HO YEE
    ARCHO BY
    SELE LEY
CAT CHEE 4/$21.40
    SULIY
    Susan O'KEE
    Molly
CHE PUNEY 5/$26.75
    JUDIN
    Lucy
    HOK TEE
    Child
CHU KATTEE SAM 2/$10.70
    EFAY AR CHOLA
MITTEE 3/$16.05
    TEE KAH
    BHEE MELLA
EUFULA, William 5/$26.75
    NAN E CHEY
    PARLS CHEE
    JOHNSEY
    Child
LEWEY 2/$10.70
    MAMEY
PETER 2/$10.70
    SESSEY
ME NA TO KEY 2/$10.70
    TI CO CHEE
FOOS ARCHE LEY 6/$32.10

 WOHN YOK KAH
  Betsy
 MOLLE CHEE
 KISSEY
  Child
WASHINGTON 6/$32.10
  Harry
  Betty
  Rebecca
 ISTO CHEE
 MANEY

Short Bird's Band

SHORT BIRD 6/$32.10
 SUPEE HOYER
 WUTTEY JOHNIE
  Sarah
 WATSEY
 ROLLEY
ARHUE O'COCHEE 6/$32.10
  Polly
 SAMEY, Lizzie
  David
 NAR CHEE
 WELE YAH (Dead)
TUSTEE MEK O'CHEE 3/$16.05
 MICCO NUPEE
 NOKOS FIXICO (Dead)
PHER THO HARJO 7/$37.45
  Judy
 WINEY
 PAR NO SEY
 MU PU KEY
  Rhoda
 ESTO CHEE
NOKOS YARHOLA 6/$32.10
 CHUMSEY
 FUT CHEE HOKA
 THU FUP HOKA
  Lucy
  Child (Dead)
TUSEKIAH MIKKO 5/$26.75

　　　　SU HOKEY
　　　　Marty
　　　　Mary
　　　　SENAH
HARJO, Miles 6/$32.10
　　　　NEEDY
　　　　O'HEE YEE
　　　　THO TOT KAH
　　　　ESTO CHU
　　　　ASHOYE
OSA HE NE HEE 8/$42.80
　　　　Sophia
　　　　SENAKEE
　　　　PARHOSE YARHOLA
　　　　SENEE KEE CHU
　　　　CAT CHEE NOMATE
　　　　Johnie
　　　　Moses
SAMSEY THUCCO 4/$21.40
　　　　ARHULAK FIXICO
　　　　ME CUMMY
　　　　SUWEE SUP KAH
CHO KAH 4/$21.40
　　　　FIK HONNI YE
　　　　WISEY
　　　　ESTO CHEE
OK CHUNE HOLA LEE 6/$32.10
　　　　PARNOS KAH
　　　　SU HUE LEE CHEE
　　　　SENNET
　　　　SUTEE HOYET
　　　　PULLET
CHEE CHET 5/$26.75
　　　　MUT HOYE
　　　　SEME HOSE
　　　　PARTET
　　　　PAR NO CHEE
ECHO ILLE CHUPCO 2/$10.70
　　　　TUM MO KEE
YARHOLA, John 4/$21.40
　　　　NICY
　　　　WELET
　　　　ESTO CHEE

EMU THU THUCCO 1/$5.35
LILEY 2/$10.70
    Peter
KOSA MICCO 2/$10.70
    THUFE CHEE
CHU FIXICO, Charlie 7/$37.45
    WAXIE HOTATA
    CHA SEE PUT
    WELET
    SEVIL
    WISET
    CHE PUN NET
FULAS CO 4/$21.40
    MULE YAT
    SIS HINNAT
    ESTO CHEE
CAT CHE HARJO 6/$32.10
    Mary
    Liza
    Nelly
    Lucy
    HANNO CHEE
WAXIE HOLATA 3/$16.05
    Milly
    KOW AS AT FIXICO
CHE TUM SEY 6/$32.10
    SUK SOM KEY
    CHEMIMIE
    Lucy
    LOUINEY
    SI YAH
OCHEE YARHOLA 6/$32.10
    ARHOLA MUTHLA
    PUSEE LEE
    Billy
    NARCHEY
    NANCY (Dead)
MU YA KEE 7/$37.45
    HUNNEY
    Leah
    MUNNAH
    KEE MU HEE
    JACKSEY

    Jennie
SUN TEE HARJO 5/$26.75
    OSPATAK FIXICO (Dead)
    SOTS RAH (Dead)
    SYNTHA
    Child (Dead)
OSAFIK SI KO 3/$16.05
    NARATH KAH
    Molly
CAT CHU YARHOLA 8/$42.80
    David
    Polly
    Winey
    SUS KAH
    WEE LEY
    DICY
    ESTO CHEE
CARBIK CHU YARHOLA 4/$21.40
    OKTAR CHU CHUPCO
    POK LEE CHEE
    Peter
ISTU CHUK SE HOKE 5/$26.75
    GUMMEE HUE LEE CHEE
    SIDDIE
    ALIX
    Mack
WAXIE HARJO 9/$48.15
    SEWIL
    SITO KE
    SIKEY
    Harry
    JOHNSON, Wiley
    Judy
    ISTO CHU
    ILII MA
ISKEE PUKEY 4/$21.40
    Jimmy
    Sammy
    Lucy
CARBIK O'CHEE 8/$42.80
    CHO FIXICO
    CHO LA FIXICO
    PARNEY

  CUM CHEE PEE
  SEMU HEE PUKEY
  LE CHAR
  Polly
OSSAN EMUTHLA 5/$26.75
  ECHO ILLIE
  SEMU WEE
  WENSLEY
  Sambo
SENAH 1/$5.35
OKTIAR CHEE FIXICO 7/$37.45
  KINNEE NEE
  THO FAT
  MEE KAE HOKE
  ESTO ME SEPET
  SEE HUE HOKET
  HOKE PUT KEY
KOLO MEY 1/$5.35

Chittae Tustu Nugge's Band

CHITTAE 4/$21.40
  Louisa
  Martha (Dead)
  Wilson
CUT CHU YARHOLA 4/$21.40
  LOUSAN
  ROLLEY
  Betsey
FOOS HARJO 5/$26.75
  Jennie
  SOUSAN
  OSANNA
  PHE KUSA
PASSAK HARJO 4/$21.40
  Louisa
  Jinnie
  LENNA
EUFULA HARJO 3/$16.05
  OLUKEY (Dead)
  Winey
HO HUYEE 4/$21.40
  CHE PUNEY

ARCHEE WEE CHEE
MITTEE CA CHEE
MEE PETTA (Dead) 3/$16.05
SISAT
NARCHO MIKE (Dead)
ARHULUK TUSTEE NUGGIE 11/$58.85
ARHULUK CHUPCO
SAR NE GO
CUT CHEE
OSANNA HARJO
SOLIT TAN SEE
CHOW AS TO YE
MEKELESEY
Sally
Beckey
Mackey
FIXICO THUKKO 5/$26.75
Sally
NARS
WILLI AM KAH
KOOTS KAH
FACTOR, Thomas 3/$16.05
Susanah
EST CHEE
THUKKO, Tommy 5/$26.75
FACTOR, Tommy
FACTOR, Eliza
CHO KAH
HUK TO CHEE
FACTOR, James 2/$10.70
Sophia
KOSA 3/$16.05
Maria
SUKEY
TU THU LE HARJO 9/$48.15
FOOL HO CHEE
TO CHEE
June THUKKO
NAR PO CHEE
TI HOE CHEE
KU THE KET
SEMAT
CHOFEE

NOKOSE KAH 4/$21.40
    MUNA EHO MEE
    PUSA TEE
    AETHE CHET
SU YA HOKEE 2/$10.70
    HOK TO CHEE
YUM PA 5/$26.75
    SU KO YI CHEE
    SUKEY
    Hannah
    Johney
HU CHU CHUPCO 2/$10.70
    HAN KAT
SARAH 4/$21.40
    NICY
    Billy
    ESTO CHU
CARBIK CHU HARJO 6/$32.10
    HOKE LARNEY
    Jackey
    CHUL MAH
    Austin
    Lucy
CAT CHEE HO LATA 3/$16.05
    LOWE LAKEY
    ISTO CHEE
FACTOR, Lily 3/$16.05
    Sam
    Moses
HARJO, Tommy 3/$16.05
    CHIM KAH
    PULAT HOKEE
BOWLEGS, Charley 6/$32.10
    BROWN, John
    SUTIE
    CLUSUE
    HOKTEE
    CARBIK CHU YARHOLA
CONIPPEE 8/$42.80
    HONITS HARJO
    CHEPUNNEY
    ES HO PO THE MI KA
    Alix

Peter
Tommy
William

John Chupco's Band

CHUPCO, John 6/$32.10
   YARHOLA
   Wiley
   Susey
   KISSEY
   CHEPUNNEY
CHO CO CHEE 5/$26.75
   Malinda
   MAYNE
   WILLIANISEY
   NEEDY
KATY 5/$26.75
   Miley
   CHOFEN
   SERAH
   PARVAH
CAT CHU HARJO 3/$16.05
   CORVEH HARJO
   Daniel
SOME CHU CHU 4/$21.40
   Susey
   SAMPSEY
   ESTO CHU
WILLAMEY 1/$5.35
CHEPUNEY CHUPCO 5/$26.75
   NOFFEE
   CHEPUNEY TOKE
   MILE
   MUTEY
ARHU SUKEY 3/$16.05
   SEMFU YIKE
   SETEY ANAE
CHOKAH PALSAH 3/$16.05
   Jimmy
   Sissie
CHUKAH 2/$10.70
   MIXICO

MIKKO HUTKEY 2/$10.70
    Susanah
O'CHEE, Polly 3/$16.05
    ESTO CHEE (Dead)
    CHO KAH
TIMMY 1/$5.35
NAN CHEE 1/$5.35
LUCY 5/$26.75
    WESSENAH
    Dolly
    Jennie
    MOSEY
CONNIPPER 6/$32.10
    PARTHEM KAH
    PARMOSE KAH
    TUK HEE KEE
    ESUPPEE
    MILLEE
PASSUKEY 1/$5.35
NANCY 2/$10.70
    Louisa
POLLY 2/$10.70
    ESTO CHEE

Echo Emutha's Band

ECHO EMUTHA 7/$37.45
    HULEET HU YE
    YOF KEE
    ESTE LEE CHUT
    CHEK NATS KUT
    PARM O'CHEE
    ESTE CHEE
ESTU LEE HOKEE 5/$26.75
    ASSET
    SAKTO KET
    SEMESET
    HOKTE CHOTKET
KAM CHU TEE 5/$26.75
    EH SET
    SEME TO TAKET
    MU YO PASKE
    Child

BURGESS, Ceasar 2/$10.70
    WEE LES KAH
THLA HARJO 6/$32.10
    SE HUMKAH
    PE FUT HOE CHEE
    CHNE AT
    Susan
    LI SET
MUTHLA, Charley 3/$16.05
    SE HUNET
    SENTE YIKEE
SANKO 3/$16.05
    SE HOKEE
    EN WEKEE
KENTEE 7/$37.45
    David
    SUKEY
    MEETET
    Peggy
    Hettie
    CHE PUN O'CHEE
OK LAR BESSA 8/$42.80
    TA LU CHET
    LU POK HOTEE
    PARNET
    CHUK HE NE
    SETTLEIT
    CHE PUNET
    ESTO CHET
AR CHO LE HARJO 7/$37.45
    KON A HET
    LE CHUT
    KOSET
    FEK HETH KET
    Betsey
    CHEPUNEY
PARHOSE HARJO 3/$16.05
    MUSKO GEE
    KOOS HAH
ALIX 1/$5.35
WAXIE YARHOLA 3/$16.05
    FOOS HARJO (Dead)
    Baby

CHO THO THI YARHOLA 3/$16.05
    Molly
    HOHEE YEE
TUSAKIAH HARJO 6/$32.10
    OSA YAR HOLA
    SISET
    SINTA
    Bennie
    Annie
CUT CHU FIXICO 6/$32.10
    CHOKO CHU
    OSA FIXICO
    TUM CHEE
    Liza
    Child (Dead)
HANNAH 2/$10.70
    Mary
ESTE PEE YEE 6/$32.10
    SUKOTEY
    Molly
    HOKTEE
    CHEPUNEY (Dead)
    THU HEE CHU

Nokos Emutha's Band

NOKOS EMUTHA 6/$32.10
    KUMMUKKA
    PALEE
    Nannie
    SUKEE LI KEE
    COWA KO CHU
ESTO HO CHU 7/$37.45
    Eliza
    PARTY
    KIMSEY
    Sally
    KNISSIE LARNEY
    James
TUSKIAH HARJO 4/$21.40
    SCPENE CHU
    MOSO CHEE
    PULP KEY

SAMMY 7/$37.45
    KOEKEY
    HISEY HOKEY
    PULUSTEY
    Willie
    Billey
    Johney
SU TO FIXICO (Dead) 4/$21.40
    TOKO THIKEY
    SOTE HIKEY
    AM PE
CORWOP HOKEY 5/$26.75
    PARNEY
    Sammy
    PUFFINEE
    SUSO CHEE
FOOS HEET CHEE NE HEE THUKKO 5/$26.75
    AR CHEE THUKKO CHUPCO
    Mary
    CHEES KEY
    SUPEK SECT
HOKE THUKKO 3/$16.05
    ARHO NAPEE
    CHUMSEY
FEK KO MEE 3/$16.05
    Sally
    NOSKAH
CAT CHEE HUE MU 2/$10.70
    HULLE MEE CHU
HULPUT U MIKKO 6/$32.10
    CAT CHEE HESTU
    KUL NON KEY
    Charley
    Leah
    WEUELE
PUNCHO 4/$21.40
    MU HUS SEY
    CHU KAT
    MULY O'CHU
SUKPEE YEK CHU 4/$21.40
    Liza
    NELE
    Betsey

NECHU HARJO 6/$32.10
    NOKSEY
    LARNEY
    Betsey
    Nelly
    NARCHEY
SOK CHEE LEE 4/$21.40
    CHUL LUNEY
    SELINDA
    Jimmie
SEWOLE 7/$37.45
    SUKEY
    SEKITEY
    Rosanah
    Dixey
    Milley
    Child
CAE HARJO CHEE 3/$16.05
    YOTH KEY
    LIPSEY
NEHEE HARJO CHEE 7/$37.45
    CARBIK CHEE YARHOLA
    MESET HOYE
    Harry
    MUT HO YI CHEE
    LINAH
    TUL CHUS KU MIKKO
KENNI YAH
    SARTEE HOYE
    CHAT KAH

Cat Cho Chee Band

CAT CHO CHEE 4/$21.40
    COL AR TEE
    CHIM KAH
    CHEPON O'KEY
EU FUL A TUSTUNNUGGEE (Dead) 4/$21.40
    JUKO THUKEY
    SUSET
    SELAT
ARPU YAGEE 6/$32.10
    PIN KAT

    IEKS MIKEY
    THO PUH CHUT
    HUKTO CHET
    Child
PUHI HARJO 5/$26.75
    FULI YAT
    ROLLEY
    FOLI CHET
    TENAT
COWEH 4/$21.40
    KOSE PUT
    Charley
    MORIS KAH
ESFULI KEY 2/$10.70
    SOSET
OK LORTHLEY 4/$21.40
    ARYO CHEE
    WUE OPEY
    SU WEE CAPEE KEY
NOKOS HARJO 5/$26.75
    HOKE THUKKO
    CHUKIAH
    Austin
    LE CHAT
HISE KAT 7/$37.45
    Hannah
    Simon
    Sammy
    EUTE ANAT
    HOKATE
    Child
ARHU MIKKO 1/$5.35
COSA HARJO 4/$21.40
    KOTE LARNEY
    CHAS KAH
    Child
WELU KEPE 2/$10.70
    MEXICO CHEE
TUMMY TUS TEE GEE 4/$21.40
    EUHOK TALAT
    KENNI HET
    TUK HEE TEE TUKE
SET KAH 4/$21.40

TRI YAKET
OMEE YEYET
SAM O'KEE
FOOS HARJO 3/$16.05
SUKOS KAH
Betty
OSSANNA 3/$16.05
CHO KEELIS HARJO
ARKOE YICHEE
TUS TU NUGGIE 1/$5.35
OKEE HARJO 4/$21.40
SUSE HAKUT
SALIT
CHEPUN CHUTEE
CHUK HOKEE 5/$26.75
SOKO THIKET
Libbie (Dead)
Child (Dead)
ESTO CHEE
SALSEY MIKKO 1/$5.35

Ok Fuskey's Band

OK FUSKEY 6/$32.10
MUCHEE HINEY
SET HEF KEY
CHO LEE
SOSEE
Tommy
ARBIK EUME THLA 2/$10.70
WOL HOE CHEE (Dead)
SEMEE THU NAKEE 2/$10.70
YEK CHEE
ET CHAS FIXICO 4/$21.40
HONE CHEE CHU
MU YOUKAH
AN O'CHEE
NOKOS ARCHOLA 3/$16.05
FU YI CHEE
BAPIE
MEI HU YEE 3/$16.05
FOOL LIKE
Polly

EU THN ES MUTHA 2/$10.70
    SUSE HOKE
SALWA HARJO 7/$37.45
    HO PE THEY
    Lucy (Dead)
    TUNE CHEE
    BOBEY
    SCILLA
    HAKEY

Tummy Harjo's Band

TUMMY HARJO 2/$10.70
    WHI TEKAH
PARNET 5/$26.75
    PARLET
    WALSET
    MU KETH HOYE
    Taylor
NANCY 3/$16.05
    MELI CHEE
    POLO CHEE
MENKEY 3/$16.05
    MESELET
    THULET
PARHOSEY 4/$21.40
    MEN CESTE
    MELET
    SENTE
EMO CHET 8/$42.80
    MUTLEE
    SENTE
    SAMSET
    LISELAH
    LETTA
    MOSET
    SIKAH
CAN HUN TER 6/$32.10
    Susan
    Bessey
    SOSET
    SELAH
    SOSET

CACHEY 5/$26.75
    MALLEY
    SELAH
    SENAT
    SILAH
MU HOYE 3/$16.05
    Eliza
    WASKEE
SAS KEY 3/$16.05
    METET
    CONE
SU YAKEE PEE 3/$16.05
    PAR O'CHEE
    CATEE
WINET 4/$21.40
    SESET
    SONEY
    Albert
LARMETT, Lucy 4/$21.40
    SULLEY
    PETSEY
    MALET
BABY 2/$10.70
    SELET
NELO CHEE 3/$16.05
    PEKEY
    COSA
SOSEY CHUPCO 2/$10.70
    ESTO CHEE
SISSEY 3/$16.05
    Washington
    Georgie
LUMKER, Jimmy 3/$16.05
    SOLET
    THU LE TOKEY
PIN KEE LEE CHEE 2/$10.70
    CHAR ME REY

The following persons were overlooked when the roll was made, and paid out of the residue, after the per capita payment was made.

Nokos Emarthla's Band

FOOS E KAH 2/$10.70
    SAIDA

Cho Fulwa's Band

MARTHA 1/$5.35

Short Bird's Band

PE FAT KAH 2/$10.70
    FREEMAN, Susan

Foos Hutchie Harjo's Band

KINTA 1/$5.35

1872 ANNUITY ROLL
3RD & 4TH QUARTERS
SEMINOLE INDIANS
OF
FLORIDA

John Chupco's Band

CHUPCO, John (Chief) 6/$31.20/1
    Jennie
    Lena
    THLA UHEE YOU NAH
    TY YE CHEE
    KA PON NEE
KOTS A LARNEY 5/$26.00/2
    Sarah
    Susie
    PETER, Charley
    PE CHEE
PEE CHA CHEE 6/$31.20/3
    UT SEE
    MAH KU YI KU
    WE LO KEE
    HULLAH
    CHE SAP KAH
SEE CHEE 5/$26.00/4
    FUN NUK KAH
    SO MACK SON O'KEE
    SUNDY
    MIMY
MILLY 3/$15.60/5
    Sally
    Nelly
TUSTE NUK HARJO 3/$15.60/6
    Willey
    Francis
ARTUS HARJO 4/$20.80/7
    PO HI KEE
    SAH FIK LUM OKEE
    Sunday
TUMMY HARJO 2/$10.40/8
    SIN IKEE

OK TO AR CHO CHEE 4/$20.80/9
    WULAH
    SEE MUN DALLAH
    Milley
KOWE HARJO 5/$26.00/10
    TUCK TI E CHEE
    Henry
    WISEY
    Betsey
OK CHUN FIXICO 6/$31.20/11
    Charley
    SIN EE HOYEE
    MALLY
    SO HOTH EE
    Johnson
PIN PO E CHEE 7/$36.40/12
    Sammy
    LEE WAH AEE
    WO NA YU
    THLAS SUTLEY
    SOOKEY
    OK CHUN HARJO
MUT TUL HOKEE 3/$15.60/13
    Annie
    I EE TAH
UNESS SU 3/$15.60/14
    PON US SU
    Jack
GILBERT 4/$20.80/15
    PAHI CHEE
    KUP AH HAH KEE
    HUN KA
AH HUL LUK OCHEE 3/$15.60/16
    PAS SUCKLEE
    NICEY
O SOON AH HARJO 3/$15.60/17
    SUK KUN AH KEE
    KAH KAH
THLA HARJO 5/$26.00/18
    OK AH SESSEE
    YAH FUL AKEE
    KO FAH KEE
    NO KOS OCHEE

BROWN, Elisha J. 1/$5.20/19
AH HUL UCKEE 4/$20.80/20
    FI HO KEE
    George
    KISSIE
TI HI KU 4/$20.80/21
    JOCKSEY
    ELIZ O CHEE
    LEE SON NEE
BEMO, John Douglas 1/$5.20/22
ASSOON HARJO 4/$20.80/23
    SOOKEY
    ME LI AH
    Melinda
NUL CUP HARJO 5/$26.00/24
    KITH HAYEE
    NO CHEE CHEE
    NO CHEE
    Dickey
TUMMY ULDA 3/$15.60/25
    Sally
    LOSEY
CUBBICH CHA HARJO 12/$62.40/26
    DISEY
    Louisa
    Milley Jane
    PA COT KAH
    THLI A THLA GEE
    Willey, John
    KANE EE
    MAHOHEY
    CHO COT TEE YAH HOLA
    Molly
    Lena
BOWLEGS, Ceasar 1/$5.20/27

Cho Fulwa's Band

CHO FULWA 4/$20.80/1
    Susey
    Lucy
    Karlina
ISEHASHUAH, Joshua 1/$5.20/2

WOLF 8/$41.60/3
    HULLEE
    WOLF, Jenney
    Mary
    Robert
    TUK LI KU (Bread)
    MATTEE
    CHE PON NEE
COU CHART HARJO 4/$20.80/4
    Lizzie
    John SUTKAH
    Elbert
LOSUKEE 4/$20.80/5
    Mary
    SOPLAEY
    Susie
BUCK, Josie 6/$31.20/6
    MORRISON, Ellen
    BUCK, Martha
    BUCK, Johnson
    Alex
    HATELLEE
OHISSEE HARJO 7/$36.40/7
    SOPKA
    Sally
    THLIS KEN ITHA (Dead)
    SOPKA
    Lucie
    Ella
LENA 8/$41.60/8
    Betsy
    JOKAH
    Wesley
    Charley
    John SIELLEY
    SOSIE
    Liza
BERRYHILL, John 4/$20.80/9
    Liza
    Katy (Dead)
    Leah (Dead)
MCKANE, James 5/$26.00/10
    SUCKKEE COLONEL

  Annie
  John
  Nancy
HOKTEE 3/$15.60/11
  Millie
  Dick OCHEE
BOWLEGS, John 3/$15.60/12
  Judie
  Josiah
WAT KA YAH HOLA 6/$31.20/13
  MEAH PE HOYAH
  Jennie
  CHASIE
  Jackson
  CHUCK KI KEE
SIN OCHEE 6/$31.20/14
  ESTE CUCK FILIKEE
  PARCHEE
  HUCK TO CHEE
  YAR YAR
  SAM RATCH
JENNIE 4/$20.80/15
  HEPSEY
  SAMSEY
  Mattie
SO ILL AH DA 3/$15.60/16
  Wilson
  Liza
WAH LE TAH 4/$20.80/17
  Susanah
  SCHOTE KAH
  Ceasar (Dead)
YAHHAH FIXICO 8/$41.60/18
  PORTER, Johnie
  Lucinda
  TOM IYAH
  NINNE HECHA
  Eliza
  Liddie
  Peter
SAM NO CHEE 4/$20.80/19
  HOK LEE
  George

    Baby
GEORGE 2/$10.40/20
    PUN NE AH
PAR NEE 1/$5.20/21
LYDIA 3/$15.60/22
    CHE PAR NEE
    DOSAR
CUM PEE CHEE 2/$10.40/23
    SAH TOH KAH
MELINDA 2/$10.40/24
    Bob
THUCK WEE 2/$10.40/25
    Alex
TOMMY 3/$15.60/26
    ES CHUCK KEE (Dead)
    Nancy
SAH YHO YOCHEE 2/$10.40/27
    MEFULIE
TUL WAH FIXICO 1/$5.20/28
US LAT KAH 3/$15.60/29
    WAH SIN DAH
    Nancy
SINYAH WILLIE 10/$52.00/29
    John
    Billy
    Katy
    SCILLEY
    Charley
    Tommy
    Lizzie
    Liza
    Jack
NO CHUCK YEE 4/$20.80/30
    YAMAH
    Annie
    BATU
FUL LIN NAH 4/$20.80/31
    Hannah
    JONIE
    George
POLLY 3/$15.60/32
    Joshua
    CHISK A

Foos Hutchee Harjo's Band

TUS HUTCHEE HARJO 5/$26.00/1
    SELLEY
    Sarah
    SALDA
    Jinnie
CHO FUL CUP FIXICO 3/$15.60/2
    PUN NUK O CHEE
    SEE LIN A DEE
SA KEE 3/$15.60/3
    SO LEE
    ESTO CHEE
POW NOS HARJO 8/$41.60/4
    SOPHA
    LEITSLAH
    TONE O'CHE AJU
    CHE PAN NAH
    FULALEE
    Sallie
    SALO CHEE
FUS HARJO CHEE 2/$10.40/5
    NOTS HOE YEN
CUBBICH OH FIXICO 6/$31.20/6
    SAH PUE HUM AGEE
    MILUEKEY
    Peter
    LINAH
    Sammy
CHITTO HARJO 4/$20.80/7
    SAH LICH CHA
    Polly
    Lizzie
TUMMY 7/$36.40/8
    AL LICK KEE
    Jennie
    Willie
    EB LUM MIE
    SO SEE
    KINTAH
SIM MO NICH CHA 4/$20.80/9
    Johnnie
    HOKE TEE

HO PAN NO CHEE
CHITTE YAH HOLLAH 2/$10.40/10
   HOKE TO CHEE
OH HIGH YEE 1/$5.20/11
E NEE HAH FIXICO 2/$10.40/12
   NISSIE
HE SAH HOH KAH 7/$36.40/13
   WILEY
   PUL LUS TA
   LILAH
   Billy
   Tommy
   HULLEY

Nul Cup Ugge's Band

NUL CUP UGGE 3/$16.60/1
   LINAH
   LUP IN CHAL EE CHEE
ATH HUM HARJO 6/$31.20/2
   MILE LEY
   NAH TUSSEE
   Fannie
   ME CHILE YEE
   Josiah
BENAH 3/$15.60/3
   Lucy
   BOO CHEE
DAVY, Jim 4/$20.80/4
   HOE COT CHUPCO
   Sally
   PAN NO CHEE
HOT LAH HARJO 3/$15.60/5
   SO RAY LEE
   LIN KEE
NO KOS HARJO 2/$10.40/6
   LOW LIN NEE
HOTH LAY PO YAH 3/$15.60/7
   CHE PAN NAH
   E MAH
JACOB EE 6/$31.20/8
   SEELEY
   DICY

    Sally
    U WEE HOE YEE
    FUS HARTER
MAH HUH CHEE 6/$31.20/9
    PI ETEH CHEE
    HETAH HOE YEE
    MIX TAH KICH KEE
LOW EE 3/$15.60/10
    HO LIGH
    LILA
NAR CHEE 2/$10.40/11
    LOCY
SALLY 3/$15.60/12
    Polly
    Lizzie
LA NICH CHEE 3/$15.60/13
    MILL HEE (Dead)
    Janie
SO YAH HALLAH 5/$26.00/14
    MUN NICH CHEE
    E LUCK
    MICEY
    Major
BOBO CHEE 3/$15.60/15
    UMSTEY
    TUS TEAR NUCK HARJO (Dead)
PINTAH 4/$20.80/16
    Nancy
    MUL CUSSEY
    Boy
DIECY 3/$15.60/17
    KANEY
    Sally
JIMIE 1/$5.20/18
FUN NUCKEE 5/$26.00/19
    SAH PIN KALLIE
    MUCH EH HEE
    PON TUS SEE
    Nancy
PI HEE HARJO 9/$46.80/20
    HIN HOE YEE
    IN LI TIKEE
    SIN E CHIS KAH

CHA HI LEY
SIM KA KEE
PIN TO KEE
ELSI
Jack
LOFEE 2/$10.40/21
BOBEE
ESSEE, John 3/$15.60/22
WELOSEE
MAYNIE
CHO HARJO 5/$26.00/23
LI LASLEY
Fannie
MICHA
FEE NEE
NOKOSE EMARTHLA 5/$26.00/24
Lottie
Johnie
LITS CHEE
TIM IKEE
COSAH HARJO 2/$10.40/25
HATCH EE FIKAH
KNNEK KNEE 5/$26.00/26
Illinois
YOU PUCK LET TI KEE
SE LAH LEE
Gibson
CHO FIXICO 1/$5.20/27
SITTIE 5/$26.00/28
LOT FAH HOYEE
NOKOSEE ELLIE
BEARER, Thomas
Josey
JOSEY 1/$5.20/29
MOSEY 4/$20.80/30
Samson
Peter
Samson
NOCOSE KOCHEE EKNEE 1/$5.20/31
SUB LUT AIKEE 4/$20.80/32
TOM PEHEE
CHE PONNEE
Jeny

PAN NEE 4/$20.80/33
    KEE SAH
    WILL WALLEY
    YAH TUCHEY
SUCK IN HOKEE 4/$20.80/34
    Hannah
    SUCKEE
    YAR TOCHEE
CHAR CHEE CHEE 1/$5.20/35
KATS CHAR YAR HOLA 6/$31.20/36
    TOKEE
    CHI FIE
    BAYNEE
    Charley
    SOTEE

Ah Hulluk Yohola's Band

AH HULLUK YOHOLA 4/$20.80/1
    Jennie
    CHE PAR NEE
    HOKE TEE WALLAH
CHO HARJO CHEE 3/$15.60/2
    Susie
    Johnney
WAX E HARJO CHEE 5/$26.00/3
    TOM ASSEE
    Sally
    Dickey
    SLOFKEE
KASAR HARJO 4/$20.80/4
    HOKTEE THLUKKO
    Lucy
    Louisa
E CHO ILLEE HARJO 4/$20.80/5
    FUL HOKEE
    Baby
    KIM LEE CHEE
HO LOT EMATHLA 2/$10.40/6
    Johnie
NOKOSE HARJO CHEE 3/$15.60/7
    OWE LOCKEE
    MAINE

FATSEE 3/$15.60/8
    MAHOKEE
    CHE PONNEE
KARLARNEE 3/$15.60/9
    YIKIGEE
    HALLEE
KOWAHKAGEE 3/$15.60/10
    WISSIE
    Charley
WILLIE UMSEE 4/$20.80/11
    MULEY
    NITEY
    FINNEY
SUNDAY 7/$36.40/12
    SOTUKEY
    KAHA LEE
    SOBUCK ALLE (Dead)
    Annie
    SOCKSEY
    Polly
DISEY 2/$10.40/13
    POWEE
NOKOSE ILLE 3/$15.60/14
    Tommy
    CHEPARNEY
BILLY 1/$5.20/15
DOLLY 5/$26.00/16
    CTOCHEE
    Scott
    MANEY
    TOM OCHEE
CHE PONNAH 5/$26.00/17
    NICY
    NILES HOYER
    Jennie
    TE LO CHEE
NOKOSE FEYEE 8/$41.60/18
    TO BICH EE
    NA NO YEE
    SOSIE
    LINSE
    Scilla
    Child

  Susanah
HUL LUK HARJO CHEE 6/$31.20/19
  Susey
  CHO ETA
  SOLTER
  PANNEE
  William
CHO FIXICO CHUPCO 4/$20.80/20
  MILLEY
  WILSEY AH MAH
  SI KAH
CHO EMARTHLA CHEE 4/$20.80/21
  ON THLA WEE
  TIP KAH
  SAMPSEY
THLA KAH 3/$15.60/22
  LOLEE
  JOE CHEE

Jacob's Band

JACOB 10/$52.00/1
  Liza
  ME LO WY KEE
  SOTTEE
  Lena
  JESLEY
  WESTLEY
  Annie
  Louie
  LEGUS
CHITTO YE HOLA 4/$20.80/2
  Samie
  WATTIE
  WILSEY
OCHEE CO CHUCK NEE 7/$36.40/3
  LA CUFFEE
  HO CHIFF KAH
  Judy
  Sally
  Baby
  Robert
CHITTO HARJO 5/$26.00/4

AH HARJO CHEE
AH CHUK KOH YEE
SI LIT LIH CHEE
George
HUL BUT A HARJO 6/$31.20/5
Susie
IS LUT KAH
John KAH
WASSAH
LINA
YA HO LO CHEE 3/$15.60/6
SO WAS TEE AHARJO
SOTH LEE
HUL BUT AFIXICO 2/$10.40/7
TU KAH CHEE
ISPON E HARJO 4/$20.80/8
FOOS HARJO CHEE
John AH
KIMSEE
KATSO HARJO CHEE 3/$15.60/9
TE NOS SO CHEE
Louisa
SO MACK YAH HOLA 3/$15.60/10
SEE MACH EYEE
Josiah
YOHA FIXICO 2/$10.40/11
CULLATHLY OHOLA
AH HA LUCK OGEE 7/$36.40/12
OCHEE HARJO CHEE
SU NO CHEE
POL OCHEE
LO SEE
BABO CHEE
Baby
AH HA LOCKEE 5/$26.00/13
TIN ELITH PEE
HAH KAH HE CHEE CHEE
Lizzie
TAN ITCH HOHEE
HO TOL COCHEE 4/$20.80/14
AH SAH BOH KEE
LYLEE
ELIZALEE (Dead)

TAL WAH TUS TUN NUGGEE 3/$15.60/15
    KAH TEE HEE
    FUL LEET KAH
LYLEE 5/$26.00/16
    ISKAH
    WAH SAT KAH
    THOMASSEE
    Albert
EKUS HARJO 6/$31.20/17
    SO WATS HOH KEE
    PSSY YEE
    KE SAH CHEE HARJO
    ISTO CHEE
FOOS HUTCH EHARJO 3/$15.60/18
    SIN HOH TOCH SEE
    Eliza
HOL LAH TO HARJO 6/$31.20/19
    SAH HOH KAH
    POL POH KAH
    SAH FIX HUM KAH
    Susie
    JOH KAH
CHO WAS TI CHUPCO 4/$20.80/20
    ME TIE TOH KAH
    MAH LAH
    Jinnie
JOHNNEY 2/$10.40/21
    Henry
AH HOH LUK FIXICO 2/$10.40/22
    LOTY
SEWON TOH LIGEE 3/$15.60/23
    SILE SEE (Dead)
    John KAH

Foos Harjo's Band

FOOS HARJO 4/$20.80/1
    Liza
    DAVIS, Sarah J.
    MITCHELL, Harriet
TIM OHOYEE 3/$15.60/2
    Hannah
    Katy

AH HULUCK EMATH LO CHEE 1/$5.20/3
WAXIE YOHOLA 2/$10.40/4
    MOSEY
POH NEE 3/$15.60/5
    PO KEE
    OK KUS KAH HARJO
WAR SEE SEE NAH 3/$15.60/6
    YOHOYEE
    LINAH
YOHO CHEE 2/$10.40/7
    HUKTO LARNEE
SALLY 4/$20.80/8
    SHEE TO WEE
    CHEE PON KAH
    Mallie
SO FI HITCHEE 4/$20.80/9
    HOKE TUSLUSTEE
    NO SUTTEE
    LOUSEY
U FUE OKEE 1/$5.20/10
OK CHUN WEE 1/$5.20/11
FUS YAHOLA 2/$10.40/12
    HO PITTE LEE
THLA LO MI HEE 1/$5.20/13
SOLITCH CHEE 1/$5.20/14
PASSUK HARJO 6/$31.20/15
    HOKE TO MEEKO
    HO THLI GEE
    SAH TOH KA
    ME HOH KAH
    HOKE TO CHEE
PON KULY 3/$15.60/16
    Susey
    Jinnetta
LOUI 5/$26.00/17
    SO MI LITCH EE
    IS TO LIT KEE
    LITTEE STICK CHEE
    CHE PAR NOCHEE
CHOKA 3/$15.60/18
    WASKA
    KASEY
CHE PON NAH 5/$26.00/19

ISTO MUTTE LEE
KOTS CHEE LARNEE
SILLAH
SOSANAH
HOKE THLOKKO CHEE 2/$10.40/20
    Lydia
CHO KAH 3/$15.60/21
    CHOK FUL KEE
    Toby
MARCY 1/$5.20/22
ELIZA 3/$15.60/23
    George
    Peter
ESTE MON THLA PAH 4/$20.80/24
    NATCH EE
    POTA KATEH EE
    FILINDAY
YAH MEE 4/$20.80/25
    Johnney
    SONNAH
    SIN TOOH CHEE
SIN EE TO 1/$5.20/26
KO WEE CHEE 2/$10.40/27
    Sammy LESTIE
OS WAH AH CHEE 1/$5.20/28
CHITTO FIXICO 5/$26.00/29
    ILLEY
    LI SO CHEE
    WAH KI YEE
    SENTEE
HUE BUTTAH 1/$5.20/30
POH HOSEE 2/$10.40/31
    Louisa
WAX O'GEE 2/$10.40/32
    LOSEY

Kowee Harjo's Band

KOWEE HARJO 2/$10.40/1
    HOKE TO CHEE
LUCY 5/$26.00/2
    SI ONNEE
    JOHNSEE

      Betsey
      Hannah
NANCY 3/$15.60/3
      HEPSEY
      CULLEY
ISTE LARNEE 5/$26.00/4
      NOSHOYEE
      TOCHEE
      Molly
      CHOLEKAH
GRAHAM, William 1/$5.20/5
SAMSEY 2/$10.40/6
      LARNEY, Lucy
PAH HAS HARJO 5/$26.00/7
      Mary
      JONESSEE
      SISSIE
      LOLEE
CHE TO KEE 6/$31.20/8
      LOFUTS OGEE (Dead)
      George
      LOSEY (Dead)
      Annie
      Nancy
SOTH LEE HI GEE 5/$26.00/9
      MARTHLA (Dead)
      CHOTEE
      FOLOTEE
      Mary
YAH LAH FIXICO 4/$20.80/10
      SUKKO SEE
      Sally
      Leah
YAH CUB BUH CHEE 5/$26.00/11
      KAH KAH
      SUKIN ME LINEE
      CHE PAR NEE
      NICY
WAH PEE YEE 6/$31.20/12
      WAHSENAH
      LINSEY
      Barney
      Jinney

       Lizzie
SAMMY 5/$26.00/13
       KIN KEE HEE
       JOH KAH
       MECHILEY
       SUM NOH HEE
LUBBITCHEE 5/$26.00/14
       TAH FIK LUM O'GEE
       HOKE THLUK O'CHEE
       KA LAR NEE
       Johnney
CHO HARJO 3/$15.60/15
       HUL HOKEE
       Baby
WILLEAH 6/$31.20/16
       SIN TON WEE
       OK LUEE EE
       PAH NEE
       Louisa (Dead)
       Samie
KATSA HARJO CHEE 3/$15.60/17
       FIK SO HARKEE
       NILLEY
MECHILEY 3/$15.60/18
       ARMESTAH
       Rhoda
ASSOVWAH 1/$5.20/19
WILLIE 1/$5.20/20
LETEKA CHEE 1/$5.20/21
HANNAH 1/$5.20/22
LOSEY 2/$10.40/23
       CHE PUN THLUKKO

Pahose Fixico's Band

PAHOSE FIXICO 3/$15.60/1
       WILSEY
       RAMSAY
CHO HARJO CHEE 1/$5.20/2
AMEY 4/$20.80/3
       CHE EN O'CHEE
       HOKE TO CHEE
       KOTS ILLIE

NOKOSE ILLIE 5/$26.00/4
    KATSA FIXICO
    Sammy
    FUL HOKEE
    KOTSA HARJO CHEE
HAKEE 4/$20.80/5
    NATTEE YEE
    Sally
    Mary
SO KAH KAH (Dead) 3/$15.60/6
    Lucy
    OK CHUK KAH
CUBBIAH 7/$36.40/7
    Johnnie
    SIN LO AH
    LEE SAH
    HOKE TO CHEE ETS LIKEE
    Lizzie
    KUTH HAYEE
TOKOSAR FIXICO 9/$46.80/8
    Miney
    CHEE PEE NUCKEE
    SAMSEY
    SINE PUL LINNAH
    NO KUTS KALI
    PUN KAH
    KO YAH
    TOMSEY
SUSEY 6/$31.20/9
    SENEE
    PAR NEE
    MU UTS IKEE
    CHEE WAH YEE
    HUK LEES KAH
WAH IH CHEE 3/$15.60/10
    JOE KAH
    THOMSEY
CHARLEY 6/$31.20/11
    SEHOK TO
    MEE LEE SEE
    KARLINA
    CHINNA
    Lizzie

NOKOSE FIXICO 3/$15.60/12
    SIN A HARJO
    CHOCK IKEE
CHO FIXICO 4/$20.80/13
    YAM KAH
    CHE PON OSEKA
    LANAH
O'CHEE, John 7/$36.40/14
    CHEETA
    KI OKEE LEE
    KO CHA
    MOSEY
    PATTIE
    JINSEY
SAL LOCK O'CHEE 3/$15.60/15
    Jennie
    Baby
CON CHART HARJO 3/$15.60/16
    Milley
    Katy

Pascofa's Band

PASCOFA 2/$10.40/1
    Jennie
THLA THLO HAAARJO 2/$10.40/2
    Sally
OKLIOR CHEE HARJO 6/$31.20/3
    OTHIE CHEE
    TOMAS KEE
    LARNEY
    PUMAH
    WATTIE
OKFUSKEY 5/$26.00/4
    CHEEPONEY
    CHARLUSEY
    Tommy
    PARNOSEY
TUSIKIAH HARJO 3/$15.60/5
    SUKEY
    Child
BROWN, Jackson 6/$31.20/6
    Robert

    Stanton
    Lucy
    Jennie
    Alice
MILLEY 4/$20.80/7
    Jenney
    HILLEY
    James
KOTCHEE YOHOLA 3/$15.60/8
    Martha
    AMUSEY
PAR NUCK O'GEE 4/$20.80/9
    LOFUL IYEE
    Henry
    ESTO CHEE
FANNY 4/$20.80/10
    William KEE
    William NERO
    HO PON WAH
LOU SOL EYEE 2/$10.40/11
    Nancy
SALLY 1/$5.20/12
BETSEY 3/$15.60/13
    ESTO CHEE
    MAGEELEE
FEEK LAMEE 1/$5.20/14
HOWAK KITS HARJO 6/$31.20/15
    PASSAKEE
    HARKEY
    Annie
    SEMOR HOYEE
    Child
THLA THLO HARJO 4/$20.80/16
    SAYEE
    Louisa
    Mary HOYEE
CHUS KAH 4/$20.80/17
    MUP AYEE
    WILLSEY
    CHE PAR NEE

William Noble's Band

NOBLE, William 3/$15.60/1
    Judy
    June
STEPNEY, John 8/$41.60/2
    RINA
    FED
    George
    Fanny
    Sancho
    Sally
    PUSSEY
MILLS, Toney 5/$26.00/3
    Thomas
    Betsey
    Katy
    Jim
BOWLS, John 4/$20.80/4
    Linda
    Boy
    Dick
GUIDE 4/$20.80/5
    Annie
    ELOYA
    Child
BOWLEGS, Cyrus 7/$36.40/8
    July
    Ben
    CRESSA
    Dennis
    Rhoda
    Eliza
DAVIS, Daily 7/$36.40/9
    Peggy
    Tommy
    Isaac
    AFFIE
    Charlie
    Clara
DAVIS, Jacob 11/$57.20/10
    MECCA
    Robert

    PINA
    BENUS
    Dora
    Isaac
    SALINE
    George
    Jim
    John
DOSAR 5/$26.00/11
    Nelly
    Bess
    Lizzie
    June
CHARLES, Helly 1/$5.20/12
BOWLEGS, Mariah 7/$36.40/13
    Flora
    Ben
    Cyrus
    Henry
    Bob
    Esther
AUNT FLORA 1/$5.20/14
JOHNSON 1/$5.20/15
FREEMAN 1/$5.20/16
JACOB 1/$5.20/17
CHEE NUS CHEE 1/$5.20/18
ADD, John 1/$5.20/19
HAGAR JUNE 8/$41.60/20
    Mary
    Nancy
    Puss
    Dilsey
    July
    Esther
    Child
JUNE, David 4/$20.80/21
    Colinda
    POMPY
    HENDRY
JIM 1/$5.20/22
SAYERS, Polly 7/$36.40/23
    Tom
    Becca

    Mariah
    Grace
    Sandy
    Noble
AUGUST 5/$26.00/24
    Louisa
    Margaret
    John
    Molly
SAYERS, Philip 1/$5.20/25
NOBLE, Tom 1/$5.20/26
BOWLEGS, Dick 5/$26.00/27
    Jenny
    Nelly
    Boy
    Polly
RHODA 6/$31.20/28
    George
    Katy
    Betsey
    June
    Jim
ELSEY 5/$26.00/29
    Titus
    Peter
    Billy
    Jack
BOWLEGS, John 5/$26.00/30
    Bess
    Willey
    Henry
    June
CUDJO, Sam 10/$52.00/31
    JONES, Lucy
    BENNUS
    Sam
    Bob
    Katy
    March
    CUDJO, Robert
    Perry
    Harriet
SWAMP, William 1/$5.20/32

BOWLEGS, James 2/$10.40/33
    Dinah
BOWLEGS, Nancy 5/$26.00/24
    Betty
    Willie
    George
    Child
CUDJO, Ned 7/$36.40/25
    Samy
    Willie
    Annie
    Child
    Child
    FOLDA
PALDO, Cyrus 1/$5.20/36
ELIZA 1/$5.20/37
JACKSON, Jessee 4/$20.80/37
    Nancy
    Peggy
    WANA
CULLY, Fay 3/$15.60/38
    Peggy
    Noah
ABRAHAM 1/$5.20/39
MARY ANN 1/$5.20/40
FOSTER, Thomas 9/$46.80/41
    Mariah
    Dinah
    Louisa
    William
    Robert
    Nancy
    DUCKEY
    Jack
PAYNE, Thomas 14/$72.80/43
    Ceasar
    AFFIE
    CUFFEE
    Eliza
    TENNY
    Gracy
    Sam
    Titus

    FLOMY
    James
    RAMSAY
    Harriet
    Baby
PAYNE, Callina 6/$31.20/44
    Ned
    Margaret
    Charley
    Richard
    Samuel
PAYNE, Samuel 7/$36.40/45
    Rebecca
    Jackson
    Lizzie
    Scilla
    Ceasar
    Gibson
PAYNE, Pompy 13/$67.60/46
    Hester
    Libby
    Lena
    John
    Fanny
    Hannah
    Bella
    OLSEY
    Katy
    Lena
    POSSY
    Baby
BARKUS, Joseph 15/$78.00/47
    Nancy
    Warren
    Peter
    DOSAR
    Sancho
    Monday
    Thomas
    Robert
    Polly
    Mary
    Lena

 Girl
 Girl Baby
 Baby
SALLY 15/$78.00/48
 Peggy
 TONEY
 Susey
 Eliza
 STEPNEY
 Pheby
 AFFIE
 PUSS
 Rose
 Sarah
 LONEY
 Child
 Billy
 Willie
LOTTY, Dindy 3/$15.60/49
 Molly
 Nancy
MUNGO, Scilla 3/$15.60/50
 Rose
 Polly
SAM, Robert 6/$31.20/51
 Dolly
 Bob
 AFFIE
 Baby
 PUSS
PRUNUS, Davis 11/$57.20/52
 Harriet
 Dawson
 David
 Elsey
 Madeline
 Henry
 KETTY
 Nelly
 HARKLESS
 SOFIA
CUDGO, John 13/$67.60/53
 Rose

CUDGO
MISSIA
Charlette
Betty
ROSER
Scilla
Gardener
Rose
Clara
MUGGY
Sarah
DAVIS, Sceppio 3/$15.60/54
    Flora
    PISA
JOSEPH 12/$62.40/??
    POMPY
    Monday
    Jane
    BOHMAN
    Freeborn
    Charles
    Baby
    Girl Child
NOBLE, Scippio 1/$5.20/55

Ben Bruner's Band

BRUNER, Ben 9/$46.80/1
    Rachael
    John
    PHARIO
    Doran
    George
    Lizzie
    Robert
    DILSEY
BETSEY 3/$15.60/2
    Richard
    Sammy
BRUNER, Ceasar 11/$57.20/3
    Nancy
    Lucy
    Benjamin

　　　　Washington
　　　　Summer
　　　　Charley
　　　　Douglas
　　　　Abraham
　　　　Baby No. 1
　　　　Baby No. 2
BRUNER, John 8/$41.60/4
　　　　Grace
　　　　Ben
　　　　David
　　　　Joe
　　　　Manwell
　　　　Tommy
　　　　Annie
BRUNER, Ellen 3/$15.60/5
　　　　Myers
　　　　Robert
JOHNSON, Robert 3/$15.60/6
　　　　Lizzie
　　　　COODY
TECUMSEH, Mary 9/$46.80/7
　　　　CULLY
　　　　Jimmy
　　　　Edmund (Dead)
　　　　Robbie
　　　　August
　　　　Manwell
　　　　SESSEY
　　　　Dickey
WARM, Catharine 10/$52.00/8
　　　　Sue
　　　　Dandy
　　　　Gill
　　　　Elvina
　　　　Sally
　　　　Annie
　　　　Eliza
　　　　Baby No. 1
　　　　Baby No. 2
PAYNE, Abraham 6/$31.20/9
　　　　PASY
　　　　Peter

    Lena
    Charlotte
    ABRAHAM, Katy
ABRAM, Rachel 7/$36.40/10
    Fanny
    EDD
    Sandy
    Plenty
    Henry
    Alex
COX, William 3/$15.60/11
    AFFEY (Dead)
    Rachel
DINDY, Monday 5/$26.00/12
    SOU
    Sam
    Ceasar
    Rachel
BRUNER, Sancho 3/$15.60/13
    DARCUS
    Betsy
CUDGO, Willy 6/$31.20/14
    Scilla
    Aaron
    Sarah
    Washington
    Ned
AARON, Betty 3/$15.60/15
    Tilda DARCUS
    DARCUS
HEROD, Nancy 3/$15.60/16
    Jack
    Dean
BOWLEGS, Matt 11/$57.20/17
    Lydia
    Delileh
    Sarah
    Grace
    Guss
    Mack
    Jack
    Hetty
    Martha

Nelly
JOHNSON, Dinah 6/$31.20/18
　　Pheby
　　Lydia
　　Pheby Jr.
　　Little Girl
　　Peter
CULLY, Fred 1/$5.20/19
ABRAHAM, Washington 1/$5.20/20
SANCHO, Jane 4/$20.80/21
　　Scilla
　　Robert
　　Delileh

John Jumper's Band

JUMPER, John 10/$52.00/1
　　Polly
　　Walter
　　James
　　Johnny
　　Sally
　　Mellee (Dead)
　　Rebecca
　　Judy Lilley
　　Joseph
CLOUD, Thomas 8/$41.60/2
　　Mary
　　Molly
　　SEVERS
　　KISSIE
　　Robert
　　Henry
　　MAYNIE
BROWN, Alix 3/$15.60/3
　　Lizzie
　　Johnny
COT CHE ILLE 3/$15.60/4
　　HOKE TO CHEE
　　Nancy
TUSEKIAH HARJO 8/$41.60/5
　　CHURCH, Annie
　　Samuel

    Louisa
    Polly
    Billy
    Walace
    CHEPON CHUPCO
ESSESE COCHEE 8/$41.60/6
    LUHITES HARJO
    MICCO CHEE
    PUNKAH
    PARNOSEY
    Daniel
    TOMASAYAH
    EICHOKE PEETEY
BOWLEGS, Majer 2/$10.40/7
    Annie
HULATOCHEE 5/$26.00/8
    SUHAYEE
    MORISEY
    Johnney
    PULWASKEY
NUCKEY, Johnney 6/$31.20/9
    THESAT HAYEE
    WARLINDA
    KISSA
    ELSEKEY
    MALSEY
PIN HAJO 3/$15.60/10
    YETAS HARJO
    SUCKTAH
ARTUS HARJO 3/$15.60/11
    ESLE CHEE
    SIN TO CHEE
WAXIE MUTHLA 8/$41.60/12
    BEN, Mary
    BEN, MESTE
    BEN, Lucy
    BEN, Hatty
    BEN, PETTY
    ROBIN, Eliza
    TUSKE ENE HUE
TALSEY, David 4/$20.80/13
    Albert
    Billy

　　　　CHO YAH
MICCO MOCHUSA 5/$26.00/14
　　　　MEHAKEY
　　　　WASHINGTON, John
　　　　MELESA
　　　　PETTY
MICCO HAJO GEE 4/$20.80/15
　　　　THUCCO, Louis
　　　　Polly
　　　　WASHINGTON, George
GREENSTOCK, Chaney 6/$31.20/16
　　　　David
　　　　Margaret
　　　　Ella
　　　　LEE CHEE
　　　　CHE PON O'CHEE
SAMPSEY 5/$26.00/17
　　　　BOWLEGS, Liza
　　　　HOKE TEE HUTKAH
　　　　YARUKAH
　　　　Jemima
CHEPUN BHUTEY 7/$36.40/18
　　　　LULKAH
　　　　SUFOKLOTEKEY
　　　　YA CHEE
　　　　JEFFERSON, Thomas
　　　　Samuel
　　　　Johnny
CARBICK CHO CHEE 6/$31.20/19
　　　　CAT CHE KAH
　　　　LU CHEE YEE
　　　　TOLONKA
　　　　HEESTEY
　　　　KOOSE
KUMMY 6/$31.20/20
　　　　Melisa
　　　　Judy
　　　　Lena
　　　　Louis
　　　　Emma
AUSTIN 8/$41.60/21
　　　　Manwell
　　　　Mary

       Samuel
       Lucy
       George
       Alice
       Samuel
BOWLEGS, Lydia 2/$10.40/22
       NICEY
NOKOS HARJO 6/$31.20/23
       Lucy
       Johnson
       Sampson
       Hannah
       Eliza
MARY 3/$15.60/24
       TENAH
       TULBAH
LOUIS 6/$31.20/25
       HATEE
       KATEE
       WISEY
       Lucy
       Hannah
CHE PUN THUCCO 2/$10.40/26
       SO CO YEE
CHEE PEE CHI CHEE 3/$15.60/27
       LOSOTKAH
       Hannah
BARKUS, Josiah 2/$10.40/28
       Annie
MICCO NUPPEE 6/$31.20/29
       ESPAR NEE HARJO
       CONIS HARJO
       KOWACK EMUTHLA
       Jennie
       Lucinda
MUFA TO TEE 4/$20.80/30
       COAUP FIXICO
       Eliza
       WILEY
HOTUE KEE FIXICO 8/$41.60/31
       HOLOT HOYEE
       HOKE TO CHEE
       YAH YAH

CHU KAH
PEEHEE CHEE
JELA
PARNO CHEE
TALSEY, Lucy 2/$10.40/32
    Lena
JUMPER, Samey 3/$15.60/33
    Lucy
    SALSEY

Nuth Cup Harjo's Band

NUTH CUP HARJO 6/$31.20/1
    Tomey
    Albert
    HEESBY
    Louisa
    Isaac
WALKER, James 7/$36.40/2
    Sammy
    PARNOSKAH
    Lizzie
    Annie
    WINEY
    Child
COWACK KO CHEE 7/$36.40/3
    Samey
    Louis
    Molly
    PO CHEY
    HATLEY, Liza
    Annie
TUMMY YARHOLA 1/$5.20/4
JENNATTA 3/$15.60/5
    Marty
    Child
POHESE HARJO 6/$31.20/6
    Sampson
    Sambo
    Polly
    KOOTNEY
    Judy
CHO FUK NO CHEE 5/$26.00/7

    Willie
    Pheby
    Robert
    ABIE
MASEY 7/$36.40/8
    MAHALEY
    TENAH
    PO CHEE
    Jennie
    Mariah
    COOSEY
THE THO FIXICO CHEE 5/$26.00/9
    HO PO ILLE
    ESPAR NE HARJO
    SULLY
    WILEY
SIMMONS, William 2/$10.40/10
    Sally
ARBEKA 5/$26.00/11
    HEETES HOYEE
    ESTE MA YEPEE
    HOKE TO CHEE
    Betsey
TE THE KEY 5/$26.00/12
    WINEY
    Polly
    Child (Dead)
    Betsey
O'CHEE, John 4/$20.80/13
    COT CHEE THUCCO
    DICY
    PEFATTE KEY
JONNEY 4/$20.80/14
    Louisa
    Annie
    Mary
THE THO FIXICO 5/$26.00/15
    Louisa
    George
    Fanny
    Baby
ROBERT 3/$15.60/16
    Rhoda

    Rebecca
ANNIE 2/$10.40/17
    HOKE TO CHEE
NICEY 4/$20.80/18
    Walace
    PAR NEY
    Billy
MARY 5/$26.00/19
    SILLA
    Child
    Girl
    Boy
MATEY 6/$31.20/20
    TENAH
    Monday
    Willie
    CHE PAR NEE
    Hannah
ARTUS YARHOLA 4/$20.80/21
    David
    SUMEY
    HULLOKEY
HANNAH 6/$31.20/22
    Johnson
    SITTEE
    Annie
    SOSANA
    Child
BOBY HARJO 4/$20.80/23
    William KA
    CHE PAR NEE Thomas
    EMUTHLA
ESTENEE, Nancy 7/$36.40/24
    NAMEY
    Ceasar
    Johnny
    Major Frank
    Major RAEESESET
    LOTT, Benjamin
SUSEY 3/$15.60/25
    Molly
    Ben

Tuste Nuck O'Chee's Band

TUSTE NUCK O'CHEE 3/$15.60/1
    Eliza
    Sally
SHORT BIRD (Dead) 6/$31.20/2
    SUPER HOYEE
    Marty
    Sarah
    Johnney
    RALLEY
ARHE LOCK O'CHEE 4/$20.80/3
    Polly
    David
    NASCHEY
THLE THLA HARJO 7/$36.40/4
    Judy
    WINEY
    PARNOSEY
    MEPUKEY
    Rhoda
    Jennie
CHO KA 4/$20.80/5
    FIK HUMMEYEE
    WISEY
    Child
NOKOS YARHOLA 5/$26.00/6
    CHUMSEY
    FAT CHEE HEE KAH
    THE FOP HOKEY
    Lucy
TUSEKIAH MICCO 5/$26.00/7
    SCHAKEY
    Marty
    Sarah
    Mary
HELES HARJO 7/$36.40/8
    NEEDY
    CHEEYEE
    THO LOT KAH
    Child
    ARHOYEE
    Child

OSA HEAE HEE 8/$41.60/9
  Sophia
  LEW EKEE
  POW HOSE YARHOLA
  SEE WAKEE CHEE
  COS CHEE PO MALEE
  Johnny
  Moses
SAMPSEY THUCCO 5/$26.00/10
  AR HEE LOCK FIXICO
  MAR KERNEY
  SU WA LOP KA
  Child (Dead)
OK CHUN HO LATA 6/$31.20/11
  PASNOSKA
  SAHEE LEE CHEE
  LUMEY
  SASEE HOYEE
  Lucy
GEORGE 6/$31.20/12
  MUT HOYEE
  SEMEE HOSEE
  Patty
  PAR NO CHEE (Dead)
  HOKE TO CHEE
ECHO ILLE CHUPCO 2/$10.40/13
  FANOKEY
YARHOLA, John 4/$20.80/14
  NICY
  WELET
  Child
EMUTHA THOCCO 1/$5.20/15
LILEY 2/$10.40/16
  Peter
COSA MICCO 2/$10.40/16
  THEE FEE HEE
CAR BICK CHEE FIXICO 7/$36.40/17
  WAXIE HOLATA
  CHEE SEE PEE
  WELET
  SUSEY
  WISEY
  CHE PONNEY

FALASKO 4/$20.80/19
    MELEYAH
    TE HIN WAH
    Child
PEFATKA 1/$5.20/20
COT CHA HARJO 6/$31.20/21
    Mary
    Liza
    NEELY
    Lucy
    HANA CHEE
SWEETEL HARJO 1/$5.20/22
CHE TUMSEY 7/$36.40/23
    SUCK LOM KEY
    Jemima
    Lucy
    Louisa
    Child
    LOYAH
O'CHEE YARHOLA 6/$31.20/24
    ARHE LE MUTHLA
    POSSULEY
    Billy
    NAN CHEY
    NANEY
WAXIE HOLATA 3/$15.60/25
    Milley
    COWAS FIXICO
MEE YAKEE 7/$36.40/26
    Hannah
    Leah
    Mariah
    COU OHEE
    Jackson
    Jennie
SEMAH 1/$5.20/27
OSSA FIXICO 3/$15.60/28
    MARATH KA
    Molly
CAT CHEE YARHOLA 8/$41.60/29
    David
    Polly
    WINEY

    LUSKA
    WELEY
    DICY
    Child
CARBICK CHEE YARHOLA 4/$20.80/30
    OK TAR CHEE CHUPCO
    TAK LEE CHEE
    Peter
ESTE CHUCKSEE HOKEE 6/$31.20/31
    TEE MO HE LE CHEE
    Lydia
    Alix
    Mack
    CHOPUNO CHEE
ISKEE PAKEY 4/$20.80/32
    Jennie
    LARNEY
    Lucy
WAXIE HARJO 9/$46.80/33
    Lucy
    TILOKEY
    LEKEY
    Harry
    JOHNSON, Wiley
    ITS MA
    Judy
    Child
COSBIE CHO CHEE 8/$41.60/34
    CHO FIXICO (Dead)
    CHO LE FIXICO
    PAR MEY
    KEN CHEE PEY
    TEN HEE PUKEY
    LE CHEE
    Polly
OSSON EMUTHLA 5/$26.00/35
    CHO ILLE (Dead)
    SEE MEE WEE
    WENSLEY
    Sambo (Dead)
KO LOMEY 1/$5.20/36
OKTEAR CHEE FIXICO 8/$41.60/37
    KENNE NEE

    THOFEE
    MEKAE HOKEY
    ESTEME SEEPEE
    SUL HUL HOKEY
    HOKE TEE POLOKEE
    Child
SELE CHEE 6/$31.20/38
    Foster
    MEHASEY
    MEE CHULEY
    FOTUP PEE CHEE
    Susanah

Parsuck Yarhola's Band

PARSUCK YARHOLA 8/$41.60/1
    NARPO ECHEE
    MEE YEE
    MA AGEE
    Susie
    Polly
    Child
    Noah
HUL PUTTA 5/$26.00/2
    MELESEKEY
    LENAH
    George
    Jennie
WEST, Thomas 6/$31.20/3
    Sarah
    William YAMAH
    Bessey
    James
    Thomas
SUSANAH (Dead) 4/$20.80/4
    KAEKEY
    FOLOMA
    Mary
BENNIE 5/$26.00/5
    Tilda
    Martha
    Nancy
    Child (Dead)

CHOKA 3/$15.60/6
    Hannah
    CHE PON O'CHEE
FOOS YARHOLA 6/$31.20/7
    PARKEELEY
    THLE SE ME LA HOKEE
    Gibson
    Hannah (Dead)
    Child
SUYAH 2/$10.40/8
    CHONEY
PARHOSE HARJO 7/$36.40/9
    HOSKER
    TAKOTES HOKEE
    SUYAH
    SHUKEY
    NO CHEE ME HEE
    Child
ARBUCKLEE 5/$26.00/10
    HAPEEYEE
    Sissey
    TALEKA
    Child
ELAN HARJO 6/$31.20/11
    PENLOT HOYEE
    AR CHOLEY
    SELELEY
    Annie
    Billy
COT CHEE 5/$26.00/12
    SELEY
    SOWANOKEY
    Molly
    Child
YARKEE HEE 5/$26.00/13
    Jennie
    Louisa
    Major
    Johnie
MATTEE 4/$20.80/14
    TEKA
    CHE ME LEE
    Child

CHEPUNEY 5/$26.00/15
    Judy
    Lucy
    HOKTE
    Child
CHE COTE SAM 2/$10.40/16
    EU FU YARHOLA
EUFALA WILLIAM 4/$20.80/17
    Nancy
    Polly O CHEE
    JOHNSEY
LUCY 3/$15.60/18
    MAIMY
    Child (Dead)
PETER 2/$10.40/19
    CISSEY
MUNEE TOKEE 2/$10.40/20
    TOCK O'CHEE
BETSEY 4/$20.80/21
    MOLLO CHEE
    KISSIE
    Child
WASHINGTON 8/$41.60/22
    Harry
    Betty
    Rebecca
    MAYNEE
    Child
    ESTO CHEE
    CHO KEE

Chitto's Band

CHITTO 3/$15.60/1
    Louisa
    Wilson
COT CHEE YARHOLA 4/$20.80/2
    Susan
    RALLY
    Betsey
FOOS HARJO 5/$26.00/3
    Jennie
    Susan

OSSOON
CHE KUSSEE
PAR SUCK HARJO 4/$20.80/4
    Louisa
    Jennie
    Susey
EUFUL A HARJO 2/$10.40/5
    WINEY
HOPEE YEE 4/$20.80/6
    CHE PUNEY
    ARCHEE WE CHEE
    NITTA COT CHEE
MEE PETTA 3/$15.60/7
    Eliza
    Child
ARHE LUCK TUS TUN NEEGGY 11/$57.20/8
    ARHE LUCK E CHUPCO
    LARNEGO
    CUT CHEE
    OSSOWA HARJO
    SO LE TA WO
    CHE WAS TE YEE
    ME KE LEE SEE
    Sally
    Rebecca
    Mackey
FIXICO THUCKKO 5/$26.00/9
    Sally
    NARO
    William KA
    KOOTS KA
FACTOR, Thomas 3/$15.60/10
    Susanah
    Noah
TOMMY THOCCO 5/$26.00/11
    FACTOR, Fanny
    FACTOR, Eliza
    Joe
    HOKE TO CHEE
FACTOR, James 2/$10.40/12
    Sophia
KOSA 3/$15.60/13
    Mariah

　　　　SUKEY
YUMPA 6/$31.20/14
　　　　SUKO YI CHEE
　　　　Nelly
　　　　SUKEY
　　　　Hannah
　　　　John
THLU THLO HARJO 9/$46.80/15
　　　　FOOS HOE CHEE
　　　　TO CHEE
　　　　Jennie THUCCO
　　　　NOPO ECHEE
　　　　TI HOE CHEE
　　　　KU CHEE KEE
　　　　LUN AH
　　　　GYPSEY
NOKOSE EKEY 4/$20.80/16
　　　　MUNA CHOMEY
　　　　PUSUT KEY
　　　　OTHO CHAT
SA YAR HOKA 1/$5.20/17
HUCK CHUPCO 2/$10.40/18
　　　　HOW KAH
SARAH 4/$20.80/19
　　　　NICY
　　　　Billy
　　　　Child
COT CHA HOLATA 3/$15.60/20
　　　　TOWE LA KEE
　　　　ESTO CHEE (Dead)
CAR BICK CHO HARJO 7/$36.40/21
　　　　HOKE TEE LARNEE
　　　　CHEE KEY
　　　　CHEELLMAH
　　　　Austin
　　　　Lucy
　　　　ESTO CHEE
FACTOR, Seley 3/$15.60/22
　　　　Sam
　　　　Moses
HARJO, Tommy 4/$20.80/23
　　　　CHEM KAH
　　　　SULEY

ESTOCHEE
BOWLEGS, Charley 6/$31.20/24
 BROWN, John F.
 SUTTAH
 Ceasar
 HOKE TEE
 CAR BICK CHEE YAR HOLA
THOMY 4/$20.80/25
 Tommy
 Wilson
 MULSEY
HORUTS HOYEE 7/$36.40/26
 CHE PUNEY
 ESHOPOTHE NIKEE
 Alex
 Peter
 Fanny
 William

Echo Emuthla's Band

ECHO EMUTHLA 7/$36.40/1
 HOLOT HOYEE
 YAF KAH
 ESTE LE CHET
 PAR NO CHEE
 OHEE KUETS KAH
 Child
ESTO E HARJO 5/$26.00/2
 ARSET
 SUKTE KET
 TEINA SET
 HOKTE CHOT KAT
KAN CHATEY 5/$26.00/3
 HEPSEY
 SUM TEE LUKET
 MU YOPOSKEE
 Child
BURGESS, Ceasar 2/$10.40/4
 WARLESKA
THLA HARJO 6/$31.20/5
 SEE HUMKAH
 PEFAT HOCHEE

CHOFFEE
    Susan
    Eliza
CHOR LEE MUTHLA 3/$15.60/6
    SEE HUMEY
    SUE TA YEEKEE
SANKO 3/$15.60/7
    SEE HOKEE
    EAMEKEY
PARHOSE HARJO 5/$26.00/8
    MUSKAGEE
    KOOSKA
    TUMMY LARNEY
    HOKETEE LARNEY
KINTA 8/$41.60/9
    David
    SUKEY
    MUTTEE
    Peggy
    Hettie
    CHE PAR NO CHEE
    ESTO CHEE
OK LAR HE SA 8/$41.60/10
    SAR LEE CHAT
    SEE POK HOTEE
    PANNEY
    CHOK HEE NEE
    SETLET
    CHEPUNET
    CELEY
AR CHO LEE HARJO 7/$36.40/11
    CONI HET
    LEE CHET
    COOSET
    FIK HETH KET
    Betsey
    CHEPONEY
WAX EYARHOLAR 3/$15.60/12
    Baby
    Alex
TUSKIAH HARJO 6/$31.20/13
    OSSO YARHOLAR
    Eliza

    SUITA
    Bennie
    Annie
COT CHEE FIXICO 5/$26.00/14
    CHO KO CHEE
    OSA FIXICO
    TUM NEE CHEE
    Eliza
HANNAH 3/$15.60/15
    Mary
    HEPEYEE
ESTE PEE YEE 5/$26.00/16
    SU KETHEE
    Polly
    HOKE TEE
    PHEE HEE CHEE

Nokos Emuthla's Band

NOKOS EMUTHLA 4/$20.80/1
    SUPEN HUNKA
    KAEKA
    KOWA KO ENEE
NEE HEE HARJO CHEE 7/$36.40/2
    MESET HOYEE
    Harry
    MEET HOYEE
    LINAH
    Ceasar
    TAL CHEES KA NUKKEE
ETCHAS WA CHEE 4/$20.80/3
    PASTEY
    KUM PSEY
    Eliza
SALLY 4/$20.80/4
    Willy
    Jonah
    Child
FOS HARJO CHEE 5/$26.00/5
    LETTE KEE
    SOTE
    Rosannah
    Walter

BABY 3/$15.60/6
    MANNEY
    TOKUE LEKEE
TUSEKIAH HARJO 4/$20.80/7
    SEPOE CHEE
    SEE THEE PET
    ME HOE YEE THEE
SAR MEE LEE 3/$15.60/8
    U PA TO TEE
    Molly
SENESEE 6/$31.20/9
    TEWOLE
    Willie
    Alix
    SOHANDA
    Jennie
SOK PEE YEK CHEE 3/$15.60/10
    Mary
    KALARNEY
PARNEY 5/$26.00/11
    CAR WAP HOKEE
    Sammy
    RUFFNA
    LUSA CHEE
NCHEE HARJO 7/$36.40/12
    MUL LE YA CHEE
    PUNCHO
    Betsey
    MULLE YO KUP
    Molly HOK TUE CAT
    KOT CHEE HUL WEE
HUL PUTTA MICCO 6/$31.20/13
    Billy
    CHEE LO WEEKEE
    Charley
    Leah
    WENELEY
NOKSEY 6/$31.20/14
    LARNEY
    Betsey
    Nelly
    NARCHEY
    Child

TOKOTHEKEY 4/$20.80/15
 SELE HEKEY
 AR WEE PEE
 Rhoda
HOKETEE THUKKO 3/$15.60/16
 GIBSEY
 JOHNSEY
FOOS HUTCHE NE HA THUCCO 5/$26.00/17
 NE HEE THUCCO CHUPCO
 EPESKEE
 CHEESKA
 TOBIKSAT
FEKKONE 3/$15.60/18
 Sally
 NARSEY
KOWE HARJO GEE 4/$20.80/19
 YARTHE KEY
 SEPSEY
 SUY ECHEE
SETE HOYEE 5/$26.00/20
 KENNEYA
 CHEET OKEY
 FOOS EKEY
 LENTEY
JOHNSUMA 5/$26.00/21
 Bessey
 JOHNSEY
 ESPEEL PUKEY
 Jennie

Cot Chee Chee's Band

COT CHEE CHEE 4/$20.80/1
 COLATEE
 GUNKAH
 CHEPON OKA
TOKO THE KY 3/$15.60/2
 Lucy
 SELAH
ARBE YOKEE 6/$31.20/3
 PUEKAH
 FEKSO MEKEY
 THO PO TO CHEE

HOKE TE CHET
TENAH
PUCHEE HARJO 5/$26.00/4
    FOLLEYETT
    RALY
    FOOLE CHET
    FANNET
OK LAR THLEE 5/$26.00/5
    OR YA CHEE
    WARLAPEY
    SAWARLAPEKEY
    Child
ESFALLEKET 2/$10.40/6
    Lucy
COWELE 4/$20.80/7
    HEOSEPUT
    Charley
    Child (Dead)
NOKOSE HARJO 5/$26.00/8
    HOKLE THUCCO
    CHEE KEYAH
    Austin
    LE CHAT
HESIKO 8/$41.60/9
    Hannah
    SAMAEE
    Sammy
    EUTE YANETT
    HOKTE
    Child
    ESTO CHEE (Dead)
COSA HARJO 5/$26.00/10
    KATO LARNEY
    CHEESKA
    Child
    ESTO CHEE
ARHEE MICCO 1/$5.20/11
WELIE KEEPEE 3/$15.60/12
    Mexico CHEE
    Eliza
TUMMY TUSTE NUGGEE 4/$20.80/13
    EU HOK TALET
    KIMIE HET

  THE PAT TOKEE
LEAT KAH 4/$20.80/14
  TAYIKET
  ENMYET
  TAMEEKEE
FOS HARJO 5/$26.00/15
  TAKOSKA
  Betty
  AMESAKEE
  Samuel
OSSOONWA 3/$15.60/16
  CHOKELES HARJO
  ARK YE CHEE
TUSTE NUKEE 1/$5.20/17
TALSEY MICCO 1/$5.20/18
OCHEE HARJO 4/$20.80/19
  TOSE HOKET
  CELET
  CHE PON CHEETEE
CHEE HOKEE 4/$20.80/20
  POKO THE KEY
  ESTO CHEE
  Child

John Chupko's Band

CHUPKO, John 6/$31.20/1
  WELEY
  YARHOLAR
  Lucy
  KISSIE
  CHEPONNIE
CHO KO CHEE 5/$26.00/2
  MELINDA
  MAYNIE
  WILLIAMSEY
  NEEDY
KATIE 6/$31.20/3
  MELEY
  CHOFFEE
  LINAH
  PAROH
  Child

COT CHEE HARJO 3/$15.60/4
    CHAN EHO YEE
    Nancy
SOME CHE CHEE 4/$20.80/5
    Lucy
    SAMPSEY
    Child
WILLIAMSEY 2/$10.40/6
    Tomey
CHE PON CHUPCO 6/$31.20/7
    NUFFEE
    MELEY
    CHE PONE TOKA
    MUTTEE
    Child
ARHE LOCKEY 3/$15.60/8
    PUN FI YI KEE
    SEE TEE YEE NEE
CHOKA SALSA 3/$15.60/9
    GUMMY
    CESSEY
CHOK AH 2/$10.40/10
    Mexico
MICCO HOTKEY 3/$15.60/11
    Susanah
    Child
POLO CHEE (Dead) 2/$10.40/12
    CHO KAH
NANCY 1/$5.20/13
LUCY 5/$26.00/14
    WOSENA
    Dolly
    Jennie
    MOSEY
KO NEPPEE 6/$31.20/15
    PAR THAN KAH
    PAR NOSKAH
    SOK HEE KEY
    ESSEPEE
    MELLEN
SAR SEE GEE 1/$5.20/16
NANCY 2/$10.40/17
    Louisa

POLLY 3/$15.60/18
  ESTO CHEE
  George

Okfuskee's Band

OKFUSKEE 6/$31.20/1
  MEE CHEE HEE NEE
  TE THEFKA
  Josey
  Susey
  Tomey
CARBIE EMUTHLA 1/$5.20/2
SUNE THA NAKEE 2/$10.40/3
  YEK CHEE
ET CHAS FIXICO 4/$20.80/4
  HOWE CHEE CHEE
  MEE YOU KEE
  OM O CHEE
NOKOSE ARCHOLA 2/$10.40/5
  FA YEE CHEE CHEE
  TUPPIE
ME HEE YEE 3/$15.60/6
  FALLEKEY
  Polly
EU THAN ESSE MUTHLA (Dead) 2/$10.20/7
  PARHOKEY (Dead)
TALWA HARJO 6/$31.20/8
  HOPETHEY
  TAM CHEE
  Baby
  CILLA
  HOKEY
CARWAPEY 3/$15.60/9
  THE MEE WEE
  Lucy

Tummy Harjo's Band

TUMMY HARJO 2/$10.40/1
  WHITE KAH
MALO CHEE 3/$15.60/2
  Polly

    WILLIAMSEY
MINKEY 4/$20.80/3
    MESELET
    HALLY
    Austin
PARHOSE TUSTEE NUGGEE (Dead) 3/$15.60/4
    MIN CHESTEE
    Linda
TAHMEE 3/$15.60/5
    Polly
    Wilson
    MARKEL TORY YEE
MARTIN 3/$15.60/6
    Susan
    SAMSEY
WE HO YEE 3/$15.60/7
    ELEOR
    WARBBY
GEORGE 4/$20.80/8
    MULLY
    SALLAH
    Nelly
PASSKEY 3/$15.60/9
    Willey
    JOHNA
PONO CHEE 2/$10.40/10
    Judy
PEN KAR HE CHEE 2/$10.40/11
    AWOSEY
NELLO CHEE 3/$15.60/12
    Peggy
    Joseph
HARMARTEE, John 3/$15.60/13
    Betsey
    Charley
WASHINGTON 3/$15.60/14
    Susan
    Johnie
LUCY 2/$10.40/15
    Susey
MINEY 4/$20.80/16
    CESSEY
    Susan

       Albert
ROBERT 2/$10.40/17
       SEALEY
SIGAR 5/$26.00/18
       MOSEY
       LISELAH
       Taylor
       LYDIE
LUNEKER, Jimey 1/$5.20/19
CHESSEY 2/$10.40/20
       George
DOLET 1/$5.20/21
LARNEY, Lucy 2/$10.40/22
       Jennie
CHUPCO, Jennie 2/$10.40/23
       Jennetta
THLARS LE LIKSE 1/$5.20/24
NILLIE 1/$5.20/25
ARLE CHI CHEE 1/$5.20/25

Added After Roll Was Completed

AFFEY (Davis Primus Noble's Band) 1/$5.20/
CHILD (Cowe Harjo's Band) 1/$5.20/
SOFY (Short Bird's Band) 1/$5.20/
TOM FLOBBY (Manwell's Band) 1/$5.20/
OCHEE, John (Foos Harjo's Band) 1/$5.20/

NELLY (Paid in two bands & money refunded $5.20)

Added After Payment Was Made

William Noble's Band

JANE 5/$11.10/
       Isaac
       Mary
       Fannie
       Simon
ELIZA 3/$6.66/
       TENA
       Katie
LITTLE JOHNSON 1/$2.22/

1874 ANNUITY ROLL
3RD & 4TH QUARTERS, VOUCHER 1
SEMINOLE INDIANS
OF
FLORIDA

Thle Harjo's Band

CHUPCO, John 5/$24.25/1
    Jennie
    LINA
    THLA WE YA NEE
    TY YE CHEE
COH SO LAR ME 7/$33.95/2
    Sarah
    Susie
    Charley
    PE CHEE
    Betsey
    William
PIE CHI CHEE 6/$29.10/3
    ATLEE
    MA KO YE KEE
    HALLEAH
    OWE LOCK EE
    Nancy
SIC CHEE 5/$24.25/4
    FOU NOCKEE
    SO MACK SO MY KEE
    Sandy
    Minne
MILLY 4/$19.40/5
    Sally
    Nelly
    Henry
TUSTE NUCK HARJO 3/$14.55/6
    Milly
    Fanny
HOSKEE, Tommy 2/$9.70/7
    SIMI YEE
AR TUS HARJO 4/$19.40/8
    PO HY KEE

　　　　SA FIK LUMKA
　　　　Sandy
KO WE HARJO 4/$19.40/9
　　　　SUCK TI E CHEE
　　　　WISEY
　　　　Betsey
OK TI AR CHO CHEE 4/$19.40/10
　　　　WE LAH
　　　　SUIE OW DA LY KEE
　　　　Milly
OK CHOW FIXICO 7/$33.95/11
　　　　Charley
　　　　SUIE E HARJO
　　　　Molly
　　　　SO HOTH LEE
　　　　Martha Jane
　　　　Johnson
OK CHOW HARJO 6/$29.10/12
　　　　Sammey
　　　　TE Y E CHIT CHEE
　　　　YOO NA YEE
　　　　THLA SUT TEE
　　　　SOOKEY
MUT TUTH HO KEY 4/$19.40/13
　　　　Annie
　　　　I ETA
　　　　KA PAR NEE
UNASSEE 2/$9.70/14
　　　　TOMASSEE
GILBESH 4/$19.40/15
　　　　PAR HEE CHEE
　　　　KAP A HA KEE
　　　　E HUN KA
AH HA LOCK OCHEE 3/$14.55/16
　　　　PAR SUCKEE
　　　　NICEY
SE TE NOCK EE 3/$14.55/17
　　　　SUK AK NA KEE
　　　　CHO KAH
THLE HARJO 5/$24.25/18
　　　　OK A LEE SEE
　　　　YAR FO LIKEE
　　　　KA FA KA

NO KOS O CHEE
BROWN, E. J. 1/$4.85/19
AH HA LOCK EE 5/$24.25/20
 FY HO KEE
 Georgie
 KISSIE
 Warner
TY HY KEE 2/$9.70/21
 JACKSEY
BEMO, J. D. 1/$4.85/22
OSSAW A HOYO 5/$24.25/23
 SOOKEY
 MELIAH
 Melinda
 LILA
NUTH CUP HARJO 6/$29.10/24
 KITH HO YEE
 NO CHI CHEE
 NARCHY
 DICKEY
 Josiah
CHO FUL AP FIXICO 4/$19.40/25
 ALDER, Tommy
 Sally
 SEE PEE SEE
PAR NOCK OCHEE 3/$14.55/26
 SE LE NA DEE
 NOTS HI YEE
CA PITS OCHEE 14/$67.90/27
 DICY
 Louisa
 Milly Jane
 PO LOH KA
 THLA O THLY GEE
 WILLEY, John
 KA NEE
 MA HO KEE
 CHO KOH YAR HOLAR
 Molly
 TENA
 Amy
 ISTOCHEE
JOHNSON, Robert 5/$24.25/28

    Lizzie
    COODY
    Jack
    Sarah
BOWLEGS, Ceasar 1/$4.85/29
GOODMAN, Ceasar 1/$4.85/30
CHE SOP KA 3/$14.55/31
    Jennie
    Johnie

Manwell's Band

MANWELL 7/$33.95/1
    Susie
    Lucy
    Carlina
    Eli
    Cindy
    KISSIE
CHA SU A HOLAR 1/$4.85/2
HALLEY 5/$24.25/3
    Mary
    Robert
    Mattie
    Jack
LEAT KA 4/$19.40/4
    Lizzie
    John
    Albert
LOOS KA 4/$19.40/5
    Mary
    SOFEE
    Susie
ELLEN 4/$19.40/6
    Martha
    BUCK, John
    Alex
BERRYHILL, John 3/$14.55/7
    LILA
    Leah
CHISSE HARJO 6/$29.10/8
    SOPKA
    SALLIE

    HOK TO CHEE
    CHE PAR NEE
    Daniel
BETSEY 8/$38.80/9
    JOH KA
    WELLEAH
    Charley
    LELLEY, John
    LOSEY
    Eliza
    ISTOCHEE
MCKANE, James 6/$29.10/10
    SOOKEY COLONELS
    Annie
    Johnson
    Nancy
    KESSIE
HOK TEE 4/$19.40/11
    Willey
    James
    Jennatta
JUDY 3/$14.55/12
    Josiah
    ISTOCHEE
SAM OCHEE 3/$14.55/13
    HOK TO CHEE
    SAM PATCH
WOH KE YAAR HOLAR 6/$29.10/14
    MA PEE HO YEE
    Jennie
    Charley
    Jackson
    CHA KI KEE
JENNIE 5/$24.25/15
    HEPSEY
    Sammie
    Mattie
    ISTOCHEE
SO ILLA DA 3/$14.55/16
    Wilson
    Eliza
WOR LE TA 4/$19.40/17
    SOSANNA

CHOK TE KA
　WISEY
YA HA FIXICO 10/$48.50/18
　PORTER, John
　Lucinda
　SO MY YEE
　MIN NE HEE CHEE
　Elsie
　Lydia
　Peter
　ISTOCHEE
　ISTOCHEE Jr.
SAW O CHEE 4/$19.40/19
　HOK TEE
　George
　Baby
GEORGEE 2/$9.70/20
　POU NE AH
PAR NEE 1/$4.85/21
COW PE CHEE 2/$9.70/22
　SE HE KEE
ME LIN DA 3/$14.55/23
　Bob
　Dick
TOW TY O LEE 3/$14.55/24
　SOOKY
　ISTOCHEE
SA HO YI CHEE 3/$14.55/25
　WISENER, Sarah J.
　CHILDERS, Amy
TUL WA FIXICO 1/$4.85/26
OS LOD KA 4/$14.55/27
　YOAH CINDA
　Nancy
　Elsie
YAH MEE 3/$14.55/28
　Annie
　BATIE
SAI YA WILLEY 9/$43.65/29
　John
　Billy
　Katie
　Sallie

    Charley
    Saucy
    Lizzie
    Jack
FUL LIN NA 5/$24.25/30
    Annie
    Johnie
    George
    ISTOCHEE
POLLY 3/$14.55/31
    Joshua
    CHUS KA
TOM THLAPPY 1/$4.85/32
PAS CO FOR GEE 1/$4.85/33
AH HA LOCK CHUPCO 4/$19.40/34
    Jennie
    CHE PAR NEE
    HOK TE WOLELEE
CHO HARJO CHEE 3/$14.55/35
    Susie
    Johnsey
WAXIE HARJO CHEE 6/$29.10/36
    THOMASSEE
    Sally
    Dickey
    SLOF KA
    JUI O CHEE
KO SAR HARJO 5/$24.25/37
    HOK TE THLOKKO
    Lucy
    SAMPSEY
    Georgie
ECHO ILLEE HARJO 5/$24.25/38
    FAL HO KEY
    Tommy
    KIN HEE CHEE
    ISTOCHEE
JOHNNIE 1/$4.85/39
FAT SEE 5/$24.25/40
    MA HO KEE
    CHE PAR NEE
    MILSEY
    ISTOCHEE

CHA LAR NEE 4/$19.40/41
    YA KI CHEE
    HALLEY
    SUL LA TO KEE
KO WA KO GEE 2/$9.70/42
    WISEY
WILIAM SEE 4/$19.40/43
    MALEY
    NITEY
    Fanny
SO TE KEY 6/$29.10/44
    Annie
    Jack
    Billy
    ISTOCHEE
    SOCK SEY
DICY 2/$9.70/45
    PAR NEE
NO COS ILLEE 3/$14.55/46
    Fanny
    CHE PAR NEE
BILLY 1/$4.85/47
DOLLY 5/$24.25/47
    ISTOCHEE
    Scott
    Nancy
    TOM O CHEE
CHE PAR NEE 5/$24.25/48
    NICEY
    NITS HO YEE
    Jennie
    SE LO CHEE
NO COS FE GEE 8/$38.80/49
    SA BIT CHEE
    NAN NO YE
    ME SAT
    TENNY
    FISH OH
    CHE PAR NO CHEE
    ISTOCHEE
SISSY 5/$24.25/50
    CHE TAH
    SA TER

  Tommy
  William
CHO FIXICO CHUPCO 5/$24.25/52
  Milly
  WILLIAMEE
  SEE COT
  ISTOCHEE
ECHO E MARTHLO CHEE 4/$19.40/53
  UN THLA WEE
  SIP KA
  SAMPSEY
POLOKEY, John 1/$4.85/54

Fos Harjo's Band

FOS HARJO 5/$24.25/1
  Eliza
  DAVIS, Sarah J.
  MITCHELL, Harriett
  Amy
TIM AH HO YEE 3/$14.55/2
  Hannah
  NAL O CHEE
AH HA LOCK E MARTHA 6/$29.10/3
  LOSEY
  LEANNIE
  BETSIE
  PHEMIE
  HOT TO CHEE
WAXIE YAR HOLAR 5/$24.25/4
  MOSEY
  LOSEY
  Nancy
  ISTOCHEE
PAR NEE 4/$19.40/5
  PAD KEE
  O E KUS HARJO
  ISTOCHEE
MAR SE LEE NA 3/$14.55/6
  YAR HO YEE
  LINA
YAR HO CHEE 2/$9.70/7
  HOK TE LOR NEE

SALLY 5/$24.25/8
    CHE TO WEE
    CHE POW KA
    Molly
    Jennie
SO FE LICH EE 4/$19.40/9
    HOK TUS LUS TEE
    NO SUTTIE
    Louisa
HOK TE THLOK KO CHEE 3/$14.55/10
    Lydia
    E FUL LO
JA KEY 3/$14.55/11
    CHOK FUL KA
    Toby
MARSEY 1/$4.85/12
ELIZA 3/$14.55/13
    Georgie
    Peter
ISTE NEE LA CHOPPEE 5/$24.25/14
    NARCHY
    POTOKEE
    PAU LINNA
    Susanna
YAH ME 4/$19.40/15
    Johnie
    SENNA
    SIN TO CHEE
SIM E TO 1/$4.85/16
SAM LASLEE 1/$4.85/17
OSWA AH CHEE 1/$4.85/18
CHITTO FIXICO 7/$33.95/19
    I LEE
    LY SO CHEE
    WAL KI YEE
    SUE TIE
    Jimmy
    Milly
HUL PUTTA 1/$4.85/20
POW HO SEE 2/$9.70/21
    Louisa
WAX O CHEE 3/$14.55/22
    Lucy

    ISTOCHEE
SANDY 1/$4.85/23
THLA KA 3/$14.55/24
    LO LEE
    JO CHEE
CUN TUL HORJO 1/$4.85/25
COT CHO CHEE 3/$14.55/26
    TO KA THLY KEE
    MA HO YEE
EU FALO CHEE 2/$9.70/27
    Lizzie
OK CHUN WA 1/$4.85/28
THLA LO MY HEE 1/$4.85/29
SO LIT CHEE 1/$4.85/30
PAR SUCK HORJO 7/$33.95/31
    HOK TE MIKKO
    HO PE YEK CHEE
    TE TA KE
    ME HA KEE
    HOK TO CHEE
    Johnie
POU KILLEE 3/$14.55/32
    Susie
    JANATTA
LOUIE 3/$14.55/33
    ISTIL LET KA
    LET E CHI CHEE
CHO KAH 3/$14.55/34
    NOS KA
    KAS SAR
CHAP PAR NA 5/$24.25/35
    IS TE MARTHLA
    COF CHE LAR NEE
    CILLA
    SOSANNA
NO COS HORJO CHEE 3/$14.55/36
    OWE LOCKEE
    OSSUN WA CHEE
FUS YAR HOLAR 3/$14.55/37
    HO PEE THLEE
    ISTOCHEE
HOK TE THOKKO CHEE 3/$14.55/38
    Johnie

    SISSIE
LA BIT CHEE 3/$14.55/39
    SA FIK LUM IKEE
    FUL HO E CHEE
KO WE HORJO 3/$14.55/40
    HOK TO CHEE
    CHO KA TEE
ME CULLA 3/$14.55/41
    Nancy
    HEPSEY
SA KA SEE 4/$19.40/42
    Sally
    Leah
    CHE PAR NEE
YA CA PETS CHEE 5/$24.25/43
    KA KEE
    SOO KIN HE NEE
    Johney
    HOK TO CHEE
GRAHAM, William 5/$24.25/44
    Jennie
    Eliza
    SOSANNA
    HALLEAH
THLA WEE 2/$9.70/45
    ALLIE

No Kos E Marthlo Gee's Band

NO KOS E MARTHLO GEE 4/$19.40/1
    SOP E HUN KA
    KO E KA
    KO WA KO CHEE
NE HE HARJO CHEE 7/$33.95/2
    NE SUSHOYEE
    HALLY
    MUT HO YEE
    LINAH
    Ceasar
    TAL CHES KA MIKKO
ET CHAS WA CHEE 4/$19.40/3
    PASTEY
    KUMPSEY

    Eliza
SALLY 4/$19.40/4
    WELLY
    Jonah
    CHE PON O CHEE
FAS HARJO CHEE 5/$24.25/5
    LETTE KEE
    SATER
    Rosanah
    Walter
BOBBY 3/$14.55/6
    MANEY
    TO KA LI KEE
TUS E KI AH HARJO 4/$19.40/7
    SU PO E CHEE
    SUE THLA PEE
    MA HO YE THEE
SAR MIL LEE 3/$14.55/8
    Molly
    Polly
SEMA 6/$29.10/9
    TE WO LEE
    Milly
    SALENDY
    Jennie
    SAH MEE
SOK PU YEK CHEE 4/$19.40/10
    Mary
    KA LARNEE
    March
PARNEE 5/$24.25/11
    CO WAP HO KEE
    Sammy
    PAFF NA
    LA SO CHEE
NE HA HARJO 4/$19.40/12
    PAW CHO
    Betsey
    YA KO
HAL PUT TA MEKKO 7/$33.95/13
    COT Billy
    PON NA
    BAKO

  Leah
  WELO
  SE LE CHA
DICKEY 6/$29.10/14
  Polly
  Betsey
  SAMPSEY
  ME LEE SEE
  Charley
POW HOSE HARJO 9/$43.65/15
  SO FA
  LESTA
  TAIE I O THLY GEE
  CHE PAR NEE
  FUL LO LEE
  Lizzie
  SAL LO CHEE
  BENNIE
TAK O THLY KEE 5/$24.25/16
  SUPPE HO KEY
  OR WE PEE
  Judy
  SEE SY YEE
HOK TE THLOKKO 3/$14.55/17
  GIBSEY
  JIMSEY
TAS HUTCHEE NE HA THLOKKO 4/$19.40/18
  NE HA THLOKKO CHUPKO
  EPISKEE
  Betsey
KO WE HARJO CHEE 2/$9.70/19
  LIPSEY
SA TA HO YEE 6/$29.10/20
  KIN NE YA
  CHA TA KEE
  FOOS EKA
  SINTY
  ISTOCHEE
JOSHUA 6/$29.10/21
  Betsey
  JOHNSEY
  IS PAL PA KEE
  I NEE

    CHE PAN O CHEE
POW HOSE FIXICO 3/$14.55/22
    WILSEY
    Ramsey
CHO HARJO CHEE 1/$4.85/23
ANNIE 4/$19.40/24
    CHE PON O CHEE
    HOK TO CHEE
    COT CHIL LEE
NO COS ILLEE 5/$24.25/25
    COT SAR FIXICO
    Sammy
    FUL HO KEY
    COT SAR HORJO CHEE
HA KEE 5/$24.25/26
    NOME YEE
    Sally
    MARSEY
    ISTOCHEE
LUCY 3/$14.55/27
    OK CHUK YEE
    THLAS FO LY KEE
KE PE YAH 8/$38.80/28
    JOHNEY
    SUE TO AH
    LEE SAH
    HOK TO CHEE
    Lizzie
    KETH HO YEE
    FEET, George
TA COOS AH FIXICO 10/$48.50/29
    Nina
    CHE PON UCKEE
    SAMPSEY
    SUN FOL LIN NA
    NO KETS KA
    FUN KA
    KO YAH
    Louisa
    HOK TO CHEE
SUSIE 8/$38.80/30
    LUI NA
    PARNEE

    MUN O CHE KEE
    CHEE Y CHEE
    OK LOOS KA
    Lizzie
    ISTOCHEE
CHARLEY 6/$29.10/31
    SOK TO EE
    Melissa
    CAR LENA
    CHIN AH
    Lizzie
SA HO YEE 1/$4.85/32
CHO FIXICO 5/$24.25/33
    YAM KA
    CHE PON OS KA
    LAY NA
    WATIE
SAL LO CHEE 4/$19.40/34
    Jimey
    Baby
    ISTOCHEE
JOHIE O CHEE 7/$33.95/35
    CHEE TIE
    KE AH KE LEE
    KO CHA
    MARSEY
    Patty
    BEE CHEE
CON CHAT HARJO 2/$9.70/36
    Milly
FOS HUT CHIE 7/$33.95/37
    Sally
    Sarah
    SOL DAH
    Jimey
    WINEY
    ISTOCHEE
SO KEE 3/$14.55/38
    LO LEE
    NITEY
FOS HARJO CHEE 1/$4.85/39
CA PIH CHA FIXICO 8/$38.80/40
    SA PUL HUM IKEE

WELL O CHEE
    Peter
    SIMA
    Robert
    ISTOCHEE
    ISTOCHEE Jr.
CHITTO HARJO 4/$19.40/41
    SA LEE CHA
    Polly
    Lizzie
TOMMY 8/$38.80/42
    AHEKEE
    Jimmy
    Willie
    EPLUMEE
    LOSEY
    KEN TAH
    ISTOCHEE
SAN O NI CHEE 5/$24.25/43
    JOHNEY
    HOKTEE
    HA PON O CHEE
    TAN ILKA
CHITTO YAR HOLA 3/$14.55/44
    HOKTO CHEE
    CILLA
O HY YEE 1/$4.85/45
EM HA FIXICO 2/$9.70/46
    NICEY
HE SA HO KEE 5/$24.25/47
    Willie
    PAL HEES TA
    Billy
    Tommy

Nath Ko Buckee's Band

NUTH KO BUCKEE 3/$14.55/1
    LINA
    SA PEN KA LEE CHEE
AH THLAW HORJO 6/$29.10/2
    ME LI LEY
    MAN TUS SEE

                Fanny
                ME CHE LEY
                Josiah
BENNIE 2/$9.70/3
                Lucy
DAVY, Jan 4/$19.40/4
                HO LOH A CHUPCO
                Sallie
                PON O CHEE
NO KOS HARJO 3/$14.55/5
                LOSANNA
                Willie
HO THLA PO YEE 3/$14.55/6
                CHE PAR NEE
                E MAH
MA HEE CHEE 4/$19.40/7
                TY E CHEE
                HUTS HO YEE
                MIX TE KICH KA
JACOBEE 6/$29.10/8
                SOOKEY
                DICY
                Sallie
                WY HO YEE
                FOS HASTEE
LOUIE 4/$19.10/9
                HALLY
                LETTIE
                WINEY
NARCHY 2/$9.70/10
                LOSEY
SALLY 3/$14.55/11
                Polly
                Lizzie
SO NEE CHA 2/$9.70/12
                JAMY
CHO YAR HOLAR 7/$33.95/13
                ME NI CHEE
                Alix
                NICEY
                Major
                Louisa
                TY CO CHEE

BA BO CHEE 2/$9.70/14
    UMSTEY
PAI TA 3/$14.55/15
    Sammy
    MUL CUSSY
ELIZA 3/$14.55/16
    Charley
    KAWY
JAN 1/$4.85/17
FAN NOCKEE 4/$19.40/18
    SA PAN KILLEE
    NO CHI YEE
    PAN TUSSEE
RIC HARJO 11/$53.35/19
    Nancy
    IA LE TEKEE
    SUIE E CHI CHEE
    CHA HE LEE
    SUE KA KEE
    PI E TA KEE
    NAN CE LOH
    Jack
    NALOGEE
    Judy
LO BE 1/$4.85/20
JOHNESSEE 3/$14.55/21
    MA LO SEE
    MANEY
CHO HARJO 6/$29.10/22
    LY LAS SEE
    Fanny
    MU CHA
    TAWEE
    CHUN TA FEE
NO KOS E MATHLA 6/$29.10/23
    Lottie
    Johnie
    NO SEE
    TAI IKEE
    David
KO SAR HARJO 1/$4.85/24
NOCK NEE 5/$24.25/25
    Illinois

  U PUK LA TI KEE
  TAIE O E THLE
  Gibson
CHA FIXICO 5/$24.25/26
  HO CHE FY KEE
  Georgie
  James
  LOSEY
SITTY 6/$29.10/27
  LOH FY HO YEE
  NO KOS ILLEE
  BEAR, Thomas
  NY SO CHEE
  Robert
JO KA 1/$4.85/28
MOSEY 4/$19.40/29
  Sampson
  Peter
  SAMPSEY
NO KOS KO CHUK NEE 1/$4.85/30
SA HO LY KEE 3/$14.55/31
  TOM O CHEE
  Jerry
TE WOH LEE 3/$14.55/32
  TA LEE CHEE
  KISSIE
HANNAH 3/$14.55/33
  CHA KEY
  Molly Ann
TO KEY 6/$29.10/34
  CHO FEY
  Bennie
  Charley
  LO TEE
  STEDHAM, Minnie
KOII SA HARJO 4/$19.40/35
  LETTE CHE CHEE
  CHO KO LEE
  Alex
TAMMY HORJO 2/$9.70/36
  WHITE KA
JAMSEY LUMPKA 1/$4.85/37
MA LO CHEE 3/$14.55/38

    POLLO CHEE
    WILLIAMSEE
MINKEY 4/$19.40/39
    MELY LEE
    Austin
    HALLEY
PON NER 5/$24.25/40
    Polly
    WELLSEY
    MA KETH HO YEE
    Willy
MARTY 3/$14.55/41
    Susan
    Sampson
WY HO YEE 3/$14.55/42
    ELEAH
    ME HA LEY
GEORGIE 5/$24.25/43
    Nelly
    SELINA
    NEELEY
    SASEY
TAS KEY 5/$24.25/44
    Mary
    LOSEY
    Jonah
    AR MUSTEE
SCOTT, Billy 1/$4.85/45
PAN O CHEE 2/$9.70/46
    Judy
JOSEPH 3/$14.55/47
    BEEKEY
    NALOGEE
NALLY 2/$9.70/48
    Martha
HOMASTY, John 3/$14.55/49
    Taylor
    Betsey
WASHINGTON 5/$24.25/50
    SO SEE
    John O CHEE
    Lydia
    CHE PAR NO CHEE

ALBERT 4/$19.40/51
 MI MY
 SASEY
 CESSY
JOY SEE 3/$14.55/52
 Georgie
 MAN TO CHEE
SUSEY 4/$19.40/53
 LE GUS
 Toby
 LOSEY
SI KA 3/$14.55/54
 Lucilla
 MOSEY
BOBBY 2/$9.70/55
 SALEY
CHUPCO, Susey 3/$14.55/56
 JENNATTA
 Georgie
THLAS LE LY KEE 1/$4.85/57
LO SEE LAR NEE 2/$9.70/58
 HOK TO CHEE
LUCY 2/$9.70/59
 ISTOCHEE
MARTEY 4/$19.40/60
 TEE NA
 ME HALEY
 CHE PAR NEE
TE KA TEE 2/$9.70/61
 WAR LE TA

John Jumper's Band

JUMPER, John 11/$53.35/1
 Polly
 Walter
 James
 Johny
 Sally
 Rebecca
 Ida
 Joseph
 WINEY

HOK TO CHEE
CLOUD, Thomas 9/$43.65/2
    Mary
    Molly
    SEOESS
    KISSIE
    Robert
    Henry
    MANY
    Lee
BROWN, Alex 5/$24.25/3
    Lizzie
    Johney
    HO LOH TO CHEE
    IS TO CHEE
COT CHIL LA 3/$14.55/4
    HOK TO CHEE
    Nancy
TAS E KE AH HARJO 9/$43.65/5
    CHURCH, Anna
    Samuel
    Louisa
    NEEDY
    Polly
    Billy
    Wallace
    CHE PON CHUPCO
FE KO MY 3/$14.55/6
    Sally
    MARSEY
TE FY KEE 1/$4.85/7
IS SE SE KO CHEE 8/$38.80/8
    LE BIE CHE HARJO
    MICCO CHEE
    PON KAH
    WEST, Harry
    Daniel
    THOMASSEE
    E HOK PO TA KEE
BOWLEGS, Major 3/$14.55/9
    Anna
    Lizzie
SUH HO YEE 4/$19.40/10

MORRSSEY
Johney
PAL MASKER
THE SAH HO YEE 5/$24.25/11
    WA LIN DA
    KISSIE
    EL SEE KA
    MOLSEY
TAL SEY MICCO 4/$19.40/12
    PAR HARJO
    Y E TUS HARJO
    SEN TO CHEE
AR TUS HORJO 4/$19.40/13
    ESS HIE CHEE
    SEN TO CHEE
    IS TO CHEE
CHE PON THLOKKO 2/$9.70/14
    SA HO YEE
WAKEY, John 4/$19.40/15
    WE LA KEE PEE
    MICCO CHEE
    Eliza
WAXIE MARTHLA 7/$33.95/16
    Mary Bess
    MEES TA
    Lucy
    Hilty
    PETTY
    Eliza
TALEY, David 4/$19.40/17
    Albert
    Billy
    CHO YAH
ME HA KEY 5/$24.25/18
    WASHINGTON, John
    ME LEE SA
    PETTY
    Molly
MICCO HARJO CHEE 4/$19.40/19
    SAMPSEY THLOKKO
    Polly
    WASHINGTON, George
GREEN STALK, Jenny 6/$29.10/20

  David
  Margret
  Ella
  SEE CHEE
  CHE PON O CHEE
SAMPSEY 5/$24.25/21
  BOWLEGS, Eliza
  HOKTE HATKEE
  YUM KA
  Jennie
CHE PON CHA KEE 7/$33.95/22
  SOR KEE
  SE FOK LO LY KEE
  JEFFERSON, Thomas
  Samuel
  Johnie
  Child
CA BIE CHO CHEE 6/$29.10/23
  COH CHU KA
  SOK CHEE YEE
  TO LOM KA
  HUS TA
  KAH SA
KAMMY 8/$38.80/24
  Melissa
  Judy
  TEE NA
  Louis
  Emma
  Child
  ISTOCHEE
AUSTIN 8/$38.80/25
  Minerva
  Mary
  Samuel
  Rose
  George
  Alice
  Sherman
BOWLEGS, Lydia 3/$14.55/26
  NICEY
  IS TO CHEE
NO KOS HARJO 7/$33.95/27

    Lucy
    Johnson
    Sampson
    Hannah
    Eliza
    ISTOCHEE
MARY 4/$19.40/28
    TEE NA
    SOL BA
    Colbert
LOUIE 5/$24.25/29
    HOTEY
    Katy
    Lucy
    LO SANNA
CHUP E CHI CHEE 3/$14.55/30
    LO SOH KA
    Hannah
BARKUS, John 3/$14.55/31
    ANNY
    ISTOCHEE
IS PON E HARJO 5/$24.25/32
    KO NEES HARJO
    KO WAK EMARTHLA
    JENNEE
    Lucinda
MU FAL LO TEE 3/$14.55/33
    Eliza
    Milly
TALEY, Lucy 3/$14.55/34
    TENA
    ISTOCHEE
HO TUL KA FIXICO 8/$38.80/35
    HO LOLLA HORJO
    HOK TO CHEE
    CHUN KA
    PE TA CHEE
    IE TA
    PAR NO CHEE
    IS TO CHEE
JUMPER, Soney 3/$14.55/36
    Lucy
    LASLEE

OK TE AR CHE YAR HOLAR 4/$19.40/37
    TAK O BACH E YARHORLOR
    TAS KE ENA FIXICO
    ALex
COT CHEE CHEE 4/$19.40/38
    CO LAR TEE
    CHE PON O KEE
    WISEY
TO KA THLY KEE 4/$19.40/39
    CHA KA KEE
    HOK TO CHEE
    ISTOCHEE
AR PI YAR KEE 7/$33.95/40
    PALL KA
    FIK SO MIKEE
    THE PO TO CHEE
    HOK TO CHEE
    PAI TAH
    ISTOCHEE
PI E HARJO 5/$24.25/41
    FUL LY YEE
    ROLLY
    FOOS E CHEE
    Fanny
OK LAR THLE 4/$19.40/42
    HAR YO CHEE
    WAR LOPEY
    ISTOCHEE
ESS FUL LIKEY 2/$9.70/43
    Lucy
KO WE YA 5/$24.25/44
    HO SEE PUT
    Charley
    Child
    ISTOCHEE
NO KOS HARJO 5/$24.25/45
    HOK TE THLOKKO
    CHE PE YEE
    Austin
    SEE CHET
ISAAC 8/$38.80/46
    Hannah
    Simon

    Sampson
    Indiana
    HOK TEE
    Thomas KO WE CHEE
    LO SO CHEE
KOSAR HARJO 6/$29.10/47
    KA TE LAR NEE
    CHUS KA
    I MA
    E MO CHEE
    ISTOCHEE
AR HU MICCO 1/$4.85/48
OSSAU WA 3/$14.55/49
    CHO KETH HARJO
    AR HO YI CHEE
TAS TE NUCKEE 1/$4.85/49
O CHE HARJO 4/$19.40/50
    SEE LET
    TAS HO KET
    CON CHAR TEE
SAUCER 3/$14.55/51
    HOKO THEKEE
    CILLA

Nuth Cup Harjo's Band

NUTH CUP HARJO 3/$14.55/1
    Mariah
    Jennie
IS PON E HARJO 5/$24.25/2
    THLA THLO FIXICO CHEE
    HO PO E THLEE
    SULLY
    Walker
MARCY 6/$29.10/3
    ME HALEY
    Dinah
    KO SEY
    Louisa
    CENDA
WALKER, James 4/$19.40/4
    Sammy
    Lizzie

    Amy
PON OS KA 4/$19.40/5
    WINEY
    SAL O CHEE
    Eliz O CHEE
KO WAK O CHEE 5/$24.25/6
    Louis
    Molly
    Milly
    TO CHEE
HO TUL KE E MARTHLA 4/$19.40/7
    HULKEY, Eliza
    Anna
    Minney
PAR HEES HARJO 6/$29.10/8
    Sampson
    Sambo
    LO LEE
    Courtney
    Judy
CHE FOK NO CHEE 5/$24.25/9
    WISEY
    Phoebe
    LOBE
    ABEY
JENNATTA 3/$14.55/10
    Mary
    Taylor
TANMY YARHOLAR 1/$4.85/11
SIMMONS, William 2/$9.70/12
    Sally
AR BE KA 5/$24.25/13
    HEETS HO YEE
    ESTE MY YE PEE
    HOK TO CHEE
    Betsey
WINEY 4/$19.40/14
    Polly
    Betsey
    Susanna
JOHN O CHEE 3/$14.55/15
    COT CHE THOKKO
    DICY

JOHNEY 4/$19.40/16
    Louie
    Anna
    Mary
THUTHLO FIXICO 5/$24.25/17
    Louie
    George
    Fanny
    Leah
ROBERT 3/$14.55/18
    Rhoda
    Rebecca
ANNIE 2/$9.70/19
    HOK TO CHEE
NICEY 4/$19.40/20
    Wallace
    PARNEY
    BELLY
MARY 6/$29.10/21
    CILLA
    Annie
    JOKAH
    John
    Rebecca
TOMMY 5/$24.25/22
    Hester
    Albert
    Louisa
    Isaac
AR TUS YAR HOLAR 3/$14.55/23
    Sammy
    HUL HO KEY
E MAR THLA 4/$19.40/24
    Hannah
    Sarah
    Philip
WILLI IMEKA 2/$9.70/25
    CHE PON Thomas
SUSIE 4/$19.40/26
    Molly
    Bess
    Alex
GEORGE 5/$24.25/27

    Milly
    JOKAH
    MARCLY
    HILLY
FRANK, Major 7/$3.95/28
    KENARD, Major
    LOTE, Tommy
    TIMMIE
    Johney
    CESSY
    Sandy

John Chupco Chu's Band

CHUPCO CHU, John 6/$29.10/1
    Milley
    YAR HOLAR
    Lucy
    KISSIE
    ISTOCHEE
POW HOSE HARJO 5/$24.25/2
    MALEY
    JOHNSEE
    CISSY
    LOLEE
CHO KO CHEE 5/$24.25/3
    Melinda
    Martha
    Nelly
    MORSEY
CULLA 6/$29.10/4
    THHOCCO, Miley
    Jennie
    DICY
    PAR HO
    CHE PAR NEE
KOT CHE HARJO 3/$14.55/5
    CHAW E HOYEE
    Nancy
SO NE CHI CHEE 5/$24.25/6
    SUSEY
    SAMPSEY
    MU FUL LO TEE

TOMISTA
WILLIAMEE 2/$9.70/7
　Timmy
AR HU LOCKEE 3/$14.55/8
　TIM FY AY KEE
　Steven
CHE PON CHUPCO 6/$29.10/9
　NUFFY
　Milly
　CHE PON IKEY
　HEEN KA
　Child
CHO KA POLSO 3/$14.55/10
　Jennie
　CISSY
CO KA POLOKEE 1/$4.85/11
MIKKO HATKEE 4/$19.40/12
　Susanna
　LOUINEY
　Robison
CHA KAH 1/$4.85/13
LUCY 5/$24.25/14
　WAR SENA
　Dolly
　Jimmy
　MOSEY
DAVY 3/$14.55/15
　SEELY
　Sandy
KO NIPPEE 5/$24.25/16
　PAR THUN KA
　TUK HA KEE
　ES SEE PEE
　Miller
PAR SUCKEE 1/$4.85/17
NANCY 3/$14.55/18
　Alex
　HY E CHA
POLLY 4/$19.40/19
　Amos SEE
　John O CHEE
　CHE PAR NEE
IS TE LAR NEE 5/$24.25/20

  WASH HO YEE
  TO CHEE
  Molly
  CHA TE KA
SAMPSON 2/$9.70/21
  LARNEY, Lucy
CHA LA KEE 4/$19.40/22
  Georgie
  Annie
  LILEY
SAMMY 4/$19.40/23
  Jemima
  INEE
  Lizzie
SATH LE HY KEE 4/$19.40/24
  CHO TEE
  FOL LO TEE
  Mary
YA HA FIXICO 1/$4.85/25
MA PEE HEE 8/$38.80/26
  WAR SE NA
  LINCY
  PARNEE
  Jennie
  Lizzie
  ISTOCHEE
  ISTOCHEE
JOKA 3/$14.55/27
  ME CHI LEY
  SUN NA HEE
NERO 3/$14.55/28
  Nanny
  JOHNSEY
CHO HARJO 5/$24.25/29
  HUL HO KEY
  Baby
  IS CHA PON THLOKKO
  CHE PAR NEE
WIL LEE AH 8/$38.80/30
  SE LON NEE
  OK LAR NEE
  PAR NEE
  Sammy

SAY MAH
ISTOCHEE
   Willie
KO SAR HARJO CHEE 3/$14.55/31
FIK SO HAR KEE
NILLY
ME CHI LEE 4/$19.40/32
UMSTEY
   Rhoda
   Sally
MILLY 2/$9.70/33
WINEY
HANNAH 2/$9.70/34
   Johnie

Fixico Thocco's Band

FIXICO THOCCO 5/$24.25/1
   Sally
   Nero
WILLIAMKA
KOOTS KA
CHITTOE 4/$19.40/2
   CHUPCO, Louisa
   Wilson
   Boy
KOT CHO YAR HOLAR 5/$24.25/3
   Susan
ROLLY
   Betsy
   Boby
FOS HARJO 5/$24.25/4
   Jennie
   Susan
OSSONNA
CHE KASSEE
PAR SUCK HARJO 4/$19.40/5
   Louisa
   GREEN, James
   Lenny
U FOLA HARJO 5/$24.25/6
WINEY
SUKEY

    Sammy
    Louis O CHEE
CHE PON CHUT KEE 3/$14.55/7
    AR CHEE WY CHEE
    NETTA KA CHEE
MA PEE HEE 3/$14.55/8
    Eliza
    Child
CHO WAS TY YEE 10/$48.50/9
    AR HU LOCK CHUPCO
    LO ME GO
    KAH CHEE
    PAR LOCK O CHEE
    OSSAON A HARJO
    ME KE LEE SEE
    Rebecca
    Sally
    MCKEY
FACTER, Thomas 4/$19.40/10
    Rosanah
    Noah
    Child
THOKKO, Tommy 5/$24.25/11
    Fanny
    Eliza
    CORAH
    Joe
FACTOR, James 4/$19.40/12
    Sophia
    Mariah
    SUKEY
KOO SAR 1/$4.85/13
    TA THA LE HARJO 9/$43.65/14
    TO CHA CHEE
    TO CHEE
    THOKKO, Jennie
    NA PO E CHEE
    TE HU E CHU
    KA CHEE KA
    SE NAH
    GEBSON
NO KOS EKA 4/$19.40/15
    MUN AH CHO MY

PAR SUTTEE
    O THEE CHEE
SU YA HA KEE 2/$9.70/16
    IS TO CHEE
YUM PA 6/$29.10/17
    SU KO YEE CHEE
    Nelly
    SUKEY
    Hannah
    Johney
HA CHEE CHUPCO 2/$9.70/18
    HOW KAH
SARAH 5/$24.25/19
    BELLY
    NICEY
    Nelly
    ISTOCHEE
LUCY 2/$9.70/20
    ISTOCHEE
KAH CHE HO LARTA 3/$14.55/21
    TOWE LAR KEE
    ISTOCHEE
FACROR, Diley 4/$19.40/22
    Sammy
    Moses
    Cyrus
TUMMY HARJO 4/$19.40/23
    CHIM KAH
    Sally
    Child
SUTTA 3/$14.55/24
    HOK TEE
    CAR BIC CHO YAR HOLAR
HO NITS HO YEE 7/$33.95/25
    JAMESY
    ES HO PO THIN AY KEE
    Alex
    Peter
    William
    SUSEY
THO MY 5/$24.25/26
    TONEY
    Wilson

    MOL SEY
    Louisa
PAS CO FOR 2/$9.70/27
    FIK LUM MEE
THEE THLO HARJO 2/$9.70/28
    Sally
OK TE AR CHE HARJO 7/$33.95/29
    O THEE CHEE
    TOM AS KER
    Sammy
    PUL WAH
    Lewis
    Baby
OK FUS KEE 5/$24.25/30
    CHE PAR NEE
    CHAR LE SEY
    TOM MY
    PAR NOSEY
TUS E KIAH HARJO 3/$14.55/31
    SUKEY
    ISTOCHEE
BROWN, John F. 8/$38.80/32
    A. J.
    Robert
    STAUTON
    Lucy
    Jennie
    Alice
    Davis, Katy
MILLY 6/$29.10/33
    Chilly
    Jennie
    HILLIE
    James
    Henrietta
TAYLOR 3/$14.55/34
    Martha
    ARNUSEE
PAR NUCK O CHEE 4/$19.40/35
    IS FUL LY YEE
    Henry
    Child
BOWLEGS, Charley 6/$29.10/36

      Fanny
      William KEE
      HA PO WEE
      Child
LAS OLEY O 2/$9.70/37
      Nancy
ME GA LEY 1/$4.85/38
KO WAK ITS HARJO 6/$29.10/39
      PARSUEKEE
      Annie
      HAR KEE
      SIM A HO YEE
      Louina
THU THLO HARJO 5/$24.25/40
      SAY YEE
      Louisa
      MON AH HO YEE
      Billy
CHUS KA 6/$29.10/41
      MA PEE HEE
      WILSEY
      CHE PAR NEE
      Child
      ISTOCHEE
TAMMY TUS TON NUGGEE 4/$19.40/42
      Wife
      OK TE AR CHEE
      SOK PU LA TO KEE
LEAH KA 5/$24.25/43
      FU YI KEE
      ONA YEE
      PAR NOCK OCHEE
      BELLY
FOS HARJO 5/$24.25/44
      TAS KOS KA
      Betty
      Samuel
      ISTOCHEE
WY YEE CHEE 3/$14.55/45
      JO KAH
      Thomas
JENNIE 4/$19.40/46

Echo Emarthla's Band

ECHO EMARTHLA 7/$33.95/1
    HULOH HOYEE
    YOF KA
    ESTE LE CHA
    PAR NO CHEE
    CHEK NOLS KA
    ES TO CHEE
TASSE HOYEE 5/$24.25/2
    ASSET
    SOK LE KET
    SE MAR SETH
    HOKLE CHOHKEE
MU YA PAS KEE 3/$14.55/3
    Child
    HEPSEY
BURGESS, Caesas 2/$9.70/4
    WAR LES KA
THLE HARJO 7/$33.95/5
    SE HUNKEE
    PE FAH HOECHEE
    CHO FU
    Susan
    ELEZA
    ESTOCHEE
PAR HOSE HARJO 5/$24.25/6
    MUS KO GEE
    KOOSKA
    JUMMY LORNEY
    HOK TE LORNEY
SANCHO 4/$19.40/7
    SE HA KEE
    EU KAH
    ESTOCHEE
CHO E MARTHLA 3/$14.55/8
    SE HA NEY
    TAY IKEY
KIN TA 9/$43.65/9
    David
    SAH TA
    MUTTEE
    Peggy

  Hettie
  CHE PON OCHEE
  Child
  Jennie
OK LAR BISSEE 8/$38.80/10
  TAR LE CHEE
  SE POK HO TEE
  PAR NEE
  CHOK HI NEE
  SELET
  CHA PAR NEE
  CULLY
AR CHO LE HARJO 9/$43.65/11
  CO MA HET
  LECHET
  COSSAT
  FIK HETH KA
  Betsey
  CHE PAR NEE
  ESTOCHEE
  Baby
WAXIE YAR HOLAR 3/$14.55/12
  Baby HARJO
  Alex
TUSE KIAH HARJO 7/$33.95/13
  OSSA YARHOLAR
  ELEZA
  SINTA
  Bennie
  Annie
  HO PI YE HARJO
KOH CHA FIXICO 8/$38.80/14
  JO KAH
  OSAR FIXICO
  TUNE CHA
  Eliza
  Peter
  ESTOCHEE
  YARLEY
ESLA PAYEE 6/$29.10/15
  SU KE THLEE
  Polly
  HOKTEE

PO HEE CHEE
　　Child
KAN CHAT HARJO 2/$9.70/16
　　METE TA KEE
OK FUS KEE 6/$29.10/17
　　YAR HA HARJO
　　TE THEF KA
　　LOSEY
　　SUAEY
　　Tommy
KAR BIC CHE EMARTHLA 1/$4.85/18
YECK CHA 2/$9.70/19
　　TE TEE
ET CHAS FIXICO 4/$19.40/20
　　HO NE CHI CHEE
　　AMO CHEE
　　SOSAYEE
TULWA HARJO 8/$38.80/21
　　HO PE THEE
　　TAN E CHEE
　　Boby
　　KO TO CHEE
　　HAY KEE
　　ESTOCHEE
　　Lizzie
KO WA PEY 4/$19.40/22
　　THO NE WA
　　Lucy
　　Child

Hul Putta's Band

HUL PUTTA 5/$24.25/1
　　George
　　Major
　　LINA
　　JO KA
CHITTO YER HOLAR 10/$48.50/2
　　TA AH HA LOT HOYE
　　Sarah
　　E PLUM KEE
　　LOSEE
　　Billy

Sammie
　　　WA TIE
　　　Wilson
　　　HO E THLE
SOCK SEE 5/$24.25/3
　　　MAR THLA
　　　ME TE DOCKEE
　　　Nancy
　　　JOKA
PAR SUCK YAR HOLAR 3/$14.55/4
　　　NA PA ECHEE
　　　MY YEE
WISE, Thomas 6/$29.10/5
　　　HUTKEY, Sarah
　　　William
　　　Bessie
　　　Jimmy
　　　Thomas
FOS YAR HOLAR 5/$24.25/5
　　　PAR KAH LEE
　　　GIBSEY
　　　ALLEY
　　　Washington
IS PON E HARJO 3/$14.55/6
　　　Lizie
　　　LOTEE
KOT SAH HARJO GEE 6/$29.10/7
　　　SA WATS KEE
　　　Isaac
　　　TE NASSEE
　　　SOK CHEE
　　　Fanny
CHE PAR NEE 2/$9.70/8
　　　Molly
FI YAR HOLAR 4/$19.40/9
　　　TY E KA CHEE
　　　HOK TO CHEE
　　　CHO COTE SAM
FOS HARJO GEE 2/$9.70/10
　　　Hannah
HO PY YEE 3/$14.55/11
　　　MON AH GEE
　　　MON AH TO BEE

MY SEE 1/$4.85/13
BENNIE 6/$29.10/14
    Tilda
    MARTHLE
    Nancy
    LOSE CHOT KEE
    JO KA
ARBUCKLE 8/$38.80/15
    Sliza
    WARTEE
    Major
    Lilley
    Adam
    HENTHLY
    KATS KEE
KOH SOR MIKKO 8/$38.80/16
    Sarah
    SAH WA NO KEE
    Jessie
    Jimmy
    Jenny
    LOUINEY
    Molly
MUT TEE 5/$24.25/17
    LOS FE GEE
    CHE PAR NEE
    WILSEY
    HOK TO CHEE
HENRY 4/$19.40/18
    SUKEY
    Leah
    Isaac
ELAIE HARJO 5/$24.25/19
    Annie
    Billy
    CHO WEE
    WILLEAH
JACOBEE 14/$67.90/20
    POL PAH KEE
    SUF FIK LUSSA I KEE
    JO KA
    LOSEY
    SE HO KEE

HO LOT TY HARJO
Lottie
Lena
JESLEY
Wesley
Annie
Louie
SA CHA KEE
O CHE CO CHUK NEE 9/$43.65/21
   CHO WAS TI E HARJO
   YA HO LO CHEE
   Johnie
   LE COFFEE
   SA THLEE
   Sally
   Sally
   Baby
AH HA LOCK O CHEE 6/$29.10/22
   SE NO CHEE
   SO SEE
   Nancy
   Josephine
   INEY
NOK IOK KO CHEE 7/$33.95/23
   TAN ITS HO YEE
   SAH KITH LEE CHEE
   AL WAY FIXICO
   Milley
   Georgie
   HAH HEE CHEE CHEE
HUL BULLA HARJO 4/$19.40/24
   JO KA
   LEAS KA
   SO SEE
FOS HUTCHIE HARJO 3/$14.55/25
   SIN HO TO SEE
   Eliza
AH HA LOCK CHOBY 3/$14.55/26
   HO CHEF KA
   YA MEE
CHO WAS TI E THLOKKO 4/$19.40/27
   KAH TEE HEE
   Alex

   Lizzie
HO TUL KEE 4/$19.40/28
   AS SAH BAH KEE
   LY LEE
   Walter
O CHE HARJO 5/$24.25/29
   Judy
   TUL LOF HAJJO
   Timmie
   TASSIE
HUL BULLA FIXICO 2/$9.70/30
   TEE KA CHEE
YA HA FIXICO 2/$9.70/31
   HO LOT TE FIXICO
PETER 3/$14.55/32
   TY KA LEE SEE
   CISSY
SELMA 4/$19.40/33
   LENNA
   MALEY
   MAY LO IKEY
CHITTO HARJO 3/$14.55/34
   AH HARJO
   CHOK KY YEE
SO NOCK YER HOLER 5/$24.25/35
   SE MY HEE
   JOSEE
   WILEY
   BABO CHEE
NERO 5/$24.25/36
   LILEY
   WA SUTTEE
   Lina
   Albert
KA BIC CHE HARJO 4/$19.40/37
   Jackey
   CHUL MA
   HOK TE LAR NEE
YA FOL LO CHEE 4/$19.40/38
   Nancy
   POLO CHEE
   JOHNSEY
AR LEE CHI CHEE 3/$14.55/39

PIN KAH LEE CHEE
AMOSSEE
LIZA 6/$29.10/40
    Henry
    SUKEE
    Annie
    TI WEE
    NI CHEE
LEAH 3/$14.55/41
    Johnie
    COMANCHEE
PATTY 10/$48.50/42
    Polly
    MALEY
    David
    Noah
    Georgie
    Washington
    HALLY
    LOUINEY
    Jinny
HUL HOKEY 2/$9.70/43
    HOK TO CHEE

Tus Te Nuck O Chee's Band

TUS TE NUCK O CHEE 4/$19.40/1
    Eliza
    Sally
    ISTOCHEE
SUPER HO YEE 6/$29.10/2
    MARTEE
    Sarah
    Johney
    ROLLA
    ISTOCHEE
AR HA LOCK O CHEE 4/$19.40/3
    Polly
    David
    NARCHY
THU THLO HARJO 8/$38.80/4
    Judy
    WINEY

    PAR NO SEY
    Rhoda
    Jennie
    Rosanna
    MAP A KEE
JO KA 8/$38.80/5
    FIK HOM MEE
    WISEY
    Child
    Lizzie
    ISTOCHEE
    YOK CHEE
    PE TO CHEE
NO KOS YAR HOLAR 6/$29.10/6
    CHUNSEY
    FAH CHE HA KEE
    THLE POF HO KEE
    Lucy
    ISTOCHEE
TUS E KIA THIKKO 6/$29.10/7
    SE HO KEY
    MARTEY
    Sarah
    Mary
    HO TUE KO CHEE
HE LES HARJO 7/$33.95/8
    MEDY
    CHU YA
    THO LOF KA
    AR HOM ME
    Child
    HO YA THLE
SOPHIA 7/$33.95/9
    SUN EKEY
    SEE WA KEE CHEE
    KOH CHE HO MARTEE
    Johney
    MOSEY
    HOK TO CHEE
SAMPSEY THLOKKO 4/$19.40/10
    AH HA LOCK FIXICO
    KERNEY, Mr.
    Child

OK CHON HO LA TA 6/$29.10/11
    PAR NOS KA
    SA HU LEE CHEE
    Sammy
    SA LA HO YEE
    Lucy
GEORGIE 7/$33.95/12
    MUT HO YEE
    SEE NIE HA SEE
    PAH LEY
    HOK TO CHEE
    ISTOCHEE
    ISTOCHEE
E CHO ILLEE CHUPCO 2/$9.70/13
    TAN O KEE
YAR HOLAR, John 5/$24.25/14
    NICEY
    WELET
    Child
    ISTOCHEE
LILEY 3/$14.55/15
    Peter
    ISTOCHEE
KOSAR MIKKO 2/$9.70/16
    THEE FEE CHEE
KAR BIC CHE HARJO 7/$33.95/17
    WAXIE HO LAR TEE
    CHEE LEE PEE
    WELET
    LO LEE
    WESEY
    CHE PUN NA
FA LAS KO 5/$24.25/18
    Molly
    TEE HEEN WA
    Walter
    HOK TO CHEE
PE FAS KA 1/$4.85/19
WAXIE HO LAR TA 3/$14.55/20
    Milly
    KO WAS FIXICO
KAT CHEE HARJO 7/$33.95/21
    Mary

    Eliza
    NEELY
    Lucy
    HAN O CHEE
    Beckey
CHU TURN SEE 9/$43.65/22
    SUK SO MY KEE
    Jimmy
    Lucy
    LOUSA
    Josephine
    SAY YAH
    Lina
    SAMOCHEE
O CHE YAR HOLAR 4/$19.40/23
    AH HA LE MAR THLA
    Billy
    Nancy
HANNAH 8/$38.80/24
    Leah
    MANNAH
    CO NA HEA
    Jackson
    Jennie
    Louisa
    CHE PON HUTKEE
SEE MAH 1/$4.85/25
O SAR FIXICO 4/$19.40/26
    NAR ATH KA
    Molly
    ISTOCHEE
KOT CHEE YAR HOLOR 10/$48.50/27
    David
    Polly
    WINEY
    LOOSKA
    WEE LET
    DICY
    Child
    ISTOCHEE
    DICKY
KAR BIC CHE YAR HOLAR 6/$29.10/28
    OK TE AR CHE CHUPCO

SOK LEE CHEE
Peter
ISTOCHEE
ISTOCHEE
ISTE CHOCK SE HO KEY 7/$33.95/29
SUN FY HAR CHEE
Lydia
Alex
Mack
CHE PAR NO CHEE
ISTOCHEE
WAXIE HARJO 9/$43.65/30
Lucy
SEE HOKEY
TEE KEY
Harry
JOHNSON, Wily
ITS MA
Judy
Child
IS KEE PAH KEE 4/$19.40/31
Jimmy
LARNEY
Lucy
CAR BEC CHO CHEE 7/$33.95/32
CHO LAR FIXICO
PARNEY
KIN CHEE PEE
TIM HEE PAH KEE
SEE CHEE
Polly
OSSUN E MARTHLA 3/$14.55/33
TA MU WEE
WENSLEY
KO LO NA 4/$19.40/34
HOK TE PO TAH KEE
Lucinda
Leah
OK TE AR CHE FIXICO 8/$38.80/35
KIN NOO NA
THO FEE
MEKKO HO KEY
IS TE ME SEE PEE

        SA HUL HO KEE
        HOK TE LAR NEE
        ISTOCHEE
SAL LEE CHEE 8/$38.80/36
        Foster
        MEE HASSEE
        MEE CHILEY
        FEET LUP PEE CHEE
        LOSANNA
        ISTOCHEE
        ISTOCHEE
MIKKO MO CHASSEE 1/$4.85/37
NO KOS AH CHU LEE 3/$14.55/38
        TY AH CHEE CHEE
        TOPPY
EMARTHLA THLOKKO 5/$24.25/39
        ME HY YEE
        FOL LEE KA
        Polly
        Louisa

William Noble's Band

NOBLE, Wm. 4/$19.40/1
        Judy
        Jane
        Fanny
STEPNEY, John 6/$29.10/2
        RINA
        FED
        George
        Sancho
        Sally
MILLS, Toney 4/$19.40/3
        Betsey
        Hetty
        Jane
BOWL, John 4/$19.40/4
        Linda
        Tommy
        Dick
PAYNE, Guide 5/$24.25/5
        Anna
        Eliza

SILOA
  Simon
BOWLEGS, Cyrus 8/$38.80/6
  July
  Ben
  CRESA
  Dennis
  Rhoda
  Eliza
  Davis
AUNT FLORA 1/$4.85/7
ESOP, Johnson 1/$4.85/8
JACOB 1/$4.85/9
CHEE NEES CHEE 1/$4.85/10
AIRD, John 1/$4.85/11
JUNE, Hgar 9/$43.65/12
  MarY
  Nancy
  Caesar
  DILEY
  July
  Esther
  SILA
  James
JUNE, David 3/$14.55/13
  Clarinda
  Henry
JIM 1/$4.85/14
SAYERS, Polly 8/$38.80/15
  Tom
  Rebecca
  MANAH
  Grace
  Sandy
  Noble
  Wallace
DAVIS, Daily 7/$33.95/16
  Peggy
  Tommy
  Isaac
  AFFIE
  Charley
  Clara

DAVIS, Jacob 11/$53.35/17
    MAC KUL
    Robert
    RINA
    Venus
    Dora
    Isaac
    SALINE
    George
    JOHN, Jimmy
    POMPEY
DOSER 6/$29.10/18
    Nelly
    Bess
    Lizzie
    Jenny
    BUNNER
CHARLES, Hetty 1/$4.85/19
BOWLEGS, Mariah 7/$33.95/20
    Flora
    Ben
    Cyrus
    Robert
    Esther
    Harry
WILLIAM, August 5/$24.25/21
    Louisa
    Margaret
    John
    Mattie
SAYERS, Philip 6/$29.10/22
    Milly Ann
    Cyrus
    Eliza
    Sammy
    Davis
NOBLE, Thomas 1/$4.85/23
BOWLEGS, Dick 6/$29.10/24
    Jenny
    Nelly
    Boy
    Polly
    Ben

RHODA 8/$38.80/25
    George
    KATEE
    Betty
    Jim
    Matilda
    Lucy
    Millie
ELSIE 4/$19.40/26
    Peter
    Billy
    Jack
BOWLEGS, John 6/$29.10/27
    Bess
    WILSEY
    Henry
    Jane
    Grant
CUDJOE, Sam 12/$58.20/28
    Lucy
    BERNUS
    Sam
    CUDJOE
    KATEE
    Mariah
    Robert
    Perry
    Harriett
    Dinah
    Jim
SWAMP 1/$4.85/29
BOWLEGS, James 1/$4.85/30
BOWLEGS, Nancy 6/$29.10/31
    Bettie
    Willie
    George
    Jerry
    Child
CUDJOE, Ned 5/$24.25/32
    TENNY
    Tilda
    Amy
    Child

PALDO, Cyrus 1/$4.85/33
ELIZA 1/$4.85/34
JACKSON, Abraham 1/$4.85/35
JACKSON, Jessie 5/$24.25/36
    Nancy
    Peggy
    CBAN
    William
CULLY, Fay 2/$9.70/37
    Peggy
MARY ANN 1/$4.85/38
FOSTER, Thomas 11/$53.35/39
    Mariah
    Dinah
    Louisa
    William
    Robert
    Nancy
    Dickey
    Jack
    Fanny
    Patsey
PAYNE, Thomas 12/$58.20/40
    Caesar
    CUFFY
    TENNY
    Grace
    Titus
    James
    Ramsay
    Harriet
    Hagar
    Tommy
    PUSSE
PAYNE, Carlina 6/$29.10/41
    Ned
    Margaret
    Charley
    Richard
    Samuel
PAYNE, Sam 8/$38.80/42
    Rebecca
    Jackson

        Eliza
        CILLA
        Caesar
        Gibson
        Martinas
PAYNE, Pompey 13/$63.05/43
        Hester
        Libby
        TENA
        John
        Fanny
        Hannah
        Bella
        Elsie
        ROSSA
        Bobby
        Fay
        Jefferson Pompey
BARKUS, Joseph 10/$48.50/44
        Nancy
        Peter
        DOSER
        Sancho
        MONDY
        Thomas
        Robert
        Mary
        Tina
LOTTIE 15/$72.75/45
        Peggie
        TONEY
        SOOKEY
        Eliza
        STEPNEY
        Phoebe
        AFFIE
        PUSS
        Rose
        Sarah
        Louie
        Child
        Billy
        Willie

LOTTY, Dindy 3/$14.55/46
    Molly
    Nancy
MUNGO, Cella 3/$14.55/47
    Rose
    Polly
SAM, Robert 1/$4.85/48
DOLLY 7/$33.95/49
    Bob
    AFFIE
    Lucinda
    Russ
    Isaac
    Dandy
PRIMUS, Denis 14/$67.90/50
    Harriet
    Dianna
    COLLY
    David
    Elsie
    Rosanna
    Madeline
    Henry
    Bettie
    Nellie
    HARKLESS
    Sophia
    AFFIE
CUDJOE, John 15/$72.75/51
    Rose
    CUDJOE
    MISSA
    Charlotta
    Betty
    Reynolds
    Cella
    Gardner
    Rose
    Clar
    MUGGY
    Sarah
    Catherine
    Caroline

NOBLE, Scipio 1/$.85/52
DAVIS, Scipio 14/$67.90/54
    Flora
    Tina
    Joseph
    POMPEY
    Monday
    Jane
    Richmond
    Freeborne
    Charles
    Betty
    Lucinda
    Nelly
    Simon
JANE 5/$24.25/55
    Isaac
    Mary
    Fanny
    Dolly
FAY, Noah 5/$24.25/56
    Elsie
    Katie
    TENA
    Margaret
BARKUS, Wan 3/$14.55/57
    Tommy
    PALDO
POLLY 5/$24.25/58
    Molly
    Jimmy
    Bobby
    Peter
SARAH 5/$24.25/59
    George
    ANSEL
    Bell
    Child
SARAH 5/$24.25/60
    Ida
    Anna Bell
    Davis
    FAHMA

HAGOR 2/$9.70/60
    Child
KATIE 6/$29.10/61
    TENA
    SOOKY
    WINEY
    Peter
    Nero

Ben Bruner's Band

BRUNER, Ben 9/$43.65/1
    Rachel
    John
    PARO
    Doran
    George
    Lizzie
    Robert
    DILSEY
BETSEY 4/$19.40/2
    Richard
    Sammy
    Baby
BRUNER, Caesar 11/$53.35/3
    Nancy
    Lucy
    Benjamin
    Washington
    Summer
    Charley
    Douglass
    Abraham
    Grant
    NAPPY
BRUNER, John 7/$33.95/4
    Manwell
    Tommy
    Annie
    Grace
    Ben
    Joe
ELLEN 4/$19.40/5

　　　　　Myers
　　　　　Robert
　　　　　Willie
TECUMSEH, Mary 8/$38.80/6
　　　　　CULLY
　　　　　Jimmy
　　　　　Robby
　　　　　August
　　　　　Manwell
　　　　　CESSY
　　　　　Nickey
WAN, Catherine 12/$58.20/7
　　　　　Sue
　　　　　Dandy
　　　　　FIA
　　　　　ELOIA
　　　　　Sally
　　　　　Anna
　　　　　Eliza
　　　　　Ben
　　　　　Caesar
　　　　　Bobby
　　　　　George
PAYNE, Abraham 6/$29.10/8
　　　　　PACY
　　　　　Peter
　　　　　LINA
　　　　　Charley
　　　　　Katie
ABRAHAM, Rachel 7/$33.95/9
　　　　　Fanny
　　　　　Edward
　　　　　Sandy
　　　　　Plenty
　　　　　Henry
　　　　　Alex
COX, William 2/$9.70/10
　　　　　Rachel
MONDAY 5/$24.25/11
　　　　　Sue
　　　　　Sam
　　　　　Caesar
　　　　　Rachel

SANCHO 3/$14.55/12
    Dorcas
    Betsey
CUDJOE, Hettie 7/$33.95/13
    Scilla
    Aaron
    Sarah
    Washington
    Ned
    Child
HEROD, Dicy 3/$14.55/14
    Jack
    Dean
SANCHO, Betty 5/$24.25/15
    CILDA
    Dorcas
    Bob
    Julia
BOWLEGS, Matt 15/$72.75/16
    Lydia
    Delilah
    Sarah
    Grace
    Guss
    Mack
    Jack
    Hetty
    Martha
    Nelly
    Harry
    Willie
    Lord
    Johnie
JOHNSON, Dinah 7/$33.95/17
    Phoebe Sr.
    Lucinda
    Phoebe Jr.
    Little Girl
    Peter
    ESOP
CUFFY, Fred 1/$4.85/18
SANCHO, Jim 5/$24.25/19
    CILLA

          Robert
          Delilah
          Child
LEAT KO CHEE 1/$4.85/20
ABRHAM, Washington 1/$4.85/21

www.ingramcontent.com/pod-product-compliance
Lightning Source LLC
Chambersburg PA
CBHW050427240426
43661CB00055B/2296